| 软件质量和网络安全系列 |

蔡立志 总主编

王楠 主编
张泳 陆万万 瞿伟峰 副主编

数字化项目全生命周期建设管理

FULL
LIFECYCLE
MANAGEMENT
OF DIGITAL
PROJECTS

上海科学技术出版社

图书在版编目（CIP）数据

数字化项目全生命周期建设管理 / 王楠主编.
上海：上海科学技术出版社，2024.10. --（软件质量和网络安全系列）. -- ISBN 978-7-5478-6790-7

Ⅰ．F224.5-39

中国国家版本馆CIP数据核字第20249W85S3号

数字化项目全生命周期建设管理

王楠　主编
张泳　陆万万　瞿伟峰　副主编

上海世纪出版（集团）有限公司 出版、发行
上海科学技术出版社
（上海市闵行区号景路159弄A座9F-10F）
邮政编码 201101　　www.sstp.cn
上海普顺印刷包装有限公司印刷
开本 720×1000　1/16　印张 15.5
字数 260 千字
2024年10月第1版　2024年10月第1次印刷
ISBN 978-7-5478-6790-7/TP·93
定价：98.00元

本书如有缺页、错装或坏损等严重质量问题，请向印刷厂联系调换

内容提要

在当今数字化浪潮席卷全球的背景下,项目管理面临着前所未有的机遇与挑战。如何有效地管理和推进数字化项目,确保项目从启动到实施、再到收尾各阶段都能够高效、有序地进行,已成为当前关注的焦点。

本书先阐述了数字化项目全生命周期管理的基本概念与原则,让读者对数字化项目管理的整体框架有一个清晰的认识。然后根据国内外数字化项目管理的发展趋势以及多年信息化项目的经验总结,总结出了一个比较严密的项目管理体系。将数字化项目全生命周期管理分为四个阶段:数字化项目规划阶段、数字化项目需求设计阶段、数字化项目实施阶段、数字化项目验收阶段;将数字化项目管理方法分为十大管理:进度管理、成本管理、质量管理、人员管理、沟通管理、风险管理、合同管理、文档管理、变更管理、安全管理。以四大管理阶段为经度,以项目管理方法为纬度,提炼出一套全面、系统的数字化项目管理方法论。

此外,本书还结合当前数字化技术的发展趋势,探讨了数字化项目中对于数字化技术的管理手段,如人工智能、大数据等技术在项目中的管理重点。这些前沿内容的介绍,有助于读者把握项目管理领域的最新动态,拓宽项目管理视野。

本书既注重理论知识的系统阐述,又结合实践案例进行深入剖析;既适合项目管理初学者入门学习,也适合项目管理从业者作为工具书参考。

本书编写组

主　　编　王　楠

副主编　张　泳　陆万万　瞿伟峰

审　　定　蔡立志

参编人员　沙　金　王维芳　曹佳颖　王欣麒

序

党的二十届三中全会强调,"加快构建促进数字经济发展体制机制,完善促进数字产业化和产业数字化政策体系。加快新一代信息技术全方位全链条普及应用"。作为上海科学院新一代信息技术领域的创新主体,上海计算机软件技术开发中心践行"为数字经济发展保驾护航、提效赋能"的使命担当,强化软件信息技术应用研究,将多年从事数字化项目管理工作的管理理论和实战经验编撰成书,以更广泛地服务行业,发展产业。邀我作序,欣然应允。

本书的一大亮点在于其全面覆盖了数字化项目从规划、需求设计、实施、验收的全生命周期,对每个阶段都进行了深入细致的剖析。同时,作者团队将数字化项目管理方法分为十大领域阐述,涵盖了进度管理、成本管理、质量管理、人员管理、沟通管理、风险管理、合同管理、文档管理、变更管理、安全管理,为数字化项目管理提供了有力的理论支撑和实践指导。

值得一提的是,本书并未止步于传统的项目管理阐述,而是紧密结合当前新技术发展趋势,深入探讨了人工智能、大数据、区块链、云计算等前沿技术在项目管理中的应用与挑战,为读者带来启迪与思考。

期待这本《数字化项目全生命周期建设管理》能够助力提升我国数字化项目管理水平,引领更多的项目管理实践者,共同为国家数字经济的高质量发展贡献智慧与力量。同时也希望新时代新征程上的上海计算机软件技术开发中心，能够再接再厉，产出更多的科研成果服务于国家科技战略需要。

上海科学院院长　孙真荣

2024 年 8 月

前 言

随着数字化时代的到来,各行各业都在积极探索和实践数字化转型。在这个过程中,数字化项目全生命周期管理显得尤为重要。本书旨在深入探讨数字化项目全生命周期管理的管理方法和要点,希望为您在数字化项目管理的道路上提供有益的参考。

数字化项目全生命周期管理是指对数字化项目从规划到验收的整个过程进行管理。本书从数字化项目全生命周期管理的概念和特点入手,逐步展开介绍其管理内容和方法;同时,结合丰富的案例和实践经验,详细阐述数字化项目全生命周期管理的关键环节和实施方法。本书还着重探讨数字化项目管理过程中可能遇到的挑战和解决方案,帮助读者更好地应对各种复杂情况。

希望通过本书的阅读,您能够深入了解数字化项目全生命周期管理的理念和实践,掌握相关技能和方法,并将其应用于实际工作中,进而提升项目管理的效率和品质。

最后,我们再次强调数字化项目全生命周期管理的重要性和本书的价值。希望本书能够成为您在数字化项目管理过程中的得力助手,帮助您更好地应对数字化时代的挑战,实现数字化项目的持续发展与成功。

目 录

第 1 章　数字化项目概述

1.1　数字化项目定义 / 1
  1.1.1　数字化项目的概念 / 1
  1.1.2　数字化项目的特征与作用 / 1
  1.1.3　数字化项目建设过程相关方 / 2
1.2　数字化项目类型 / 3
  1.2.1　基础设施建设项目 / 3
  1.2.2　软硬件设备购置项目 / 3
  1.2.3　软件应用开发项目 / 3
  1.2.4　系统集成项目 / 4
1.3　数字化项目的发展 / 4
  1.3.1　信息化向数字化的转变 / 4
  1.3.2　数字化技术的发展 / 5
  1.3.3　数字化项目的发展趋势 / 6
1.4　数字化项目相关法律 / 7
1.5　数字化项目全生命周期管理体系 / 7
  1.5.1　数字化项目全生命周期管理体系发展历程 / 7
  1.5.2　数字化项目管理过程和管理方法 / 11

第 2 章　数字化项目全生命周期管理方法

2.1　进度管理 / 14
  2.1.1　进度管理基本原则 / 15
  2.1.2　进度管理过程 / 16
  2.1.3　进度管理技术与工具 / 17
2.2　成本管理 / 25
  2.2.1　成本管理过程 / 25
  2.2.2　成本估算 / 26

2.2.3　成本预算 / 28
            2.2.4　成本控制 / 30
    2.3　质量管理 / 31
            2.3.1　质量管理基本原理 / 32
            2.3.2　质量管理过程 / 35
            2.3.3　质量管理技术和工具 / 39
    2.4　人员管理 / 42
            2.4.1　团队管理 / 42
            2.4.2　冲突管理 / 45
            2.4.3　培训管理 / 45
    2.5　沟通管理 / 47
            2.5.1　沟通管理的基本原则 / 48
            2.5.2　沟通管理的主要方式 / 48
            2.5.3　沟通管理的具体实施 / 49
    2.6　风险管理 / 50
            2.6.1　风险识别 / 50
            2.6.2　风险分析 / 52
            2.6.3　风险应对 / 54
            2.6.4　风险控制技术与工具 / 55
    2.7　合同管理 / 56
            2.7.1　合同类型 / 57
            2.7.2　合同内容 / 58
            2.7.3　合同管理过程 / 59
    2.8　文档管理 / 61
            2.8.1　文档管理原则 / 62
            2.8.2　文档管理方法 / 62
    2.9　变更管理 / 69
            2.9.1　变更管理过程 / 70
            2.9.2　变更影响评估 / 71
            2.9.3　变更控制 / 72
    2.10　安全管理 / 73
            2.10.1　数据安全管理 / 74
            2.10.2　施工安全管理 / 77

第 3 章　数字化技术

    3.1　人工智能 / 80

3.1.1　政策规划 / 81
　　3.1.2　核心技术 / 81
　　3.1.3　应用场景 / 82
　　3.1.4　管理要点 / 84
3.2　云计算 / 87
　　3.2.1　云计算的概念 / 87
　　3.2.2　云计算技术 / 91
　　3.2.3　应用场景 / 92
　　3.2.4　管理重点 / 93
3.3　大数据 / 97
　　3.3.1　大数据的概念 / 97
　　3.3.2　大数据技术 / 99
　　3.3.3　应用场景 / 102
　　3.3.4　管理要点 / 103
3.4　物联网 / 107
　　3.4.1　物联网的概念 / 107
　　3.4.2　物联网技术 / 107
　　3.4.3　应用场景 / 108
　　3.4.4　管理要点 / 108
3.5　区块链 / 110
　　3.5.1　区块链分类 / 111
　　3.5.2　区块链技术 / 111
　　3.5.3　应用场景 / 112
　　3.5.4　管理要点 / 114

第 4 章　数字化项目规划阶段

4.1　数字化项目规划目标 / 117
4.2　数字化项目规划原则 / 119
4.3　咨询规划阶段 / 120
4.4　可行性研究基本要求 / 124
4.5　密码应用方案编制要求 / 127
　　4.5.1　政策依据 / 128
　　4.5.2　信息安全风险评估的基本要素 / 128
　　4.5.3　总体要求解读 / 130
4.6　总体设计方案编制要求 / 131

4.7 数字化项目招投标流程 / 132
    4.7.1 基本原则 / 133
    4.7.2 政策法规 / 135
    4.7.3 招标 / 136
    4.7.4 投标 / 145
    4.7.5 开标、评标和中标 / 147

第 5 章 数字化项目需求设计阶段

5.1 需求分析 / 150
    5.1.1 需求分析概述 / 150
    5.1.2 需求分析过程 / 151
    5.1.3 需求的分类 / 154
    5.1.4 需求规格说明书 / 155
    5.1.5 需求管理 / 158
5.2 深化设计 / 159
    5.2.1 深化设计概述 / 159
    5.2.2 实施方案 / 159
    5.2.3 安全实施方案 / 161
    5.2.4 进度计划 / 165
    5.2.5 软件设计 / 167
    5.2.6 测试方案 / 174

第 6 章 数字化项目实施阶段

6.1 软件编码 / 176
    6.1.1 明确编码规范 / 177
    6.1.2 实施代码审查 / 178
    6.1.3 版本控制 / 179
    6.1.4 加强单元测试 / 180
6.2 软硬件采购 / 180
    6.2.1 软硬件概念 / 180
    6.2.2 软硬件采购流程 / 181
    6.2.3 到货前准备工作 / 182
    6.2.4 到货检查要点 / 182
    6.2.5 开箱检查要点 / 182

6.3 软硬件安装调试 / 183
  6.3.1 前期准备工作 / 184
  6.3.2 硬件安装调试 / 184
  6.3.3 软件安装调试 / 185
6.4 系统集成 / 185
  6.4.1 系统集成的概念 / 185
  6.4.2 系统集成的分类 / 185
  6.4.3 系统集成关键控制点 / 186
6.5 测试评估 / 186
  6.5.1 集成测试 / 187
  6.5.2 确认测试 / 191
  6.5.3 第三方测试 / 192
6.6 用户培训 / 201
6.7 试运行 / 202
  6.7.1 试运行的时间安排 / 202
  6.7.2 试运行前准备 / 203
  6.7.3 试运行期间的质量控制 / 203

第 7 章 数字化项目验收阶段

7.1 数字化项目验收依据 / 205
7.2 数字化项目验收方式 / 206
  7.2.1 自行验收 / 206
  7.2.2 外部专家验收 / 206
7.3 数字化项目验收流程 / 207
  7.3.1 验收准备 / 207
  7.3.2 验收申请 / 209
  7.3.3 材料审核 / 209
  7.3.4 现场检查 / 209
  7.3.5 验收组织 / 210
  7.3.6 验收结论与问题整改 / 210
7.4 竣工决算 / 210
  7.4.1 竣工决算原则 / 211
  7.4.2 竣工决算流程 / 213

第 8 章　数字化项目案例

    8.1　案例项目立项规划阶段 / 215
        8.1.1　重点开展的工作 / 216
        8.1.2　可行性研究报告 / 217
    8.2　案例项目招投标阶段 / 219
    8.3　案例项目启动设计阶段 / 220
    8.4　案例项目实施阶段 / 222
    8.5　案例项目测试阶段 / 228
    8.6　案例项目验收阶段 / 228
    8.7　案例项目运行维护阶段 / 231
    8.8　案例项目审计和绩效评价 / 231

参考文献

第 1 章　数字化项目概述

1.1　数字化项目定义

1.1.1　数字化项目的概念

数字化项目是指将传统的工程项目进行数字化改造,使其具有更高的效率和更好的管理的项目,即通过引入数字技术、方法和工具,将数字技术与实体业务深度融合,对政府等各类组织的业务流程、组织结构、信息系统等方面进行改革和创新的项目。数字化项目在实施过程中,通常涉及数据分析、云计算、人工智能、物联网等技术领域,旨在帮助政府等各类组织提高运营效率、降低成本、增强竞争力等。

1.1.2　数字化项目的特征与作用

1) 数字化项目的特征

数字化项目的特征包括数据驱动、自动化、智能化和连接性。

(1) 数据驱动:数字化项目基于数据进行决策和规划,而不是传统的经验或直觉。这意味着项目的所有方面都可以被量化和分析,从而提供更准确的预测和更好的决策支持。

(2) 自动化:数字化项目通常涉及大量的自动化工具和技术,如机器学习、人工智能等,这些工具可以自动执行许多任务,减少人工干预的需要。

(3) 智能化:数字化项目利用先进的算法和模型来处理复杂的问题,提供更深入的见解和解决方案。这包括使用大数据分析和预测建模来优化流程和性能。

（4）连接性：数字化项目通常需要与多个系统和应用程序进行集成，以实现数据的共享和流动。这种连接性可以帮助提高项目的可见性和透明度，以及加快决策进程。

2）数字化项目的作用

数字化项目的作用主要体现在以下几个方面：

（1）高协同效率：通过数字化项目，可以实现政府各部门之间的信息共享和协同工作，提高企业的决策效率和运营效率。

（2）优化资源配置：数字化项目可以通过对大量数据的分析和挖掘，帮助政府部门优化资源配置，提高资源的利用效率。

（3）提升项目质量和安全性：数字化项目可以通过引入先进的数字技术，如人工智能、大数据等，提升项目的质量和安全性，降低项目风险。

（4）降低成本：数字化项目可以通过自动化、智能化的手段，降低政府部门的运营成本，提高其盈利能力。

1.1.3　数字化项目建设过程相关方

业主方：作为项目的发起人和资金投入方，业主方负责制定项目目标、确定项目范围，并对项目结果和进度负有最高的责任。

咨询单位：为项目提供专业的咨询服务和技术支持，包括项目的规划、设计等环节。

设计单位：根据业主方和咨询方提供的数据和其他相关资料，进行项目的设计工作。

施工单位：也被称为承包商，他们负责项目的施工环节，是项目的实际执行者，需要根据设计图纸和规范进行施工。

工程监理单位：受业主方委托，对项目的施工过程进行监督、管理和协调，以保证项目质量、进度和投资控制在预定范围内。

招标代理单位：在项目的前期阶段，负责组织对设计、施工等各专业单位进行招标，选择合适的单位以确保项目质量和进度。

工程项目管理单位：对整个项目进行全面管理和协调，确保项目目标的实现。可以由业主方自行组建管理团队进行管理，也可以委托专业的项目管理公司进行管理。

测评单位：是一种专门从事数字化相关测评工作的专业机构。它们的主要职责是对数字化项目所涉及机房环境、系统安全、软件功能等进行独立、专业的质量和安全性的测试与认证。

1.2 数字化项目类型

1.2.1 基础设施建设项目

本书介绍的基础设施建设项目指的是数据中心的建设，此类项目需要满足《数据中心设计规范》(GB 50174—2017)、《综合布线系统工程设计规范》(GB 50311—2016)等国家标准规范的要求，建设内容包括：供配电系统、UPS电源系统、防雷接地系统、空调与通风系统、动力设备与环境监控系统、消防系统、视频监控及报警系统等。

1.2.2 软硬件设备购置项目

软硬件设备购置项目是指业主为了提升自身的技术实力和业务处理能力，而进行的软硬件设备的购买和安装活动。这种项目通常涉及服务器、计算机、网络设备、安全设备、软件许可等不同类型的设备或成品软件。

在项目实施过程中，业主需要根据自身的业务需求和预算，选择合适的设备和服务。此外，还需要考虑设备的兼容性、可扩展性、安全性等因素，以确保设备能够有效地服务于企业的业务发展，包括设备的安装、配置、测试和维护等工作。这些工作通常需要业主聘请专业的技术人员来完成，以确保设备的正常运行和企业的业务连续性。

1.2.3 软件应用开发项目

应用软件开发项目是指业主为了实现特定的业务功能，而进行的应用软件的开发活动。这种项目通常涉及需求分析、设计、编码、测试、部署和维护等多个环节。

在项目实施过程中，业主需要根据自身的业务需求和目标，明确软件的功能和性能要求。此外,企业还需要考虑软件的可扩展性、安全性、兼容性等因素,以确保软件能够满足企业的长期需求。业主需要组织专业的开发团队,采用合适的开发方法和工具,按照预定的计划和进度,完成软件的开发工作。最后,企业还需要对软件进行严格的测试,以确保软件的质量和稳定性。

1.2.4　系统集成项目

系统集成项目是将各个功能部分整合为统一的系统的过程。在系统集成项目中,可能需要采购和安装各种硬件和软件设备,包括计算机、网络设备、安全设备等。还有可能需要开发和实施各种应用软件,以满足企业的特定业务需求。系统集成项目的特点包括集软件、硬件及应用于一体,具有多学科合作性质、独特性、不确定性、技术的敏感性、管理的复杂性等。

1.3　数字化项目的发展

1.3.1　信息化向数字化的转变

在过去的几十年里,信息技术的发展已经深刻地改变了我们的生活和工作方式。从早期的信息化阶段到现在的数字化阶段,我们可以看到技术发展的脉络和趋势。

在信息化阶段,业主的核心诉求是提高效率,主要通过引入信息技术,如计算机、网络、数据库等来改进和优化业务流程,提高工作效率。例如,业主可以通过信息系统来实现业务的自动化处理,减少人工操作的错误和延误,提高工作的准确性和效率。然而,随着互联网、大数据、人工智能等新技术的出现和发展,企业的工作环境和工作方式发生了根本性的变化。这种变化实为信息化向数字化转变。

在数字化阶段,业主的核心诉求是支撑创新,包括业务创新、管理创新和组织创新。例如,业主可以通过大数据技术来分析和挖掘大量的业务数据,发现新的商业机会,推动业务创新。又如,业主可以通过人工智能技术来实现业务的自动化和智能化,提高工作效率和效果。

下面从五个方面进行举例说明。

(1) 从工具自动化到决策自动化:在信息化阶段,业主开始利用各种数字化工具提高工作效率和质量,例如自动化生产、数字化营销等。这些工具的应用不仅提高了工作速度和效率,还能够根据数据的反馈进行优化和调整,进而实现决策自动化。

(2)从业务流程到应用场景:信息化阶段强调业务流程的优化和再造,而在数字化阶段,业主更加关注应用场景的开发和拓展。这意味着业主不仅要关注现有业务流程的数字化,还要根据市场变化和业务发展趋势等因素,积极拓展新的数字化应用场景。

(3)从数据共享到数据驱动:信息化阶段已经实现了数据共享和数据治理的目标,但数字化阶段更加注重数据驱动管理和决策。这意味着业主需要建立起以数据为中心的决策机制,通过数据分析和挖掘来发现问题、解决问题,进而实现更高效、更精准的决策。

(4)从信息录入到实时无感:在信息化阶段,业主需要手动录入大量信息,例如财务数据、客户信息等。而在数字化阶段,业主可以通过自动化工具、智能传感器等手段实现数据的实时采集和无感录入。这种转变不仅可以提高工作效率和质量,还可以提高数据的准确性和及时性。

(5)从信息技术(information technology,IT)到数据处理技术(data technology,DT):信息化阶段主要关注各种信息技术的应用和实施,例如企业资源计划(enterprise resource planning,ERP)、客户关系管理系统(customer relationship management,CRM)等。而在数字化阶段,业主更加注重数据处理技术的应用,例如大数据分析、人工智能等。这些技术可以帮助业主更好地管理和分析数据,进而实现更精准、更高效的决策。

1.3.2 数字化技术的发展

数字化技术的发展历程可以从 20 世纪 50 年代初开始追溯,大致经历了以下几个阶段:

(1)初始阶段:在 20 世纪 50 年代初,数字技术初步兴起,主要是用于科学计算和工程设计等领域。这个阶段数字技术还没有得到广泛应用,仅在一些特定领域中得到应用和发展。

(2)发展阶段:从 20 世纪 60 年代初开始,数字化技术开始进入快速发展阶段。这个阶段出现了许多数字计算设备和计算机系统,这些设备和系统的出现极大地促进了数字技术的发展。同时,数字技术开始进入商业和工业领域,例如

ERP 等数字化系统的出现,使得数字化技术开始在企业中得到应用和发展。

(3) 应用阶段:从 20 世纪 90 年代开始,数字化技术开始大规模应用,包括互联网、移动通信、多媒体等数字化技术的广泛应用。这个阶段数字化技术已经成为商业、工业、金融、娱乐等各个领域的重要组成部分。随着数字化技术的不断进步和应用,人们的生活方式和工作方式也发生了巨大的变化。

(4) 智能阶段:从 21 世纪初开始,数字化技术进入智能时代。这个阶段数字化技术更加智能化、自主化和自动化,人工智能、机器学习、物联网等技术得到了广泛的应用和发展。数字化技术已经渗透到各个领域中,成为推动社会进步和发展的重要力量。

数字化技术发展至今,已经在各个领域得到了广泛的应用。其中,包括电子商务(通过互联网实现在线购物、支付、物流等服务,如淘宝、京东等)、金融科技(通过数字技术实现在线银行、移动支付、智能投顾等服务,如微信支付、支付宝等)、制造业(通过数字技术实现自动化生产、智能化调度、数字化质检等服务,如智能制造等)、医疗保健(通过数字技术实现电子病历、在线医疗咨询、远程诊疗等服务,如丁香医生等)、教育培训(通过数字技术实现在线教育、远程培训、虚拟实验等服务,如得到应用程序等)、物流运输(通过数字技术实现智能化物流、实时追踪、智能配送等服务,如顺丰速运等)、农业领域(通过数字技术实现智能化种植、无人机测绘、精准施肥等服务,如智慧农业等)。

综上所述,数字化技术的发展历程是一个不断创新和发展的过程。随着技术的不断进步和应用的不断拓展,数字化技术将会在未来的发展中发挥更加重要的作用。

1.3.3　数字化项目的发展趋势

数字化项目的未来发展将受到多种因素的影响,包括技术进步、市场需求、政策法规、竞争格局等。以下是一些可能的未来发展趋势。

(1) 技术持续演进:数字化技术将持续演进和发展,例如人工智能、大数据、云计算、物联网、区块链等技术的进一步普及和应用。这些技术将为数字化项目提供更多的可能性、更高的效率、更强的智能化和更广的应用场景。

(2) 数字化转型成为标配:未来,数字化转型将成为所有企业和组织的标配,而不仅是互联网企业的专利。无论是传统企业还是新兴企业,都需要通过数字化转型来提高效率、优化流程、拓展业务和提升竞争力。

(3) 数据驱动决策:数字化项目将越来越注重数据的应用和分析,以数据为驱动的决策将成为主流。业主需要从海量的数据中提取有价值的信息,以支持更精准、更高效的决策过程。

(4)用户体验和服务质量:数字化项目将更加注重用户体验和服务质量,通过优化界面、提高操作便捷性、提供个性化服务等手段来提升用户体验和服务质量,进而增加用户体验。

(5)安全性和隐私保护:数字化项目的安全性和隐私保护将成为重中之重。企业和组织需要采取更加严格的措施来保护用户数据和隐私,防范网络安全风险和避免法律风险。

(6)跨界合作和创新:数字化项目将促进跨界合作和创新,推动不同行业之间的合作和交流。例如,互联网企业可以与传统企业合作,共同开发新的数字化产品和服务,推动产业的升级和发展。

1.4 数字化项目相关法律

(1)《中华人民共和国招标投标法》。

(2)《中华人民共和国政府采购法》。

(3)《中华人民共和国密码法》。

(4)《信息安全技术 网络安全等级保护基本要求》(GB/T 22239—2019)。

(5)《中华人民共和国网络安全法》。

(6)《中华人民共和国数据安全法》。

(7)《中华人民共和国个人信息保护法》。

……

1.5 数字化项目全生命周期管理体系

1.5.1 数字化项目全生命周期管理体系发展历程

1.5.1.1 国外项目管理体系发展历程

1)项目管理发展初期

1917年,亨利·甘特先生发明了甘特图,它是以作业排序为目的,将活动与时间联系起来的最早尝试的工具之一,其直观地表明任务计划进行的时间以及实际进展与计划要求的对比。管理者由此可清楚地分辨出一项任务(项目)还剩下哪些工作要做,并评估工作进度。由于甘特图简单、醒目,在不同领域、不同项目中,甘特图都得到了最广泛的运用,并对早期管理学的发展奠定了重要的基础。与此同时,在那个时代,还诞生了当今网络计划技术的始祖——阿丹密基协调图技术和线路分析法。

在20世纪30年代,美国航空业逐步采用类似于"项目办公室"的方法来监控飞机的研制过程,美国的工程行业也开始设立类似于"项目工程师"的职位来监控和协调项目在各有关职能部门的进展情况。当时,虽然几乎所有的组织都采用"金字塔加职能部门划分"的官僚结构,但早在1937年就有人提出可以指定一个协调员把涉及几个不同职能部门的某个工作任务统管起来。可以说,在第二次世界大战爆发前夕,项目管理已处于萌芽状态。

在20世纪40年代,美国把研制第一颗原子弹的任务作为一个项目来管理,命名为"曼哈顿计划"。它几乎具备现代项目管理的全部要素(如时间管理、成本管理、沟通管理、风险管理等),同时也具备了完整的项目过程(项目的发起、筹备、启动、实施、监控、改善、结束),因此它是科学界公认的第一个全面应用项目管理理念和技术的大型项目,也是近代项目管理发展的萌芽。

2) 传统项目管理

20世纪50年代是项目管理的重要发展时期。20世纪50年代早期,贝曲特尔声称他们公司率先在一个国际项目上使用了"项目经理"一词,这也是"项目经理"这个词首次在实践中得到应用。1957年,杜邦公司发明了关键路径法(critical path method,CPM),使维修停工时间由125 h锐减为78 h。1958年,美国海军在北极星导弹项目应用计划评审技术(program evaluation and review technique,PERT),将北极星项目工期缩短了2年(计划时间8年)。

20世纪50年代产生的系统整合思想和项目计划控制技术,在20世纪60年代得到了迅速发展,并在实际工作中得到了广泛运用。

在20世纪60年代早期,美国航空航天局(National Aeronautics and Space Administration,NASA)在阿波罗计划中成功采用了"矩阵管理技术",即矩阵式组织的方式来管理项目,同期美国海军要求其"北极星"(Polaris)项目的承包商采用PERT。这一时期,CPM被成功地推向了商业市场(特别是在建筑行业),同时随着计算机技术的发展,人们开始编制软件来提高项目评审技术和关键线路法的应用效率。20世纪60年代中期,美国国防部率先在导弹项目上应用工作分解结构(work breakdown structure，WBS)，从此 WBS 成为项目管理的核心工具和知识。20世纪60年代后半期，项目管理从比较单纯的计划和组织方面逐步发展到强调系统整合的管理科学。1967年，美国国防部借助成本进度控制系统方法(cost/schedule control systems criteria，C/SCSC)把项目管理正式系统化。C/SCSC 也是现代挣值管理(earned value management，EVM)技术的前身，同年，EVM 被运用至"民兵导弹计划"，这个项目对提升挣值的地位有非常重大的意义，此时 EVM 还是 C/SCSC 的一部分。

在20世纪中叶，不仅形成了大量的项目管理工具和方法，还成立了国际上最有影响的两个项目管理专业协会。1965年，国际项目管理协会(International Project Management Association，IPMA)在欧洲瑞士成立；1969年，美国项目管理协会(Project Management Institute，PMI)在美国宾州成立。

3) 现代项目管理

在20世纪80年代前的项目管理被认为是传统项目管理，而80年代被认为是传统项目管理和现代项目管理阶段的分水岭。自1980年之后，美国、英国和澳大利亚等国家先后开始在大学设立正式的项目管理学课程，项目管理开始逐步规范化和系统化。

1984年，PMI 推出项目管理知识体系(project management body of knowledge，PMBOK)和基于 PMBOK 的项目管理专业证书项目管理师证书(project management professional certification，PMP)两项创新。

1996年，PMI 发布 PMBOK 第1版，此后每隔4到5年更新一版，这标志着项目管理从此具备了成熟的知识体系，同年，澳大利亚项目管理协会出版了世界上第一本项目管理能力标准，即《项目管理能力国家标准》。

1997年，国际标准化组织(International Organization for Standardization，ISO)以 PMBOK 为框架颁布为 ISO 10006 项目管理质量标准。

1998年，IPMA 推出国际项目管理专业资质标准(ICB)。

1999年，IPMA 发布了《IPMA 能力基线》。

1999年，国际项目管理师(project management professional，PMP)成为全球第一个获得 ISO 9001 认证的认证考试，PMP 如今已经被全球上百个国家引进和认可。

在21世纪，随着技术的发展，在欧美发达国家，项目管理已经在电子、通信、计算机、软件开发、制造业、金融业、保险业甚至政府机关和国际组织中已经成为其运作的中心模式，在2022年，PMBOK 已发布至第七版，这对项目管理界来说具有划时代的意义，也意味着全球最大的项目管理协会(Project Management

Institute，PMI）正式、完全、完整地接受以往项目管理五大过程组转变为以项目管理原则为导向的价值理念，认为价值才是项目成功的最终度量指标，更加突出项目经理整合能力、系统思维、以人为本的精神。

1.5.1.2　国内项目管理体系发展历程[1]

1）项目管理方法的产生

自从有组织的人类活动出现至今，人类就一直执行着各种规模的"项目"，中国作为世界文明古国在历史上有许多举世瞩目的项目，如秦始皇统一中国后对长城进行的修筑、战国时期李冰父子设计修建的都江堰水利工程、北宋真宗年间皇城修复的"丁渭工程"、河北的赵州桥、北京的故宫等都是中华民族历史上运作大型复杂项目的范例，从今天的角度来看这些项目都堪称是极其复杂的大型项目。对于这些项目的管理，如果没有进行系统的规划，要取得成功也是非常困难的。因此，在项目管理还没有形成有效的方法和系统时，对项目的管理还只是凭人的经验、智慧和直觉，依靠人的才能和天赋，相对欠缺科学性。

20世纪60年代初期，在数学家华罗庚的倡导下，引进和推广了网络计划技术，并结合我国"统筹兼顾，全面安排"的指导思想，将这一技术称为"统筹法"。当时华罗庚组织并带领小分队深入重点工程项目中进行推广应用，取得了良好的经济效益。我国项目管理学科的发展就是起源于华罗庚推广"统筹法"的结果，中国项目管理学科体系也是由于统筹法的应用而逐渐形成的。

20世纪80年代，现代化管理方法在我国的推广应用，进一步促进了统筹法在项目管理过程中的应用。此时，项目管理有了科学的系统方法，但当时主要应用于国防和建筑业，项目管理的任务主要强调的是项目在进度、费用与质量三个目标的实现上。

2）现代项目管理体系的引进与推广

1982年，在中国利用世界银行贷款建设的鲁布格水电站引水导流工程中，日本建筑企业运用项目管理方法对这一工程的施工进行了有效的管理，并取得了很好的效果。这给当时中国的整个投资建设领域带来了很大的冲击，人们确实看到了项目管理技术的作用。基于鲁布格工程的经验，1987年中华人民共和国国家计划委员会、住房和城乡建设部等有关部门联合发出通知要求在一批试点企业和建设单位采用项目管理施工法，并开始建立中国的项目经理认证制

---

[1] 项目管理的发展现状及趋势（http://www.docin.com/p-872815836.html）、国内外现代项目管理学科体系的发展（http://www.doc88.com/p-3099163630387.html）

度。1991年建设部进一步提出把试点工作转变为全行业推进的综合改革,全面推广项目管理和项目经理负责制。例如,在二滩水电站、三峡水利枢纽建设和其他大型工程建设中,都采用了项目管理这一有效手段。

1991年,建设部进一步提出把试点工作转变为全行业推进的综合改革,全面推广项目管理和项目经理负责制。例如,这一时期的二滩水电站、三峡工程都是采用现代的项目管理方法。

20世纪90年代初,在西北工业大学等单位的倡导下成立了我国第一个跨学科的项目管理专业学术组织——中国优选法统筹法与经济数学研究会项目管理研究委员会(Project Management Research Committee,PMRC),PMRC的成立是中国项目管理学科体系的开始走向成熟的标志。PMRC自成立至今,做了大量开创性工作,为推动我国项目管理事业的发展和学科体系的建立,为促进我国项目管理与国际项目管理专业领域的沟通与交流起了积极的作用,特别是在推进我国项目管理专业化与国际化发展方面,起到了非常重要的作用。截至今日,许多行业也纷纷成立了相应的项目管理组织,如中国建筑业协会工程项目管理委员会、中国国际工程咨询协会项目管理工作委员会、中国工程咨询协会项目管理指导工作委员会等都是中国项目管理学科得到发展与日益应用的体现。

3)中国项目管理知识体系的推出

2000年,中国外国专家局引进PMBOK,成为PMI在华唯一一家负责PMP资格认证考试的组织机构和教育培训机构。

在吸取世界各国项目管理知识体系的长处并考虑中国国情的基础上,中国PMRC于2001年在其成立10周年之际也正式推出了《中国项目管理知识体系》(Chinese-project management body of knowledge,C-PMBOK),建立适合我国国情的"中国项目管理知识体系"。与其他国家的PMBOK相比,《中国项目管理知识体系》的突出特点是以生命周期为主线,以模块化的形式来描述项目管理所涉及主要工作及其知识领域。

2002年劳动保障部正式推出了"中国项目管理师(CPMP)"资格认证,标志我国政府对项目管理重要性的认同,项目管理职业化方向发展成为必然。

2016年之后,项目管理成为职场人士必备技能。

1.5.2 数字化项目管理过程和管理方法

项目知识管理体系首先是由PMI提出,在这个知识体系中,他们定义了项目管理过程包含五大项目管理过程组和十大项目管理知识领域。

基于此背景以及中国的国情,我国在2001年5月正式推出了中国的项目管理知识体系文件——《中国项目管理知识体系》,该体系从项目及项目管理的概念入手,按照项目开发的四个阶段:概念阶段、规划阶段、实施阶段和收尾阶段,分别阐述了每一阶段的主要工作及其相应的知识内容,同时考虑到项目管理过程中所需要的共性知识及其所涉及的方法和工具。基于这一编写思路,《中国项目管理知识体系》将项目管理的知识领域共分为89个模块,由此构成中国项目管理知识体系的框架。

基于上述背景,结合多年信息化项目的经验总结,将数字化项目全生命周期管理分为四个阶段(数字化项目规划阶段、数字化项目需求设计阶段、数字化项目实施阶段、数字化项目验收阶段),将数字化项目管理方法分为十大管理(进度管理、成本管理、质量管理、人员管理、沟通管理、风险管理、合同管理、文档管理、变更管理、安全管理)。以四大管理阶段为经度,以项目管理方法为纬度,从而形成一个比较严密的项目管理体系。

1.5.2.1 数字化项目管理过程

1)数字化项目规划阶段

本阶段的主要工作包括项目的总体目标规划、项目的可行性研究、总体设计、招投标等。该阶段的主要任务是对项目的必要性、可行性、合理性等重大问题,进行科学论证和多方案比较。为保证项目规划的科学性,可行性研究和项目评估工作应委托具有相应能力的咨询公司独立进行,涉及多专业领域的可由不同专业的咨询公司来完成。该阶段的工作重点是对项目的必要性和可行性进行分析论证,提出指标性目标并完成项目的招投标工作。

2)数字化项目需求设计阶段

本阶段的主要工作为需求的深化设计,是可行性研究的具体化,对可行性研究提出的需求进行深化,在很大程度上决定了工程项目实施的成败及能否高效率地达到预期目标,主要包括一些技术要点、需求、设计等方案的编制。

3)数字化项目实施阶段

本阶段的主要工作为数字化项目承建单位按照信息工程项目实施方案进行项目具体实现的过程,即项目的建设过程,包括软硬件采购、安装调试、软件开发、系统集成、培训、试运行、测试评估等。

4)数字化项目验收阶段

项目验收阶段是指项目建设完成后,经试运行确认没有问题,最终完全交付用户的最后一个环节。验收通常按照项目需要组织单位自行验收或邀请第三方的相关专家,对照技术方案及建设者与承建者签订的具有法律意义的合同契约,以会议的方式进行。

1.5.2.2　数字化项目管理方法

数字化项目管理方法分为进度管理、成本管理、质量管理、人员管理、沟通管理、风险管理、合同管理、文档管理、变更管理、安全管理。

（1）进度管理,是指在项目实施过程中,对各阶段的进展程度和项目最终完成的期限所进行的管理。它的目的是保证项目能在满足时间约束条件的前提下实现项目的总体目标。这也是把项目按时完成所必需的管理过程。

（2）成本管理,是指让项目实际进行中的成本控制在预算范围之内,确保在预算之内完成项目。

（3）质量管理,是指确定质量方针、目标和职责,并通过质量体系中的质量规划、质量保证、质量控制和质量改进来使其实现所有管理职能的全部活动。

（4）人员管理,是指在项目管理中,项目人员管理是确保项目团队高效协作和项目成功的重要过程。它涉及招募、培训、指导和管理团队成员,以确保他们的工作进展顺利,实现项目目标。

（5）沟通管理,是指通过有效地交换信息,来确保项目及其相关方的信息需求得以满足的各个过程。

（6）风险管理,是指识别、分析、做出响应并控制风险的过程。

（7）合同管理,是指对施工合同的订立、履行、变更、终止、违约、索赔、争议处理等进行的管理。

（8）文档管理,是指在一个项目进程中将提交的文档进行收集管理的过程。

（9）变更管理,是指根据项目推进过程中越来越丰富的项目认知,不断调整项目努力方向和资源配置,最大程度地满足项目需求,提升项目价值。

（10）安全管理,是指在项目施工过程中,组织安全施工的全部活动,其中不仅包括生产安全,还有资产安全、数据安全。

第 2 章　数字化项目全生命周期管理方法

数字化项目全生命周期管理从不同的角度,利用各类方法与工具对项目的整个生命周期进行全面、系统的管理,包括进度管理、成本管理、质量管理、人员管理、沟通管理、风险管理、合同管理、文档管理、变更管理、安全管理。

2.1　进度管理

项目进度管理是指在项目实施过程中,对各阶段的进展程度和项目最终完成的期限所进行的管理。其主要目标是要在规定的时间内,制定出合理、经济的进度计划,然后在该计划的执行过程中进行有效的控制和管理,检查实际进度是否与计划进度相一致,保证项目按时完成。如果实际执行情况与计划进度不一致,就需要及时分析原因,并采取必要的措施对原工程进度计划进行调整或修正。

项目进度管理在项目管理中起着至关重要的作用。它不仅是一种计划和跟踪工具,而且更是确保项目按时交付的关键。成功的进度管理可以起到以下几个方面的作用。

(1)确保项目按时交付:通过合理的进度管理,项目团队能够更好地掌握项目的进展情况,及时发现和解决问题,提前预防和减轻风险,从而推动整个项目的顺利进行。

(2)明确目标和计划:在项目开始阶段,团队可以利用进度管理工具,如甘特图或里程碑计划,明确项目的工作内容、时间安排和关键节点,让团队成员能够全面理解项目的要求和进度,明确各自的任务和责任,在达成全员共识的基础上一起努力向目标迈进。

(3)实时跟踪项目的进展:通过建立明确的进度计划和阶段性的里程碑,并在项目过程中实时更新各自任务的进展,团队可以及时了解项目整体进度情况,并根据实际情况进行实时调整。

(4)降低成本:有效的项目进度管理可以明确每个阶段所需要的资源,帮助项目团队更好地管理和分配资源,从而降低成本。

(5)提高项目成功率:通过有效的项目进度管理,团队可以更好地理解和控制项目的进度,从而提高项目的成功率。

2.1.1 进度管理基本原则

项目进度管理的目标是确保项目按时完成,以满足项目的交付要求。这涉及规划、监控和控制项目的时间,以确保项目进展在预定的时间范围内。

项目进度管理的基本原则如下所述。

(1)统一性原则:整个项目的进度应统一规划、统一控制和统一协调。这有助于确保项目各阶段的进度相互衔接,避免进度冲突和延误。

(2)科学性原则:项目进度管理应基于科学的方法和手段进行。这包括使用有效的进度管理工具、技术和方法,进行准确的进度预测和评估,以及制定合理的进度计划和调整策略。

(3)层次性原则:项目进度管理应考虑项目的整体和局部,以及长期和短期目标和进度规划。

(4)平衡原则:项目范围、资源、工期、质量四个要素之间存在制约平衡关系。

(5)高效原则:在实施效率上寻求解决之道,例如选择优秀的项目成员、目标要明确、范围要清晰等。

(6)动态控制原则:项目进度管理是一个动态的过程,需要随着项目实际情况的变化而及时调整。项目管理者应密切关注项目进展,及时发现和解决进度问题,确保项目能够按照预定目标顺利进行。

(7)系统性原则:项目进度管理应作为一个系统来考虑,包括进度计划的制定、实施、监控和调整等各个环节。这些环节应相互关联、相互支持,形成一个完整的项目进度管理体系。

（8）封闭循环原则：项目进度控制的全过程是一种循环性的例行活动，其中包括编制计划、实施计划、检查、比较。

2.1.2 进度管理过程

项目进度管理过程包括：规划进度管理、定义活动、排列活动顺序、估算活动资源、估算活动持续时间、制订进度计划、控制进度。

（1）规划进度管理是为规划、编制、管理、执行和控制项目进度而制定政策、程序和文档的。本过程的主要作用是为如何在整个项目期间管理项目进度提供指南和方向。本过程仅开展次或仅在项目的预定义点开展。

（2）定义活动是识别和记录为完成项目可交付成果而需要采取的具体行动的过程。本过程的主要作用是，将工作包分解为进度活动，作为对项目工作进行进度估算、规划、执行、监督和控制的基础。本过程需要在整个项目期间开展，可进行如下活动：

① 专家判断，定义活动过程中，应征求了解以往类似项目和当前项目的个人或小组的专业意见。

② 分解，是一种把项目范围和项目可交付成果逐步划分为更小、更便于管理的组成部分的技术。工作分解结构中的每个工作包都需要分解成活动，以便通过这些活动来完成相应的可交付成果。让团队成员参与分解过程，有助于得到更好、更准确的结果。工作分解结构、工作分解结构字典和活动清单可依次或同时编制，其中工作分解结构和工作分解结构字典是制定最终活动清单的基础。活动表示完成工作包所需的投入。定义活动过程的最终输出是活动而不是可交付成果，可交付成果是创建工作分解结构过程的输出。

③ 滚动式规划，是一种迭代式的规划技术，即详细规划近期要完成的工作，同时在较高层级上粗略地规划远期工作。它是一种渐进明细的规划方式，适用于工作包、规划包。因此，在项目生命周期的不同阶段，工作的详细程度会有所不同。在早期的战略规划阶段，信息尚不够明确，工作包只能分解到已知的详细水平；而后，随着了解到更多的信息，近期即将实施的工作包就可以分解到具体的活动。

④ 会议，可以是面对面或虚拟会议，正式或非正式会议。参会者可以是团队成员或主题专家，目的是定义完成工作所需的活动。

（3）排列活动顺序是识别和记录项目活动之间关系的过程，本过程的主要作用是定义工作之间逻辑顺序，以便在既定的所有项目制约因素下获得最高的效率。本过程需要在整个项目期间开展。

（4）估算活动资源这个过程需要估算每项活动所需的资源，包括人力、物资、设备和时间等。只有明确了各项资源的需求，才能有效地安排资源的分配。

（5）估算活动持续时间是根据资源估算的结果，估算完成单项活动所需工作时段数的过程。本过程的主要作用是确定完成每个活动所需花费的时间量。本过程需要在整个项目期间开展。

（6）制订进度计划是分析活动顺序、持续时间、资源需求和进度制约因素，创建进度模型，从而落实项目执行和监控的过程。本过程的主要作用是为完成项目活动而制定具有计划日期的进度模型。本过程需要在整个项目期间开展。

（7）控制进度是监督项目状态，以更新项目进度和管理进度基准变更的过程。本过程的主要作用是在整个项目期间保持对进度基准的维护。本过程在整个项目期间开展。

2.1.3　进度管理技术与工具

2.1.3.1　工作量和工期估计
1）专家评估技术

专家评估技术（也称德尔菲法，Delphi Method）是一种基于专家评估技术的预测方法，广泛应用于政策制定、企业战略规划、市场研究等领域。该方法通过匿名的方式，将问题以问卷或在线平台的形式发送给专家，让专家在不受外界干扰的情况下独立发表意见。然后，对专家们的意见进行统计和分析，得出最终的预测结果。

具体来说，专家评估技术包括以下步骤。

（1）选择专家：选择在该领域具有丰富经验和专业知识的专家，确保他们对问题有深入的理解和独到的见解。

（2）设计问卷：根据研究目的设计问卷，包括问题和可能的答案选项。问卷设计要简洁明了，让专家容易理解和回答。

（3）发送问卷：将问卷通过邮件或在线平台发送给专家，要求他们在规定的时间内完成并提交答案。

（4）统计结果：收集专家们的答案，对答案进行统计和分析。可以采用算术平均、加权平均、中位数等方法，也可以进行因子分析、聚类分析等数据挖掘操作。

（5）结果反馈：将统计结果以匿名的方式反馈给专家，让他们了解自己和其他专家的意见分布情况，以便于进一步修改和完善自己的意见。

（6）重复步骤：根据需要，可以重复以上步骤，直到专家们的意见趋于一致或达到预定的终止条件。

专家评估技术的优点包括：可以避免群体压力对个人意见的影响，鼓励专家独立思考；可以匿名方式进行，减少专家之间的相互影响；可以通过多次反馈和迭代，使结果更加准确和趋同。然而，该方法也存在一些局限性，如对专家依赖较大、主观性强、成本高等。因此，在使用专家评估技术时需要结合具体问题进行分析和选择。

2）类比估算法

类比估算法是一种基于类似项目经验或历史数据的估算方法，通过比较类似项目的时间、资源、成本等参数，来估算当前项目的各项参数。以下是类比估算法的具体过程。

（1）选择类似项目：选择与当前项目在性质、规模、复杂性等方面相似的项目作为类比对象。这些类似项目可以是企业内部的类似项目，也可以是行业内的类似项目。

（2）收集数据：收集类比项目的时间、资源、成本等数据。这些数据可以是历史数据，也可以是最近的数据。

（3）确定参数关系：对类比项目的各项参数进行统计分析，确定当前项目与类比项目之间的参数关系。例如，可以通过回归分析、相关分析等方法来建立时间与资源、成本等参数之间的数学模型。

（4）估算当前项目参数：根据建立的数学模型，使用类比项目的参数来估算当前项目的各项参数。例如，如果已知类比项目的时间和资源，就可以通过建立的数学模型来估算当前项目的资源需求量。

（5）考虑不确定性：在使用类比估算法时，需要考虑类比项目与当前项目的差异性以及可能的不确定性。可以通过设置一定的安全系数、范围系数等方式来考虑这些因素的影响。

（6）得出结论：将估算出来的各项参数与当前项目的实际情况相结合，得出当前项目的进度计划、资源需求计划等结论。

类比估算法的优点包括：不需要过多的详细信息就可以估算出来项目的时间、成本、资源等参数；可以参考行业内的类似项目经验来进行估算；简单易行、相对准确。然而,类比估算法也有一定的局限性,如选择的类比项目可能与当前项目存在较大差异,可能会导致估算结果不够准确;此外,类比项目中可能存在数据不足或者不可靠的情况,也可能导致估算结果出现偏差。

2.1.3.2 活动排列顺序的技术和工具

1) 前导图法

前导图法(precedence diagramming method,PDM)是一种以网络图为基础,用于描述项目活动之间相互依赖关系的图形表示方法。以下是前导图法的具体过程。

(1) 确定项目活动:需要先明确项目中的各项活动,包括各项任务、工作包、活动等。这些活动应该涵盖项目的所有工作范围,并按照合理的逻辑关系进行组织和安排。

(2) 绘制前导图:在前导图中,每个活动用方框表示,方框中写明活动的名称。活动之间存在先后关系,箭头线表示这种先后关系。箭头线有三种类型:实线表示活动之间的直接关系,虚线表示活动之间的间接关系,双箭头表示活动之间的循环关系。

(3) 识别关键路径:通过前导图,可以识别出项目的关键路径。关键路径是项目中时间最长的活动路径,它决定了项目的最短完成时间。在关键路径上的活动不能延误,否则整个项目都会受到影响。

(4) 活动时间估算:对每个活动进行时间估算,包括正常时间、最短时间和最长时间。正常时间是指正常情况下完成该活动需要的时间;最短时间是指在该活动中不出现任何问题所需的时间;最长时间则是在最短时间基础上考虑一些可能出现的延误情况所需的时间。

(5) 制定进度计划:根据关键路径和活动时间估算的结果,制定项目的进度计划。进度计划中应包括项目的开始时间和结束时间、关键路径上的活动以及非关键路径上的活动。

(6) 进度控制与调整:在项目实施过程中,需要对进度进行监控和控制,以确保项目按计划进行。当发现实际进度与计划存在偏差时,需要对进度计划进行调整,包括关键路径的调整和非关键路径的调整。

在前导图法中,每项活动有唯一的活动号,每项活动都注明了预计的工期。节点表示活动,箭线表示优先关系。例如,如果一个活动需要另一个活动完成后才能开始,那么这两个活动之间就会有一条箭线连接,表明后者是前者的紧前活动。

前导图法的主要优点是它可以清晰地展示出活动之间的逻辑关系，使得项目经理和团队成员能够更好地理解项目的整体架构和各个活动之间的关系。此外，前导图法还可以帮助项目团队估算项目周期、分配资源，以及制定项目的进度计划。然而，前导图法也有一些局限性。例如，它假设活动之间的依赖关系是固定的，而在实际项目中，这种依赖关系可能会发生变化。因此，项目团队需要定期更新前导图法，以反映项目进度的最新状况。

前导图法可以帮助项目团队更好地管理项目的进度，确保项目的顺利进行和成功交付。然而，项目团队也需要注意前导图法的局限性，并定期更新这种方法，以适应项目的实际需求。

2）箭线图法

箭线图法（arrow diagramming method，ADM）是一种以网络图为基础，用于描述项目活动之间相互依赖关系的图形表示方法。它是由美国工程师凯利（James E. Kelley）在1956年提出的，因此也被称为凯利图或箭线图。

箭线图法的主要元素包括活动、不同活动之间的箭头。每个活动用一个方框或菱形表示，箭线从一方框指向另一方框，表示前者对后者的依赖关系。箭线的长度和方向可以表示活动之间的延迟时间和依赖关系的强度。

箭线图法的主要优点是它可以清晰地显示出活动之间的逻辑关系，使得项目经理和团队成员能够更好地理解项目的整体架构和各个活动之间的关系。此外，箭线图法还可以帮助项目团队估算项目周期、分配资源，以及制定项目的进度计划。然而，箭线图法也有一些局限性。例如，它假设活动之间的依赖关系是固定的，而在实际项目中，这种依赖关系可能会发生变化。因此，项目团队需要定期更新箭线图法，以反映项目进度的最新状况。

2.1.3.3　制定项目进度计划的技术和工具

1）关键路径法

关键路径法（CPM）是一种基于数学计算的项目计划管理方法，它是网络图计划方法的一种。关键路径法将项目分解成为多个独立的活动并确定每个活动的工期，然后用逻辑关系（结束—开始、结束—结束等）来确定这些活动的关系。

在关键路径法中，每个活动都有唯一的活动号，每项活动都注明了预计的工期。节点表示活动，箭线表示优先关系。例如，如果一个活动需要另一个活动完成后才能开始，那么这两个活动之间就会有一条箭线连接，表明后者是前者的紧前活动。

（1）关键路径法具有以下优点：

① 可以确定出项目的关键路径，有助于项目管理人员把握项目的主导方向和主要节点。

② 可以对项目的时间进行精确控制，有助于减少项目的时间延误。

③ 可以对项目的资源进行合理调配，有助于提高资源的利用效率。

④ 可以对项目中的风险进行预警和控制，有助于减少项目的风险损失。

（2）关键路径法具有以下缺点：

① 绘制网络图比较烦琐，对于大型项目来说可能需要耗费较多时间和精力。

② 关键路径法无法对每个活动的具体时间和资源进行详细规划。

③ 关键路径法无法处理项目中的一些不确定因素和突发情况。

关键路径法的一个重要特性是它可以在不考虑任何资源限制的情况下，沿进度网络路径使用顺推与逆推法，计算出所有活动的最早开始时间和最迟开始时间，以及最早完成时间和最迟完成时间。这四种时间参数构成了一个时间坐标系，称为"甘特图"，它可以用来比较实际进度和计划进度，以及识别延误和瓶颈活动。

2）关键链法

关键链法（critical chain project management，CCPM）是一种项目管理方法，旨在优化项目进度管理，特别是在资源约束和不确定性环境下。它在项目管理中引入了一系列概念，以解决传统关键路径法可能遇到的问题，如资源浪费、人为保守估算等。

CCPM 的核心概念主要有：关键链任务和资源约束。关键链任务是指在 CCPM 中，那些受资源约束影响的任务序列。关键链任务决定了整个项目的完成时间，因为它们受到资源瓶颈的制约。资源约束是指 CCPM 强调资源的有限性和瓶颈，即在项目中可能存在资源不足的情况。

CCPM 不是方法，那个"M"不是 Method，它是一种项目管理思维方式，是约束理论（theory of constraint，TOC）思想在项目管理领域的一种在思想层面上的实现，开辟了项目管理思维的另一个领域。

CCPM 的应用被认为比 1910 年至 1950 年开发的传统方法［即 CPM、计划评审技术（program evaluation review technique，PERT）、甘特等］更快和（或）更便宜地实现 10%～50%的项目。

CCPM 的六个步骤包括：定义项目、识别瓶颈、建立安全储备、保护瓶颈、协调瓶颈和重新分配资源。

CCPM 是一种创新的项目管理方法,它通过识别和优化项目的瓶颈资源,可以帮助项目团队在资源有限的情况下,更有效地管理和控制项目的进度,从而提高项目的成功率。

3)计划评审技术

计划评审技术是一种项目进度管理方法,他利用了网络图来表达项目中各项活动的进度和它们之间的相互关系,并在此基础上进行网络分析和时间估计。PERT 认为项目持续时间以及整个项目完成时间是随机的,服从某种概率分布,因此可以利用活动逻辑关系和项目持续时间的加权合计,即项目持续时间的数学期望计算项目时间。

在 PERT 中,每个活动都有三种时间估计:最短时间、最可能时间和最长时间。最短时间表示在理想情况下活动能够完成的最短时间;最可能时间表示在正常情况下活动需要的时间;最长时间则是在最不利情况下活动能够完成的最长时间。PERT 根据这些时间估计计算出项目的期望完成时间和方差,并根据方差计算出完成概率。

具体而言,PERT 的步骤包括:

(1)确定项目中的各项活动以及它们的先后关系。

(2)对每个活动进行时间估计,包括最短时间、最可能时间和最长时间。

(3)根据时间估计绘制网络图,并计算出网络图中的关键路径和关键路线。

(4)对关键路线进行时间估计,计算出项目的期望完成时间和方差。

(5)根据方差计算出完成概率,即在给定时间内完成项目的概率。

(6)根据期望完成时间和方差,制定出项目的时间计划和资源计划。

(7)在项目实施过程中,对项目进度进行监控和控制,以确保项目按计划进行。

PERT 的优点在于它能够综合考虑项目的各种不确定因素和约束条件,从而更加精确地预测项目完成时间和方差。同时,PERT 还可以提供关键路线和关键活动的识别,从而有助于项目管理人员制定更加合理的项目计划和资源分配方案。然而,PERT 也存在一定的局限性,例如它对于活动时间的估计比较主观和不确定,需要结合实际情况进行修正和完善。

4)资源优化

在进度管理中,资源优化是指根据资源供需情况,对项目进度进行合理调整,以实现资源利用的最优化,主要包括资源平衡技术和进度压缩。

资源平衡技术是根据资源限制去调整关键路径法绘制出来的项目进度计划,使得项目进度计划在实际上也可行。资源平衡技术能够解决资源短缺问题尤其是人力资源短缺。例如,如果项目最初的规划需要 3 个工人,而项目只有 2 个工人,那么项目经理就需要对资源进行优化,确保每天所使用的人工数量在项目的许可范围之内。

进度压缩是一种强制赶工的技术,它通过重新分配资源或增加资源来缩短项目的持续时间。然而,进度压缩可能会导致项目质量的下降,因此,项目管理者需要在压缩进度和提高项目质量之间找到一个平衡点。

2.1.3.4　数字化项目进度计划调整方法

1) 关键活动调整法

关键活动调整法是一种在项目进度管理中用于调整关键路径上的活动时间的方法。在项目计划图中,关键路径上的活动没有机动时间,因为其中任一工作持续时间的缩短或延长都会对整个项目工期产生影响。因此,关键活动的调整是项目进度更新的重点。

关键活动调整法包括以下步骤:

(1) 确定关键活动:在项目计划中,找出关键路径上的活动。这些活动通常是具有最高优先级和最低时差的活动。

(2) 分析活动时间:对关键活动进行分析,确定哪些活动存在提前或落后的情况。如果关键活动实际进度提前,可以考虑降低资源强度及费用;如果关键活动实际进度落后,需要采取措施将耽误的时间补回来,保证项目按期完成。

(3) 调整活动时间:根据分析结果,对关键活动进行调整。如果关键活动提前,可以选择后续关键活动中资源消耗量大或直接费用高的予以适当延长;如果关键活动落后,需要重新制订进度计划,将未完成的部分作为一个新的计划,重新计算与调整,按新的计划执行。

(4) 调整非关键活动:在调整关键活动的同时,也需要对非关键路径上的活动进行调整。如果非关键活动时间延长不超过时差范围,不影响工期,也可以不做调整;但为了充分利用资源,降低成本,可对非关键活动时差做适当调整。

(5) 确定新计划:经过关键和非关键活动的调整后,确定新的项目计划并执行。

关键活动调整法的一个重要特点是,它不仅是解决问题的一种工具,更是项目管理的一种思维和策略。通过使用这种方法,项目管理者可以更好地理解和控制项目的进度,以确保项目的顺利进行和成功交付。需要注意的是,在制订计划时需要预留适当的应急储备时间,以应对可能出现的不确定因素和风险。同时,在调整活动时间时,需要考虑资源的优化和平衡,以确保资源的合理利用和项目的顺利进行。

2)增减工作项目法

增减工作项目法是一种在项目进度管理中调整工作项目数量和逻辑关系的方法。具体步骤如下所述。

(1)增加工作项目:当原计划中遗漏或不具体的逻辑关系得到补充时,需要增加工作项目。增加工作项目不会对原计划的逻辑关系造成影响,只是对局部的逻辑关系进行调整。因此,在增加工作项目后,应重新计算网络时间参数,以分析此项调整是否对原计划工期产生影响,如果产生影响,应采取措施保持原计划工期不变或使其更加合理。

(2)减少工作项目:当某些工作项目提前完成或原不应设置的工作项目时,可以减少工作项目。减少工作项目不会对原计划的逻辑关系造成影响,只是对局部的逻辑关系进行调整。因此,在减少工作项目后,也应重新计算网络时间参数,以分析此项调整是否对原计划工期产生影响,如果产生影响,应采取措施保持原计划工期不变或使其更加合理。

这种方法的主要优点是可以根据实际情况灵活调整项目的进度计划,以提高项目的执行效率和效果。但由于增减工作项目可能会对项目的进度和资源产生重大影响,调整工作项目时不能只考虑局部利益,而忽略了对整个项目的影响,应从整体角度考虑调整方案对整个项目的影响,因此在调整工作项目后,需要重新计算网络时间参数,以确保调整后的计划仍然符合项目的整体目标。

3)资源调整法

资源调整法是一种在项目进度管理中应对资源供应异常的方法。在项目实施过程中,如果出现资源供应不足或中断的情况,影响到计划工期的实现时,应采取资源调整法来应对。

具体步骤如下所述。

(1)分析资源供应异常的原因:首先需要分析资源供应异常的原因,一般是供应能力不足、资源质量不达标、外部环境变化等多种因素导致的。

(2)确定资源调整的范围:根据资源供应异常的原因,确定需要进行资源调整的范围。如果是因为整体资源不足,需要考虑整体资源的优化配置;如果是因为某些特定资源的问题,需要针对这些特定资源进行调整。

（3）制定资源调整方案：根据资源调整的范围，制定具体的资源调整方案。如果是整体资源不足，可能需要考虑寻找新的供应商、改变采购策略等；如果是特定资源问题，可能需要考虑寻找替代资源、改变工艺等。

（4）调整项目计划：在进行资源调整后，需要重新调整项目计划，确保项目能够合理利用调整后的资源，并在预定工期内完成。

（5）监控项目进度：在项目实施过程中，需要监控项目进度，及时发现和解决资源供应异常的情况。如果需要，可以采取紧急措施来应对突发的资源问题，以确保项目顺利进行。

需要注意的是，资源调整法需要确保工期不变或使工期更加合理。在进行资源调整时，需要充分考虑资源的成本和可得性，以及调整后对项目进度的影响。

2.2 成本管理

成本是指项目活动或其组成部分的货币价值或价格，包括为实施、完成或创造该活动或其组成部分所需资源的货币价值。具体的成本一般包括直接工时、其他直接费用、间接工时、其他间接费用以及采购价格。项目全过程所耗用的各种成本的总和为项目成本。

项目成本管理是指在保证满足质量、工期等约束的前提下，对项目实施过程中所产生的费用进行管理的一种活动。这种管理是通过计划、组织、控制和协调等活动来实现的，目的是达到预定的成本目标，避免因为对项目认识不足、组织制度不健全、方法问题、技术制约、需求管理不当等造成成本失控，并尽可能地降低成本费用。

2.2.1 成本管理过程

项目成本管理过程包括：规划成本管理、估算成本、制定预算、控制成本。其中规划成本管理是确定如何估算、预算、管理、监督和控制项目成本的过程，本过程在整个项目期间为如何管理项目成本提供指南和方向。其中，成本估算、成本预算和成本控制是成本管理的核心内容包括项目，以确保项目在批准的预算内按时、按质、经济高效地完成既定目标。

2.2.2 成本估算

成本估算是项目管理中不可或缺的一部分,它关乎对完成特定项目活动所需资源的成本进行近似计算与预测。这一过程不仅要求项目经理和团队准确识别出项目执行过程中所需要的各种资源,如人力、材料、设备和服务等,还需对这些资源的获取、使用以及维护成本进行详尽的量化分析。

在进行成本估算时,项目管理者需要综合考虑多方面因素,确保估算的准确性和可靠性。首先,他们必须了解项目的详细工作范围,明确项目的具体要求和目标。其次,通过市场调研或历史数据分析,收集资源单价和消耗率信息。最后,结合项目进度安排和资源分配计划,将时间因素纳入成本估算之中,以期得到更为精确的预算结果。

在制定项目预算的过程中,成本估算扮演着核心角色。准确的估算可以帮助项目经理确定项目的整体费用框架,从而为后续的财务规划和风险管理打下坚实基础。此外,成本估算的结果也是项目投标、资金筹措和利润预期的关键参考。

1) 成本估算遵循的原则

为了提高成本估算的准确性和效率,通常遵循以下原则。

(1) 全面性原则:成本估算应涵盖项目所有可能产生的成本,包括直接成本和间接成本,以确保估算的准确性和完整性。

(2) 合理性原则:成本估算应基于合理的假设和预测,采用科学的方法和技术进行计算,避免主观臆断和随意猜测。

(3) 动态性原则:成本估算是一个动态的过程,随着项目的进展和外部环境的变化,应及时更新和调整估算结果。

(4) 透明性原则:成本估算的过程和结果应透明化,以便于项目干系人的理解和监督。

2) 成本估算常用的方法

准确的成本估算对于确保项目的经济效益至关重要。在成本估算过程中,有多种常用方法可以采用,每种方法都有其适用的场景和局限性。其中常用方法如下所述。

(1) 类比估算:基于历史数据和相似项目的实际成本信息。通过比较新项目与以往类似项目的相似之处,估算人员可以对新项目的成本进行预测。这种方法适用于项目初期信息较少的情况,但准确性可能受到历史数据的质量和相似度的影响。

(2)参数估算:参数化估算是基于项目的具体参数或量化指标来进行成本估算的方法。例如,建筑项目可能根据建筑面积、楼层高度等参数来估算成本。这种方法通常需要依赖统计数据和算法模型。

(3)自下而上估算:这是一种详细且劳动密集型的估算方法,要求估算人员分解项目的所有单个任务或工作包,并为每项任务分配成本。然后,将所有单个成本汇总以得出总成本。这种方法准确性较高,但工作量较大,适用于大型复杂项目。

(4)自上而下估算:自上而下的成本估算方法是一种基于整体到部分的估算方式,通常是由项目的高层管理者或决策者根据经验、历史数据、专家判断或类比等方法,对项目总体费用进行初步估计,然后将这个总费用分配给各个子项目或任务。

(5)专家判断法:利用专家的知识和经验来预测项目成本。这种方法可以充分利用专家的专业知识和实践经验,但可能受到专家主观因素的影响。

这几种常用的成本估算方法的优缺点对比见表2-1。

表2-1 成本估算方法的优缺点对比

成本估算方法	优点	缺点
类比估算	(1)基于历史项目的实际经验和数据,因此具有较好的可信度; (2)简单易行,可以快速得出初步的成本估算	(1)由于项目的独特性和不确定性,很难找到真正类似的历史项目成本数据; (2)误差范围可能较大
参数估算	(1)快速并易于使用,只需要小部分信息即可得出整个项目的成本费用; (2)经过模型校验后,其准确性能够达到一定的精确度	如果所用参数不经校验,则参数模型可能不精确,导致估算出的项目成本精确度较差
自下而上估算	项目涉及活动所需要的成本是由直接参与项目建设的人员估算出来的,因此比高层管理人员更清楚项目活动所需要的资源,能够更精确地估算出项目所涉及活动的成本	(1)估算要保证涉及的所有任务都要被考虑到,这一点比自上而下估算更为困难; (2)通常花费的时间长、应用代价高
自上而下估算	(1)简单易行,能够快速得出初步的成本估算,为项目决策提供依据; (2)能够在项目初期阶段就确定大致的成本预算,有利于项目的整体规划和资源分配	(1)由于缺乏具体的项目细节和任务分解,估算结果可能不够准确,误差范围较大; (2)高层管理者可能对项目的技术难度和资源需求了解不足,导致估算结果偏离实际情况

续表

成本估算方法	优点	缺点
专家判断法	（1）充分发挥专家个人的知识、经验和特长方面的优势； （2）简单易行，专家不受外界干扰，没有心理压力，能够最大限度地发挥个人的知识潜力	容易受专家个人经验及主观因素的影响，难免带片面性

2.2.3 成本预算

2.2.3.1 成本预算技术的核心要素

1）成本分解结构

成本分解结构（cost breakdown structure，CBS）是项目管理中一个至关重要的工具，它不仅构成了成本预算的基础，而且为项目的整体财务计划提供了框架。CBS 通过将项目的总成本细分成更小、更具体的单元，使得项目管理者能够更加精细和准确地监控成本。

在构建 CBS 时，项目被分解成若干个工作包或活动，每个部分都对应着特定的成本。这种分解可以按照不同的标准进行，例如按项目阶段、按功能、按任务或按资源类型等，这取决于项目的性质和管理团队的偏好。

使用 CBS 的显著好处如下所述。

（1）明确性：通过将总成本分配到各个工作包或活动中，CBS 使项目成员能够清楚地识别出每一笔成本的来源和去向。

（2）管理便利：项目团队可以轻松地追踪每个组成部分的成本状态，从而更有效地管理和控制整体预算。

（3）预算编制：CBS 有助于更准确地估算和分配资金，因为每个工作包或活动的预算可以根据其具体情况定制，而不仅是基于整个项目的一般性估计。

（4）风险控制：详细的成本分解有助于识别潜在的成本风险，并在早期采取预防措施，减少项目超支的可能性。

（5）绩效评估：项目团队可以通过比较实际花费与 CBS 上预测的成本来评估项目的财务绩效。这有助于及时发现偏差并进行调整，确保项目目标的实现。

（6）沟通工具：CBS 提供了一个清晰的平台，便于团队成员之间以及与利益相关者之间的沟通，因为它展示了所有预期的费用和它们是如何被分配的。

（7）变更管理：当项目中出现变更请求时，CBS 允许团队快速评估变更对总成本的影响，并据此做出决策。

综上所述，成本分解结构是项目管理中的一项基本实践，它为项目成本的规划、实施和控制提供了坚实的基础，帮助确保项目的经济效率和成功交付。

2）预算分配

建立了成本分解结构之后，项目团队便拥有了一个详细的框架，这个框架将项目总成本细分为若干个更小的单元，即工作包或活动。这些工作包或活动是完成整个项目的基石，并且每个都对应着一个具体的成本估算。此时，项目团队可以开始进行预算分配的工作，这是项目管理过程中至关重要的一步。

在进行预算分配时，项目管理者需仔细审视和考量各种因素，确保资金被合理有效地利用。首先，基于项目整体的成本估算，项目经理应确保每个工作包或活动的预算与它们各自的成本估算保持一致。这有助于保证项目的各个部分都能获得足够的资源来按时完成。

然而，仅根据成本估算来分配预算是不够的，项目团队还需要考虑项目的优先级。有些活动或工作包可能对项目的成功更为关键，因此它们可能会被赋予更高的优先级并得到更多预算。通过对项目优先级的评估，项目团队能够确保关键任务拥有必要的资金支持，从而推动项目向前发展。

除了优先级，资源的可用性也是预算分配时必须考虑的因素。项目团队需要确定所需资源（如人力、设备、材料等）的可获得性，以及这些资源的成本。如果特定资源有限或成本高昂，可能需要重新调整预算分配，或者寻找替代方案，以优化成本效益。

时间要求同样对预算分配具有重要影响。如果项目的某个部分有严格的截止日期，那么可能需要更多的预算来加快进度，例如通过加班、增加人手或者采用更高效的技术。在时间紧迫的情况下，资金的灵活运用变得尤为重要，以确保项目不会因为预算限制而延误。

综上所述，预算分配是一个复杂且需要细致规划的过程，它要求项目团队不仅要考虑成本估算，还要综合分析项目的优先级、资源可用性以及时间要求，以便做出明智的财务决策，确保项目在有限的预算内达到既定的目标和期望。在整个项目生命周期中，持续监控和必要时调整预算分配，对于项目成功来说至关重要。

3）预算控制

成本预算技术还包括对预算执行的监控和控制。监控和控制预算的过程要求项目团队必须保持持续而细致的关注，这通常通过实施周期性的成本审查来完成。在这个过程中,项目团队会收集与项目相关的实际成本数据,并将这些数据与原先设定的预算成本进行比较分析。这种比较不仅可以揭示出成本偏差的程度,还可以帮助识别出导致这些偏差的具体原因。

如果发现实际成本超出了预算成本,项目团队需要迅速采取行动以纠正这种偏差。纠正措施可能包括但不限于重新分配资源、优化采购流程、调整项目范围或时间表,甚至是对某些任务采取更高效的工作方法。在某些情况下,如果经过详尽的分析后认为原有的预算不再适合项目的当前状态,可能需要对预算本身进行调整。

同时,有效的沟通也是监控和控制过程的一部分。项目管理者应该定期向所有相关利益方报告成本情况,这样每个人都能了解项目的财务状况,并在必要时提供支持或建议。此外,透明的沟通有助于维护团队成员之间的信任,并鼓励大家共同寻找解决方案。

总之,成本预算技术的执行不是一次性的任务,而是一个动态的、持续的过程,需要项目团队不断地评估、调整并做出反应。通过对预算执行的细致监控和及时地控制,可以最大限度地减少风险,确保项目在财务上的成功。

2.2.3.2 成本预算技术的实施步骤

(1)确定项目范围:明确项目的目标和范围,包括项目的主要功能、交付物和所需资源。

(2)进行成本估算:使用各种成本估算技术(如类比估算、参数估算等)对项目的总成本进行估算。

(3)建立成本分解结构(CBS):将项目的总成本分解为更小、更具体的成本组成部分,形成成本分解结构。

(4)预算分配:根据成本分解结构,将项目的总成本预算分配到各个工作包或活动。

(5)制定预算计划:制定详细的预算计划,包括预算的时间安排、预算的使用方式和预算的调整机制。

(6)监控和控制预算:通过定期比较实际成本与预算成本,监控预算执行情况。如果发现偏差,及时采取纠正措施,确保项目成本控制在预算范围内。

2.2.4 成本控制

1)成本控制技术的核心要素

(1)成本监控:成本监控是成本控制的基础,它涉及定期收集和分析项目成本数据,以了解实际成本情况。通过成本监控,项目团队可以及时发现成本偏差,并采取相应的措施进行调整。

(2)成本偏差分析:当实际成本与预算成本出现偏差时,需要进行偏差分析,找出偏差的原因。偏差分析可以帮助项目团队确定是否需要调整预算、修改计划或采取其他纠正措施。

(3)成本控制措施:根据偏差分析的结果,项目团队需要制定具体的控制措施,以确保项目成本回到预算范围内。控制措施可能包括调整资源分配、优化工作流程、减少不必要的开支等。

2)成本控制技术的实施步骤

(1)制定成本控制计划:在项目开始之前,制定详细的成本控制计划,明确成本控制的目标、方法、时间表和责任人。

(2)建立成本监控机制:设立定期的成本报告制度,收集和分析项目成本数据,确保数据的准确性和及时性。

(3)进行成本偏差分析:定期比较实际成本与预算成本,识别偏差,并分析偏差的原因。

(4)采取成本控制措施:根据偏差分析的结果,制定具体的控制措施,并跟踪实施效果。

(5)持续监控和调整:成本控制是一个持续的过程,需要不断监控项目的成本情况,并根据实际情况进行调整和优化。

2.3 质量管理

质量管理是指为保障和提高项目质量,运用一整套质量管理体系、手段和方法进行的系统的管理活动。根据《项目管理知识体系指南》的定义,质量管理是针对项目所开展的临时性活动,通过策划、实施、控制和持续改进等活动,以确保项目交付的产品、服务或成果符合预期的质量标准和相关方的期望。项目质量管理把组织的质量政策应用于规划、管理、控制项目及产品质量要求,以满足相关方目标的各个过程。

质量管理过程有助于控制项目成本、建立目标标准,以及确定实现标准的步骤,有效的项目质量管理还可以降低产品失败或客户不满意的风险。

该管理过程涉及项目的特性、要求和满足程度等核心内容。数字化项目的特性主要通过项目的可交付成果来体现,例如软件应用的性能、用户界面的友好性等。项目质量的要求来自组织和相关方的明示或隐含需求,包括对产出物的性能要求、对研发工作过程的要求、对相关服务的要求等。相关方包括项目的组织成员、项目发起人、项目成果的使用者、供应商等。项目的满足程度主要取决于项目的固有特性和要求之间的关系,同时也会受到评价方法的影响。评价方法可以包括主观评价和客观评价,主观评价反映了相关方对项目质量的感受和满意度,而客观评价则更加客观地反映了项目是否满足了要求。数字化项目质量管理的目的是确保项目的交付物符合要求、项目过程零缺陷、相关服务令相关方满意。

质量管理的核心环节包括质量策划、质量保证、质量控制和持续改进,以确保项目能够达到相关方的期望并不断提升项目的整体质量水平。在深入探讨数字化项目质量管理的核心原理和具体执行方法之前,先来进一步审视项目质量管理的七个基本原理,以及执行质量管理所需的关键技术和工具。

2.3.1 质量管理基本原理

项目质量管理主要可归纳为七个基本原理,分别为系统原理、PDCA[plan(计划)、do(实施)、check(检查)、act(处理)]循环原理、全面质量管理原理、质量控制原理、质量保证原理、合格控制原理和监督原理。这七个基本原理共同构成了项目质量管理的基础和指导原则,帮助项目团队有效管理和提升项目的整体质量水平。对于确保项目质量、提高项目效益具有重要意义。详见表2-2。

表2-2 质量管理七大原理

七大原理	相关内容
系统原理	由相关者用统筹方法和系统性管理工具对项目质量进行管理
PDCA循环原理	对质量落实相应的计划、实施、检查与处理的措施
全面质量管理原理	涵盖项目管理过程中全员、全过程的质量管理,包括质量管理活动等
质量控制原理	在项目全过程、各环节明确落实质量控制目标、范围和要求
质量保证原理	保证满足质量要求施加的措施,包括提供相应的信息、管理手段等

续 表

七 大 原 理	相 关 内 容
合格控制原理	利用相应检测工具贯穿于项目全过程,是确定项目成果的规定性要求
监督原理	为减少不当获利行为以及质量事故,进行必要的监督

1)质量管理七大原理的内涵

(1)系统原理:项目是由不同的环节、阶段和要素所组成的有机整体和系统。项目的各个环节、阶段和要素之间,以及项目的总目标和子目标之间,都存在着相互矛盾又相互统一的关系。因此,在项目质量管理过程中,应运用系统原理进行系统分析,用统筹的观念和系统方法对项目质量进行系统管理,从而使项目总体达到最优。

(2)PDCA循环原理:PDCA循环,也被称为"戴明环",包括质量计划、质量实施、质量检验和质量管理四个阶段。这个原理强调,无论是对整个项目的质量管理,还是对项目的某一个质量问题所进行的管理,都需要经过这四个阶段,形成一个完整的循环过程。

(3)全面质量管理原理:强调质量管理应涉及项目的所有环节、所有阶段和所有要素,而不仅是部分或局部。全面质量管理注重全员参与、全过程控制,以及持续改进。

(4)质量控制原理:质量控制是确保项目质量符合预定要求的关键过程。它涉及对项目的各个环节和要素进行监测、测量、测试和纠正,以确保其符合质量要求。

(5)质量保证原理:质量保证是通过制定和实施质量管理体系,以确保项目质量满足顾客要求的过程。它涉及对整个项目生命周期的质量管理,包括质量策划、质量控制、质量改进等。

(6)合格控制原理:合格控制是确保项目产品或服务符合预定质量标准的关键环节。它涉及对项目的输出进行检验和测试,以确保其满足质量要求或标准。

(7)监督原理:监督是对项目质量管理过程和结果进行持续监测和评估的过程。它涉及对质量管理活动的有效性进行检查和评价,以及及时发现问题并采取相应措施进行改进。

2)质量管理七大原理的重要性

(1)在数字化项目质量管理中,系统原理被视为至关重要的基本原理之一。项目由各个环节、阶段和要素组成,形成了一个有机的整体系统。项目的各个部分之间以及项目的总目标与子目标之间存在相互矛盾又相互关联的关系。因此,在项目质量管理过程中,必须采用系统原理进行系统分析。通过系统性地思考和方法,对项目质量进行全面的管理,以确保项目整体达到最佳状态。通过综合性和系统性的分析,可以更好地识别和解决各个环节之间的相互影响和矛盾,从而有效提升项目的整体质量水平。

(2) PDCA 循环原理是数字化项目质量管理的核心原理之一。PDCA 循环包括质量计划、实施、检查和处理四个阶段。这个原理强调,无论是对整个项目的质量管理,还是对项目中的某一质量问题的管理,都必须经过这四个阶段,形成一个完整的循环过程。首先,通过质量计划阶段,明确项目的质量目标和要求,并制定相应的质量管理计划。其次,在质量实施阶段,按照计划执行项目工作。再次,在质量检查阶段,对项目的工作成果进行检查和评估,确保其符合预期的质量标准。最后,在质量处理阶段,针对检查结果中发现的问题进行分析和处理,形成持续改进的循环。

(3) 全面质量管理原理强调质量管理应涵盖项目的所有环节、所有阶段和所有要素。这意味着质量管理需要全员参与、全过程控制,以及持续改进。在数字化项目中,全面质量管理要求不仅关注项目的最终成果,还要重视项目管理的各个环节和过程。只有在整个项目生命周期内实现全面质量管理,才能确保项目的最终交付物符合顾客的期望,并持续提升项目的整体质量水平。

(4) 质量控制原理是确保项目质量符合预定要求的关键过程。它涉及对项目的各个环节和要素进行监测、测量、测试和纠正,以确保其符合质量要求。在数字化项目中,质量控制通过实时监控和反馈机制,及时发现和纠正质量问题,确保项目交付物达到预期的质量标准。

(5) 质量保证原理强调通过制定和实施质量管理体系,确保项目质量满足顾客要求的过程。它涉及整个项目生命周期的质量管理,包括质量策划、质量控制和质量改进等。在数字化项目中,质量保证通过建立有效的质量管理体系,确保项目的质量目标得以实现,项目交付物符合顾客要求,并提供持续改进的机会。

(6) 合格控制原理是确保项目产品或服务符合预定质量标准的关键环节。它涉及对项目的输出进行检验和测试,以确保其满足质量要求或标准。在数字化项目中,合格控制通过有效的质量检查和测试,保证项目的交付物达到预期的质量水平,符合相关标准和要求。

(7)监督原理是对项目质量管理过程和结果进行持续监测和评估的过程。它涉及对质量管理活动的有效性进行检查和评价,及时发现问题并采取相应措施进行改进。在数字化项目中,监督通过定期的评估和调整,确保项目质量管理活动按计划进行,持续提升项目的质量水平。

这些原理提供了数字化项目质量管理的基本框架和方法,有助于确保项目的整体质量和客户满意度。它们强调项目质量管理的系统性、循环性、全面性和持续性,为团队提供指导,使其能够更好地识别和解决质量问题。

2.3.2 质量管理过程

项目质量管理一般包括如下几个方面。

1)质量计划编制

质量计划编制是项目质量管理的第一个阶段,它涉及确定项目的质量目标、标准和要求,并制定相应的质量管理计划。这个过程需要识别项目的主要质量特征,以及如何实现这些特征的具体方法和步骤。质量计划编制通常包括确定项目质量目标和标准、制定质量管理策略、明确质量管理组织结构和职责、规划质量管理所需的资源、制定质量管理流程和时间表等。

质量计划编制的目的是确保项目从一开始就设定了明确的质量方向,并为后续的质量管理活动提供了指导和依据。在质量计划编制过程中,需首先明确项目的质量目标、标准和要求,并制定相应的质量管理计划,以确保项目交付的成果符合预期。

接下来介绍质量计划编制的几个参考要点。

(1)项目目标和范围:明确项目的目标和范围是质量计划编制的首要步骤。这包括了解项目的具体需求、期望的输出以及项目的约束条件。明确的目标和范围有助于确定项目所需的质量标准和要求。在质量计划编制阶段,首先需要明确项目的目标和范围。这涉及深入了解项目的需求、愿景以及可交付成果的预期特征。通过与相关利益相关者合作,确定项目的关键目标和可测量的目标是至关重要的。这些目标将为制定质量标准和要求提供指导,并为后续的质量管理活动奠定基础。

(2)质量标准和要求:质量计划编制需要确定项目应遵循的质量标准和要求。这可能包括行业标准、客户要求、组织内部的质量政策等。了解并遵循这些标准和要求,可以确保项目输出的质量符合预期。确定适用于项目的质量标准和要求是质量计划编制的核心任务之一。这包括识别行业标准、客户期望、法规要求以及组织内部的质量政策。质量标准和要求的明确定义将有助于确保项目交付的成果符合预期质量水平,并与相关方的期望保持一致。

（3）质量管理策略：制定质量管理策略是质量计划编制的核心任务之一。这包括确定将如何管理项目的质量,包括选择适当的质量管理工具和技术、制定质量管理流程、明确质量管理的责任分配等。制定质量管理策略是确保项目成功的关键步骤之一。这需要根据项目的特点和需求,确定适当的质量管理方法和技术。质量管理策略可能涉及选择适当的质量工具和技术、制定质量审查和测试计划、建立持续改进机制以及培训项目团队成员等。确保质量管理策略与项目目标和约束条件相一致。

（4）质量管理组织结构和职责：质量计划编制需要明确质量管理的组织结构和职责。这包括确定哪些人员将负责质量管理活动、他们的职责和权限是什么、如何协调不同部门和团队之间的质量管理工作等。质量计划编制阶段需要明确质量管理的组织结构和相关职责。这涉及确定负责质量管理活动的团队成员及其职责和权限,以及如何协调不同部门和利益相关者之间的质量管理工作。建立清晰的组织结构和职责分配将有助于确保质量管理活动的有效实施和协调。

（5）资源和时间计划：质量计划编制还需要考虑所需资源和时间的计划。这包括确定质量管理活动所需的人员、设备、资金等资源,以及这些活动的时间安排和优先级。在制定质量计划时,需要考虑所需的资源和时间。这包括确定质量管理活动所需的人员、技术设备、资金等资源,以及安排这些活动的时间表和优先级。合理分配资源和制定合理的时间计划将有助于确保质量管理活动的顺利进行,并在项目交付时达到预期的质量水平。

（6）风险管理：在质量计划编制过程中,还需要考虑可能的风险因素。这包括识别可能影响项目质量的潜在问题、评估其影响程度并制定相应的风险应对措施。在质量计划编制过程中,还需要考虑可能影响项目质量的风险因素。这包括识别潜在的质量问题、评估其可能性和影响程度,并制定相应的风险管理措施。有效的风险管理将有助于预防质量问题的发生,并及时应对已经发生的问题,从而确保项目质量目标的实现。

（7）持续改进和反馈机制：质量计划编制应包括持续改进和反馈机制。这包括制定定期审查和调整质量计划的流程、建立质量问题的报告和解决方案机制、鼓励团队成员提出改进意见等。质量计划应包括持续改进和反馈机制,以确保项目质量管理活动的有效性和持续性。这可能涉及定期审查和更新质量计划、建立质量问题的报告和解决机制、鼓励团队成员提出改进建议等。持续改进机制将有助于项目团队不断提升质量管理水平,并及时应对质量相关的挑战和机遇。

2)质量保证

质量保证是项目质量管理的核心活动之一,它关注确保项目满足预定的质量标准和要求。质量保证通常通过一系列的质量审查、审计和测试活动来实现。质量保证活动可能包括制定质量保证计划、进行项目过程和产品的质量审查、评估项目质量管理的有效性、监控项目绩效以及制定和实施纠正措施等。

质量保证是向利益相关者提供确凿证据的过程,以验证所有与质量相关的活动是否按照预定的定义和承诺进行。其主要目的是确保实施了适当的保障措施,以满足所有关于质量产出的期望。质量保证覆盖项目交付的产品和服务,以及用于管理项目的各项过程和程序。团队通过系统化的方式来实施质量保证,例如通过过程检查表或项目审计等方式。这些方法有助于确保质量管理计划的执行符合可接受的标准。通过定性和定量的度量系统,团队能够有效地衡量客户满意度,从而评估项目的质量水平。质量保证测试通过度量系统来评估质量管理计划的执行情况,以确定其是否符合预期标准。这些测试或质量审核有助于预测和验证项目目标的实现,并确定是否需要采取纠正措施。质量保证测试还能够将质量度量与质量目标相匹配,使团队能够在定期的项目审查会议上向利益相关者报告质量状态,确保项目在整个执行过程中保持质量的稳定水平。

质量保证的工具和方法在项目管理中起着至关重要的作用,它们帮助确保项目满足预定的质量标准和要求。以下是一些常用的质量保证工具和方法。

(1)质量审查:质量审查是对项目产品、服务或过程进行的系统性检查,以确保其符合预定的质量标准和要求,可以在项目的不同阶段进行,包括需求审查、设计审查、代码审查等。质量审查是一种系统性的检查方法,用于确保项目产品、服务或过程符合预定的质量标准和要求。这种方法可以在项目的各个阶段进行,包括需求审查、设计审查和代码审查等。通过质量审查,团队可以发现潜在的质量问题,并提出改进建议。质量审查通常由专门的审查小组或团队执行,他们会对项目成果进行仔细的检查和评估。

(2)质量审计:质量审计是对项目质量管理活动和过程的系统性检查,可通过单位内部专业审计人员或第三方机构来评估其是否符合预定的质量标准和要求。质量审计是对项目质量管理活动和过程的系统性检查，旨在评估其是否符合预定的质量标准和要求。质量审计可以由单位内部的专业审计人员或第三方机构进行。审计人员将对项目的质量管理文件、记录和实际执行情况进行审查，以确定是否存在质量管理方面的不符合和改进机会。

（3）统计抽样：统计抽样是从总体中选取一部分样本进行检查，以评估总体的质量水平。统计抽样是一种常用的评估总体质量水平的方法，通过从总体中选取一部分样本进行检查来推断总体的质量水平。这种方法通常用于评估项目输出的质量，例如产品的特定属性或服务的满意度。通过随机选择样本，并应用统计学方法对样本数据进行分析，可以推断总体质量水平并评估其符合度。这些方法在项目质量保证中发挥着重要的作用，通过系统性地检查、评估和分析，确保项目达到预期的质量标准和要求。

3）质量控制

质量控制关注监控项目的具体结果，以确保它们符合预定的质量标准。这通常涉及对项目的输出进行定期的检查、测量和测试，以及采取必要的纠正措施来确保质量。质量控制活动可能包括制定质量控制计划、监控项目过程和结果、进行质量检查和测试、评估不符合标准的项目输出、采取纠正措施以及记录和报告质量信息等。

质量控制的目的是预防质量问题的发生，并在发现质量问题时及时采取纠正措施，以确保项目的输出始终符合质量要求。

质量控制是确保项目符合质量标准的关键操作技术。它涵盖了识别、分析和纠正问题的过程。与质量保证不同，质量控制是在问题被发现后采取的反应性措施。它评估具体的项目产出，以确定其是否符合适用的标准，并提出改进方法。质量控制还涉及识别项目风险因素、采取缓解措施，以及预防和消除不满意的绩效。此外，质量控制还可确保项目按预算和进度进行。通过同行评审和测试等方法，检视项目输出的过程中是否存在任何不符合约定标准的情况。通过捕捉这些不符合标准的交付物，可以及时调整方向，而无须完全重做某些方面，从而保证项目的质量和执行效率。质量控制活动包括制定质量控制计划、监控项目过程和结果、进行质量检查和测试、评估不符合标准的项目输出、采取纠正措施以及记录和报告质量信息等。其目的是预防质量问题的发生，并在发现质量问题时及时采取纠正措施，以确保项目的输出始终符合质量要求。

2.3.3 质量管理技术和工具

在数字化项目的执行质量管理中,可以使用多种技术和工具来监管和控制项目的质量活动。

1)质量管理技术

(1)成本效益分析法:用于对每个质量活动进行成本效益分析,比较其可能的成本与预期的效益,从而确定最优的质量管理策略。成本收益分析法用于评估质量活动的成本效益,并比较可能的成本与预期的效益,以确定最佳的质量管理策略。通过对不同质量活动的成本和预期效益进行比较,项目团队可以优化资源分配,确保质量管理的最佳回报。

(2)质量成本法:这是一种评估质量管理成本的方法,包括预防成本、评估成本和失控成本。通过质量成本法,组织可以了解质量管理活动的经济影响,从而做出更明智的决策。质量成本法提供了一种评估质量管理活动成本的方法,包括预防成本、评估成本和失控成本。通过这种方法,组织可以了解质量管理活动对经济的影响,并根据成本效益比较,制定更明智的决策。这有助于组织在质量管理方面做出合理的投资决策,并确保质量目标得以实现。

(3)标杆对照法:将实际的项目实践与可比项目的实践进行对照,以识别最佳实践,形成改进意见,并为绩效考核提供依据。标杆对照有助于组织了解自身在质量管理方面的优势和不足,从而制定改进措施。标杆对照法通过将实际项目实践与可比项目实践进行对比,以识别最佳实践和改进机会。通过比较与行业或同类项目的标杆,组织可以发现自身的优势和不足,并制定改进措施。这种方法提供了一个系统的方式来评估和比较质量管理绩效,从而提高组织的质量水平和竞争力。

(4)实验设计:这是一种统计方法,用于识别哪些因素会对正在生产的产品或正在开发的流程的特定变量产生影响。通过实验设计,组织可以更好地了解产品或流程的性能,从而制定更有效的质量管理策略。实验设计是一种统计方法,用于确定正在生产的产品或正在开发的流程中哪些因素会对特定变量产生影响。通过设计和执行实验,组织可以识别关键因素,并了解它们对质量的影响程度。这有助于制定更有效的质量管理策略,优化生产过程,并提高产品的质量和性能。

(5)质量审计:质量审计是对质量管理活动和过程进行系统性的检查,以评估其是否符合预定的质量标准和要求。质量审计可以帮助组织发现潜在的质量问题，并采取相应措施进行改进。质量审计是对质量管理活动和过程进行系统性的检查，以评估其是否符合预定的质量标准和要求。通过审查质量管理实践和程序，组织可以发现潜在的质量问题，并采取纠正措施。质量审计有助于确保质量管理的有效实施，并持续改进组织的质量体系。

（6）过程分析方法：通过对产品或服务的生产过程进行详细的分析，以识别潜在的质量问题和改进机会。过程分析方法有助于组织了解产品或服务的生产流程，从而发现潜在的质量问题并采取相应措施进行改进。过程分析方法通过对产品或服务的生产过程进行详细的分析，以识别潜在的质量问题和改进机会。通过分析关键过程步骤、输入和输出，组织可以了解生产过程的效率和质量风险，并采取相应措施进行优化。这种方法有助于项目团队深入了解生产过程，并通过优化流程提高产品或服务的质量水平。

这些方法共同构成了一个系统化的质量管理框架，通过合理应用这些方法，组织可以实现质量目标，提高产品和服务的质量水平，并持续改进质量管理体系。

2）质量管理工具

七种基本质量工具包括因果图、流程图、检查表、帕累托图、直方图、控制图和散点图。这些工具是执行质量管理过程中常用的工具集，它们的使用有助于组织收集、分析和解释质量数据，从而发现潜在的质量问题和改进机会。

（1）因果图：因果图用于帮助识别问题的根本原因和它们之间的因果关系。通过绘制因果图，可以将问题细分为多个因素，并找出它们之间的相互作用关系。这有助于团队更全面地理解问题，并有针对性地制定解决方案。

（2）流程图：流程图用于可视化和分析一个过程的步骤和流程。通过绘制流程图，可以清晰地了解每个步骤的顺序、输入和输出，以及可能存在的问题点。这有助于识别流程中的瓶颈、延迟和浪费，从而提出改进方案。

（3）检查表：检查表是一种用于记录和跟踪质量数据的工具。通过根据预定义的标准和要求进行检查，可以及时发现问题和缺陷，并采取纠正措施。检查表有助于确保质量标准的一致性，并提供可量化的数据用于进一步分析和改进。

（4）帕累托图：帕累托图是一种按重要性排序问题原因的工具。它基于帕累托原理，即少数原因通常解释了大部分问题。通过绘制帕累托图，可以识别影响问题最重要的原因，并优先处理这些原因，以实现最大的质量改进效果。

（5）直方图：直方图用于可视化数据的分布情况。通过绘制直方图，可以观察数据的中心趋势、变异性和异常情况。这有助于了解质量数据的分布特征,发现异常值或偏差,并采取适当的措施进行调整和改进。

(6)控制图:控制图是一种用于监控过程稳定性和变异性的工具。通过绘制控制图,可以将过程数据与控制限进行比较,以判断过程是否处于可控状态。控制图有助于及时检测和纠正过程中的特殊因素和异常情况,以确保质量的稳定性和一致性。

(7)散点图:散点图用于显示两个变量之间的关系。通过绘制散点图,可以观察数据之间的趋势、相关性和异常值。这有助于识别变量之间的因果关系,从而帮助改进质量控制和决策过程。

3)其他质量管理支持

在执行质量管理过程中,除了七种基本质量工具外,还可以应用统计抽样和审查已批准的变更请求来提供更深入的质量管理支持。统计抽样是一种在质量管理中常用的重要技术,其主要目的是从总体中选取一部分样本进行检查,以评估整体的质量水平。总体可以指产品、过程或服务的整体。通过合理选择样本,并应用统计学方法进行分析,可以根据样本的质量特征来推断总体的质量水平。统计抽样的核心优势在于:在保证一定精度的前提下,能够显著减少检查的成本和时间,特别是在处理大规模总体时尤为有效。在进行统计抽样时,首先需要确定抽样的目标和抽样方案。这包括确定抽样方法(如随机抽样、系统抽样等)以及确定样本大小。样本的选择应具有代表性,能够准确反映总体的特征。然后,对所选样本进行数据收集和测量,并应用适当的统计工具和技术进行数据分析。通过对样本数据的分析,可以得出对总体质量水平的推断,如缺陷率、平均值、标准差等。

审查已批准的变更请求是质量管理中另一个关键环节,旨在确保项目在执行过程中管理变更的有效性和质量。在项目执行过程中,可能会出现一些变更请求,这些请求可能涉及范围、进度、成本或质量等方面的变更。审查已批准的变更请求的目的是确保这些变更不会对项目的质量产生负面影响,并保持项目的整体质量水平。审查已批准的变更请求需要进行仔细的分析和评估。首先,需要对变更请求进行全面的了解,包括其目的、影响范围、相关方面以及与项目质量目标的一致性。这可以通过审查变更请求的文档、相关文件以及与变更相关的沟通和讨论来实现。在审查过程中,需要评估变更请求对项目质量的潜在影响。这可能包括评估对产品、过程或服务质量的影响,以及变更请求可能引起的风险和质量问题。审查已批准的变更请求还需要考虑变更的可行性和实施方案。这可能涉及与相关方的沟通和协商,以确保变更可以顺利实施,并且不会对项目的质量产生负面影响。此外,变更后也需要对质量进行监控和控制,以确保变更的效果符合预期并符合质量标准。通过合理地结合和应用这些工具和方法,项目团队能够更全面地理解和管理项目的质量,确保项目目标得以实现。

2.4 人员管理

信息化项目人员管理是指在信息化项目中对项目团队成员进行规划、组织、指导、协调和控制的过程。这涉及项目团队成员的选拔、培训、激励、沟通和评估等方面的工作,以确保项目团队能够有效地协作,实现项目目标。

2.4.1 团队管理

2.4.1.1 角色与职责

在数字化项目中,团队成员扮演着不同的角色,各自负责不同的任务和工作职责。以下是数字化项目团队中常见的一些成员角色及其职责。

1)项目经理

项目经理是项目管理中的核心角色,主要负责项目的规划、组织、指导、协调和控制,确保项目能够按时、按质、按预算完成。项目经理需要具备全面的项目管理知识和技能,能够有效地管理项目资源,处理项目风险,推动项目进展,并与项目团队、客户和其他利益相关者保持良好的沟通和合作。项目经理的职责包括:

(1)负责整个项目的计划、组织、指导、协调和控制。

(2)制定项目计划、预算和进度表,确保项目按时、按质、按预算完成。

(3)负责团队成员的分工和任务分配,确保工作顺利进行。

(4)协调项目内外部的沟通与合作,解决项目中的问题。

2)技术负责人

技术负责人在数字化项目中扮演着至关重要的角色,是项目团队中的技术权威,负责项目的整体技术方向和战略规划。技术负责人不仅要具备深厚的技术背景和专业知识,还要具备出色的领导能力和项目管理技巧。技术负责人的主要职责包括:

(1)技术战略规划:技术负责人需要制定项目的技术路线图,明确技术选型、架构设计和开发标准等。他们要确保项目的技术方案符合业务需求,并具备可扩展性、可维护性和性能优化等特性。

（2）技术决策：在项目执行过程中,技术负责人需要做出关键的技术决策。这包括解决技术难题、评估新技术应用、优化系统性能等。他们需要依据项目需求和团队能力,做出明智的决策,确保项目的顺利进行。

（3）团队领导与培训：技术负责人需要领导技术团队,包括技术专家、软件工程师、测试工程师等。他们需要制定团队的工作计划,分配任务,并确保团队成员的技能和知识得到不断提升。此外,技术负责人还需要组织技术培训,提高团队的整体技术水平。

（4）技术沟通与协调：技术负责人需要与客户、业务团队和其他利益相关者进行有效的技术沟通。他们需要解释技术概念和方案,协调各方利益,确保技术需求得到满足。同时,他们还需要与技术供应商和合作伙伴保持联系,获取技术支持和解决方案。

（5）质量控制与风险管理：技术负责人需要确保项目的质量符合预期标准。他们需要制定质量控制计划,监督开发过程,确保代码质量、系统性能和安全性等方面得到保障。此外,他们还需要识别项目中的技术风险,制定相应的应对措施,降低项目的风险水平。

3）工程师

项目团队中的工程师是指从事工程实施、设计、开发、集成、测试等过程的人员,其中包括软件工程师、系统架构师、集成工程师、测试工程师、网络工程师、运维工程师等等。工程师的主要职责包括：

（1）项目规划与设计：信息化项目工程师需要参与项目的规划和设计阶段。他们与项目团队、业务部门和利益相关者合作,收集和分析业务需求,制定项目目标、范围和时间表。同时,他们还负责设计信息化系统的架构、数据库和应用程序等。

（2）系统开发与实施：信息化项目工程师负责开发、部署和维护信息化系统。他们使用编程语言和开发工具,编写和测试代码,实现系统的各项功能。在实施过程中,他们还负责配置硬件和网络设备,确保系统的稳定运行。

（3）系统集成与测试：信息化项目工程师需要负责系统集成工作,将各个系统组件集成到一个统一的平台上。他们进行集成测试,确保系统各个部分之间的协调性和兼容性。同时,他们还参与用户验收测试,确保系统满足用户需求。

（4）技术支持与维护：信息化项目工程师提供技术支持和维护服务,解决用户在使用过程中遇到的问题。他们监控系统的运行状态,及时处理故障和异常情况。此外,他们还负责定期维护和升级系统,确保其稳定性和安全性。

(5)项目管理与协调:信息化项目工程师参与项目的管理工作,包括进度管理、质量管理、风险管理和沟通管理等。他们与项目团队成员和其他利益相关者保持沟通、协调资源,确保项目按计划进行。

4)文档管理员

数字化项目中的文档管理员主要负责管理项目中的所有文档和资料。他们确保文档的完整性、准确性和可追溯性,为项目团队提供及时、有效的文档支持。文档管理员的主要职责包括:

(1)文档整理与归档:文档管理员负责整理和归档项目中的所有文档,包括需求文档、设计文档、测试文档、用户手册等。他们确保文档按照规定的分类和命名规则进行存储,方便团队成员查阅和使用。

(2)文档版本控制:文档管理员需要对文档进行版本控制,确保每个版本的文档都有明确的标识和记录。他们跟踪文档的修改历史,防止过时或错误的文档被使用。

(3)文档权限管理:文档管理员负责设置和管理文档的访问权限,确保只有授权的人员能够访问和修改文档。他们与其他团队成员协作,确保文档的保密性和安全性。

(4)文档检索与提供:文档管理员提供文档检索服务,根据团队成员的需求,快速准确地找到所需的文档。他们还提供文档打印、分发等支持工作,确保团队成员能够及时获取所需的资料。

(5)文档质量审查:文档管理员负责对文档进行质量审查,确保文档的格式、内容、语言等方面符合项目要求和标准。他们提出改进建议,与文档编写者协作,提升文档的质量。

2.4.1.2 团队的发展阶段

(1)组建阶段:这是项目的起始阶段,主要任务是确定项目目标、制定项目计划、明确团队成员的角色和职责,以及建立团队的基本规则和流程。在这个阶段,团队成员可能还在相互了解和适应的过程中。

(2)磨合阶段:在这个阶段,团队成员开始执行任务,并逐渐暴露出各种问题和冲突。团队需要花费一定的时间来适应和调整,解决这些问题和冲突,以建立更加有效的团队合作。

(3)规范阶段:在这个阶段,团队的规则和流程已经建立并得到认可,团队成员开始更加专注于项目的执行。团队成员之间的合作和交流也变得更加顺畅和高效。

（4）执行阶段：在这个阶段，团队已经形成了高效的合作机制，项目按计划进行，团队成员全力以赴执行任务，确保项目的成功完成。

（5）结束阶段：这是项目的最后阶段，主要任务是总结项目经验、评估项目成果，并对团队成员的贡献进行认可。在这个阶段，团队可能会面临解散或转型的情况，需要妥善处理好团队成员的安置和转岗等问题。

2.4.2 冲突管理

冲突是团队中不可避免的现象，有效管理和解决冲突对于保持团队和谐、提升团队效率以及确保项目成功至关重要，以下是一些关于团队冲突管理与解决的关键策略：

（1）识别与理解冲突：仔细聆听团队成员的观点和感受，观察他们的行为，以识别潜在的冲突，产生冲突后，了解冲突的根本原因，以便更好地应对和解决冲突。

（2）保持冷静与尊重：在冲突情况下保持冷静，避免情绪化反应，做好自身的情绪管理，学会尊重每个团队成员的观点和意见，即使你不同意他们的看法，也需要了解和倾听每个人的想法。

（3）沟通与谈判：鼓励团队成员进行开放、诚实的沟通，分享观点和感受，将注意力转移到团队的共同目标和价值观上，以激发合作精神，并通过谈判找到双方都能接受的解决方案，必要时也可引入第三方机构协调。

（4）建立预防机制：确保每个团队成员都清楚自己的角色和职责，以减少误解和冲突，也可通过团队建设活动增强团队凝聚力和信任感。

2.4.3 培训管理

在数字化项目的全生命周期中，培训管理作为人员管理的重要组成部分，是确保团队成员具备完成项目所需技能的关键环节。培训管理涉及为项目团队成员提供必要的技能和知识，以便他们能够有效地执行项目任务。通过有效的培训需求分析、计划制定、实施、评估以及持续学习与发展，可以提高团队的整体能力，建立一支规模结构合理、素质优良的复合型数字化人才队伍，从而推动项目的顺利实施。

1）培训需求分析

数字化项目需要评估项目目标与项目团队当前技能之间的差距，因此，需要通过培训来提升项目所需的技术、工具和管理技能。

2）培训计划制定

根据上述需求分析的结果需要制定一个详细的培训计划。这个计划应明确培训的目标、内容、方法、时间和地点。选择合适的培训资源也是计划制定过程中的关键一步，可以聘请内部讲师、外部专家等。持续打磨围绕数字化技术基础素养课程、应用技术基础课程以及新技术前沿课程等线上线下课程。

3）培训工作安排

培训工作安排包括确定培训日程，确保与项目进度相协调，并采用多种培训方式，如面对面授课、工作坊、网络研讨会等。培训的实施应该确保所有相关人员参与并理解培训内容。

4）培训效果评估

为了确保培训投资得到回报，需要对培训效果进行评估，例如，问卷调查、考试、实际操作演练等。通过收集反馈信息，项目经理可以评估培训的有效性和对项目的影响。如果评估结果表明培训效果不佳，那么应该调整培训计划，以提高未来培训的效果。

在培训结束后，项目经理可以对员工的学习成果进行评估，并根据评估结果进行岗位调整，并设置激励机制，以充分发挥员工的潜力、激发员工的工作热情和创造力，形成人才培养与使用的良性循环。

5）持续学习与发展

在培训过程中，鼓励团队成员进行持续学习和自我提升是非常重要的。为此，项目管理团队应该提供学习资源和机会，如在线课程、专题分享、行业会议等，以便更好地了解项目中涉及的新技术在行业中的解决方案和基础的技术理论，从而提升工作效率。此外，建立知识共享机制可以促进团队内部经验交流和最佳实践的传播，从而帮助整个团队不断进步，并逐步构建学习资源聚集生态。

6）培训记录与报告

及时记录所有培训活动的细节，包括参与者名单、培训内容、时长和反馈，定期向项目管理团队报告，以便监控培训进展和成果，确保培训记录的准确性和可追溯性。

培训可以使得项目成员接触到最新的行业知识、技术动态和最佳实践，通过分享和交流这些知识，项目成员可以相互学习、相互启发，进而提升整个团队的知识水平和创新能力。这种知识协同不仅有助于解决当前面临的问题,还可以为未来的项目管理提供有力支持。

培训管理不仅能够提升项目成员的专业技能和知识水平,还能促进团队之间的高效协同,形成人才培养与使用的闭环管理。通过高度重视培训管理,不断优化培训内容和培训方式,逐步提升项目成员的管理能力、技术水平,以推动数字化项目顺利开展。

2.5 沟通管理

从项目的启动阶段到规划、执行、监控,再到最后的收尾阶段,沟通管理都贯穿始终。有效的沟通能够确保项目信息的准确传递,减少误解和冲突,提高团队协作效率,从而促进项目的顺利进行。因此,在数字化项目的全生命周期中,重视并加强沟通管理至关重要。

项目沟通管理是一个重要的项目管理知识领域,它涉及为了确保项目信息能够及时、适当地产生、收集、传播、保存并最终处理所必需的过程。这个过程旨在保证项目利益相关者的信息畅通无阻。其重要性体现在以下几个方面。

(1)决策制定:沟通是获取准确和及时信息的关键,有助于管理者做出明智的决策。在项目管理中,决策通常涉及资源的分配、风险的识别和管理以及变更请求的处理等,而这些决策都需要基于充分和有效的沟通。

(2)团队协作:沟通有助于建立团队之间的信任和合作,从而增强团队的凝聚力。团队成员之间需要频繁地交换信息、分享想法和解决问题,这些都需要良好的沟通来确保信息的准确性和理解的一致性。

(3)冲突解决:项目中的冲突是不可避免的,而有效的沟通是解决冲突的关键。通过开放、诚实和尊重的沟通,可以帮助团队成员理解彼此的观点和需求,从而找到双方都能接受的解决方案。

(4)知识共享:沟通是知识共享和学习的重要手段。通过沟通,团队成员可以分享他们的经验、技能和最佳实践,从而提高整个团队的能力和效率。

(5)提高项目效率:良好的沟通可以确保信息的顺畅流动,减少误解和重复工作,从而提高项目的效率。此外,及时沟通问题和挑战,可以尽早采取措施来解决问题,避免问题进一步恶化。

(6)建立良好关系:有效的沟通有助于建立和维护与项目相关方(如客户、

供应商、利益相关者等)的良好关系。这些关系对于项目的成功至关重要,因为它们可以提供支持、合作和信任等关键要素。

2.5.1 沟通管理的基本原则

(1)透明性原则:确保项目信息对所有相关人员都是透明和可访问的。这意味着所有重要的项目信息都应该被公开共享,包括项目状态、进度、问题和风险。透明性原则有助于建立信任,减少误解和猜测,促进项目成员之间的合作。

(2)清晰性原则:沟通的信息应该清晰明了,易于理解和解释。项目经理和团队成员应避免使用模糊、含糊不清或专业术语过多的语言,确保项目干系人能够准确理解所传达的信息。

(3)公正性原则:沟通应该公正、不偏不倚,不带有个人偏见或情感色彩。项目经理在传达信息时应保持中立,确保所有干系人都能获得平等对待和公正的信息。

(4)全面性原则:沟通应该全面、完整,包括所有重要的项目信息和相关背景。项目经理和团队成员应避免遗漏关键信息或只提供部分事实,以免导致误解或错误的决策。

(5)及时性原则:沟通应该及时,确保项目干系人能够及时获得所需的信息。在信息化项目中,项目经理和团队成员需要定期更新项目状态,及时传达重要信息,以便干系人能够做出相应的调整和决策。

2.5.2 沟通管理的主要方式

(1)正式沟通:这种方式遵循组织规定的沟通渠道和程序,如会议、报告、备忘录等。它通常用于传递重要信息、决策和指令,确保信息的准确性和权威性。

(2)非正式沟通:与正式沟通相反,非正式沟通是通过非规定的渠道和程序进行的,如员工之间的闲聊、社交活动等。虽然它可能不够正式,但非正式沟通在传递情感、建立关系和解决问题方面发挥着重要作用。

(3)上行沟通:这是指员工向上级或管理层传达信息的过程。它有助于管理层了解员工的想法、意见和建议,从而做出更明智的决策。

(4)下行沟通:这是指管理层向员工传达信息的过程,包括指令、政策、目标等。下行沟通有助于员工了解组织的期望和要求,明确自己的职责和任务。

(5）横向沟通：这是指不同部门或团队之间的沟通。它有助于协调各部门的工作，促进资源共享和合作，从而实现组织目标。

（6）书面沟通：通过书面形式（如邮件、报告、备忘录等）进行的沟通。它有助于保留沟通记录，确保信息的准确性和可追溯性。

（7）口头沟通：面对面的口头交流，如会议、讨论、电话等。它有助于建立信任和理解，促进双方之间的互动和反馈。

（8）电子沟通：通过电子邮件、社交媒体、即时通信工具等电子方式进行的沟通。它具有快速、便捷的特点，适用于跨地域和跨时区的沟通。

2.5.3 沟通管理的具体实施

1）制定沟通计划

（1）阶段性沟通需求：在项目的不同阶段，沟通需求会有所不同。在项目启动阶段，需要与项目干系人沟通项目的目标、范围、预期成果等；在规划阶段，需要就项目计划、资源分配等进行深入讨论；在执行阶段，则需要定期沟通项目进度、遇到的问题等；在收尾阶段，则需要沟通项目成果、经验教训等。

（2）设定沟通频率：沟通频率的设定应既能满足项目需求，又不会给团队成员带来过多负担。过于频繁的沟通可能导致信息过载，影响工作效率；而沟通不足则可能导致信息滞后，影响项目进展。因此，项目管理者需要根据项目的实际情况，设定合适的沟通频率，确保信息的及时传递和有效沟通。

2）设计沟通矩阵

沟通矩阵是一种工具，它用于规划和管理项目中的沟通流程。在矩阵中，项目团队成员之间的沟通关系和职责得以明确，确保信息能够流通无阻。通过沟通矩阵，项目经理可以清晰地了解团队成员之间的沟通网络和职责分配，从而更加高效地管理沟通活动。这种矩阵形式有助于减少沟通障碍，提高沟通效率，进而推动项目的顺利进行。

（1）明确沟通关系：沟通矩阵首先需要明确项目团队成员之间的沟通关系，包括谁与谁需要沟通、沟通的内容是什么、沟通的目的是什么等。这有助于建立清晰的沟通网络，避免信息遗漏或误解。

（2）分配沟通职责：在沟通矩阵中，还需要为每个团队成员分配沟通职责。这包括谁负责发起沟通、谁负责接收和回应沟通、谁负责监督沟通的执行等。

明确的职责分配有助于确保沟通活动的顺利进行,减少沟通障碍。

(3)确保信息流通:通过沟通矩阵的设计,可以确保项目团队成员之间的信息流通无阻。每个成员都清楚自己的沟通职责和与其他成员的沟通关系,可以更加高效地进行信息传递和交流。同时,沟通矩阵还可以帮助项目经理及时发现和解决沟通问题,保障项目的顺利进行。

2.6 风险管理

项目风险是一种不确定的事件或条件,如果风险发生会对项目目标产生影响。项目风险既包括对项目目标的威胁,也包括促进项目目标的机会。项目风险管理是指通过风险识别、风险分析和风险评价去认识项目的风险,并以此为基础合理地采取各种风险应对措施、管理方法技术和手段,对项目的风险实行有效的控制,妥善地处理风险事件造成的不利后果,以最少的成本保证项目总体目标实现的管理工作。如果没有良好的风险管理,风险有可能导致项目偏离计划,无法达成既定的项目目标。因此,项目风险管理的目的在于降低风险的不利影响,提高项目成功的可能性。

此外,在项目进行过程中,各种变更是不可避免的,变更会带来某些新的不确定性,风险管理可以通过对风险的识别、分析来评价这些不确定性,从而向项目范围管理提出任务。

2.6.1 风险识别

风险是指未来的不确定性对项目目标可能带来的负面影响。这种影响可能是成本超支、进度延误或者声誉受损等多种形式。风险识别的任务,就是将这些潜在的威胁揭示出来,并加以认识和了解。当然,风险识别并不是一次性的活动,而是一个持续的过程。随着项目的推进,新的风险会不断出现,旧的风险可能消失或变化。这就要求我们必须时刻保持警觉,定期重新审视和更新风险清单。同时,风险识别也需要考虑人为因素,这些往往会影响风险被识别和重视的程度。

风险识别是风险管理过程中的第一步,也是至关重要的一步。它涉及对项目所面临的各种潜在风险进行系统、全面的认识和了解。风险识别的目的是发现可能影响项目目标实现的各种风险因素,并为后续的风险分析、应对和监控提供基础数据和信息。使用系统化的风险识别方法有助于提高风险的识别率,常见的风险识别技术与工具有:

(1)文档审查:在众多风险识别技术与工具中,文档审查占据了重要的地位。通过细致地审阅项目相关的各类文件资料,可以揭示出许多潜藏的风险要素。文档审查不仅有助于了解项目的背景、目标、范围、约束条件等,还能够从中发现那些可能对项目成败起到关键作用的潜在威胁。在开始文档审查之前,我们需要明确哪些文档是审查的重点。一般而言,包括但不限于以下几类:项目计划书、合同文本、技术规格说明书以及历史项目报告等。这些文档记录了项目的关键信息,也承载着项目的历史经验和教训。

(2)信息收集技术:信息收集是一个系统而复杂的过程,它需要项目团队与各方利益相关者进行深入的交流与合作,它可以采用头脑风暴、德尔菲技术、访谈等多种信息收集技术来完成。头脑风暴是一种常见且极为有效的技术。通过组织团队成员集思广益,自由发表意见和想法,可以促使团队从多个角度审视可能出现的问题。德尔菲技术是一种更为严谨的信息收集方法。它通常采用匿名问卷调查的方式,邀请一组专家针对特定的问题给出他们的意见和预测。这种方法特别适合于处理那些复杂、不确定的问题。访谈也是一项重要的信息收集技术。通过面对面或线上的方式,与项目的利益相关者进行深入的对话,可以了解他们在专业视角下对项目的担忧和期待。这些直接的信息对于理解外部环境中可能存在的潜在风险至关重要。在实际的应用中,不同的信息收集技术往往会结合使用,以收集更全面的信息,这些信息可以帮助识别出项目中可能存在的风险。

(3)核对表法:核对表法是一种简单而直接的风险识别技术,它依据特定项目特点以及历史经验,编制一份涵盖可能风险因素的列表,通过与项目团队成员或相关专家进行讨论和核对,确认项目中是否存在这些风险因素。通过这样一份清单,可以确保团队不会忽视任何一个已知的潜在问题。核对表并非一成不变,随着项目的推进,新的风险因素可能出现,旧的风险因素可能消失或降低。因此,周期性地采用更新核对表法至关重要。

(4)假设分析法:假设分析法是一种通过设定特定的条件或情境来预测可能的结果,并从中识别出潜在的风险因素的方法。这种方法的核心在于"假设"。可以假设某些关键的因素,如市场需求、价格、政策法规等发生变化,然后分析这些变化对项目的影响,从而揭示出可能存在的风险。这种方法可以帮助发现那些易被忽视的风险。

（5）图解技术：图解技术包括因果图（也称为石川图或鱼骨图）、系统或过程流程图、影响图等。因果图也称为石川图或鱼骨图，它通过一个主干延伸出多个分支，每个分支代表可能导致特定问题的一个因素。正如鱼的骨骼支撑其身体，因果图的结构清晰地展示了导致某一结果的所有可能原因。系统或过程流程图以线性或循环的方式展示项目的工作流程，标明各个步骤及其相互关系。流程图能够揭示项目中可能存在的弱点和断点，从而指出那些可能妨碍项目顺畅运行的风险所在。影响图则更为动态，它不仅描绘了因素之间的关系，还能反映出这些关系随时间和环境变化而变化的趋势。这些图解技术可以帮助项目团队直观地展示项目中的各个要素之间的关系和潜在的风险因素。

（6）SWOT分析：通过梳理项目的优势、劣势以及面临的外部机会与威胁，SWOT分析在宏观和微观层面进行全面分析，从而识别与项目目标实现相关的风险因素。这种方法可以帮助项目团队全面了解项目所处的环境和潜在的风险。

2.6.2　风险分析

风险分析旨在对已识别的风险进行深入的评估和分析，以便更好地理解风险的性质、可能的影响和发生的概率。风险分析的目的在于为风险应对策略的制定提供决策依据，确保项目在面对不确定性时能够做出明智的风险管理决策。

风险分析方法主要分为定性分析和定量分析两大类。定性分析侧重于描述风险的性质，而定量分析则试图量化风险的概率和影响。这两种方法在实际中往往是相辅相成的，它们共同构建了风险分析的框架，使得项目团队能够从多个角度和维度全面把握项目中存在的风险，并为随后的风险控制及监控工作提供坚实的基础。

2.6.2.1　定性分析

定性风险分析的主要任务是确定风险的来源，并对风险的严重程度进行初步的判断。这种分析方式通常依赖于一系列关键要素，包括已有的风险管理计划、已经识别出的风险列表、关于概率和后果的描述、假设条件的合理性以及所依据数据来源的准确性等。这些要素共同构成了定性风险分析的基础。常用的定性分析方法包括：

（1）风险概率与影响矩阵分析：将风险的概率和影响分成不同等级，通过专家讨论和共识确定风险事件发生的概率和对项目或组织的影响程度,并将其绘制在矩阵中进行分析。这种方法有助于快速识别出那些具有高概率和高影响的风险。在实际运用中,风险概率与影响矩阵分析不仅可以帮助项目团队识别和评估风险,还可以用于监控和控制风险。

(2) 风险描述和分类:风险描述是指对特定风险事件的详细阐释,包括其来源、性质、可能引发的后果等要素。这种描述不依赖于数字,而是依靠语言和专业知识来勾勒风险的轮廓。风险分类则是将风险按照其属性分为不同的类别,如战略风险、操作风险、市场风险等,这有助于项目团队快速识别并定位到具体的风险管理领域。进一步,风险分类不仅需要反映风险的本质属性,还应考虑到风险的层级和影响范围。风险描述和分类的过程也是动态的。随着外部环境的变化以及内部管理的提升,项目所面临的风险状况也会发生改变。因此,定期更新风险描述和分类体系对于保持风险管理的活力至关重要。

(3) 专家评估法:通过多轮反馈和调整逐渐凝练意见,最终得出一致的评估结果。这种方法可以利用专家的知识和经验,提高风险分析的准确性和可靠性。Delphi法通过多轮匿名问卷调查的方式,征求专家们的意见,并对收集到的数据进行统计分析,以期达成共识或揭示问题的实质。在风险分析领域,Delphi法的应用允许不同领域的专家不受地域限制地参与到风险评估中来,使得决策过程更为科学和全面。这种方法可以利用专家的知识和经验,提高风险分析的准确性和可靠性。

(4) 场景分析:通过研究和描述可能的风险事件及其潜在影响,分析每个场景的概率和影响程度,来预测和分析风险事件的发生及其可能带来的影响。具体应用时需要详细描述每个场景,分析其发生的可能性,并评估其对项目的潜在影响。这种分析方法有助于为后续的风险应对和风险监控提供有力的支持。

(5) 专家判断:专家判断是一种基于专业知识和丰富经验的定性分析方法。它涉及邀请具有特定领域专长的专家来评估潜在风险的发生概率、影响程度以及可能的后果。这种方法通常用于初步评估阶段,当项目信息尚不充分或时间资源有限时尤其适用。专家们依据其对行业的理解与直觉,提供关于风险的主观估计,帮助团队快速识别出需要特别关注的风险点。

2.6.2.2 定量分析

定量风险分析,是在定性风险分析的基础上,利用数学方法和统计工具来量化风险的过程。与定性分析侧重于风险排序和优先级划分不同,定量分析力图为决策者提供更为精确的数字依据。这种方法往往需要大量的数据支撑,包括历史数据和专家意见,通过这些数据的分析,可以预测风险事件的概率分布及其可能带来的影响。常用的定量分析方法包括:

(1)决策树分析:一种图形化的决策工具,它用树状图的形式展示了不同决策点和可能的结果。每个决策节点代表一个决策选择,而分支则代表不同的可能结果。通过计算每个分支的预期值,决策者可以系统地评估和比较不同决策方案的潜在结果,从而做出最佳选择。

(2)净现值:一种评估投资项目经济价值的指标。它通过将项目未来的现金流折算到当前价值,并计算其总和来评估项目的可行性。如果净现值大于零,意味着项目的预期回报超过了资本成本,因此项目是可行的。这种方法帮助投资者判断项目是否值得投资。

(3)计划评估和审查技术(program evaluation and review technique,PERT):一种用于估计项目活动持续时间的统计方法。它假设活动持续时间是不确定的,并使用三种时间估计(最乐观时间、最可能时间和最悲观时间)来计算活动的预期持续时间。这种方法帮助项目管理者确定项目的关键路径和总持续时间,并评估项目的不确定性和风险。

(4)蒙特卡洛模拟:一种基于概率的统计模拟方法,用于评估项目的不确定性和风险。它通过随机抽样和统计实验来模拟项目的可能结果,并计算这些结果的概率分布和统计指标。这种方法可以帮助决策者了解项目结果的可能范围和概率,从而做出更明智的决策。

2.6.3 风险应对

风险应对涉及识别和分析风险后,采取措施来减少或管理这些风险对项目或组织目标的影响。风险应对的目标是确保项目能够按计划顺利进行,或者在遇到风险时能够迅速调整并继续推进。风险应对策略包括风险规避、风险转移、风险减轻和风险接受。

(1)风险规避:风险规避是风险应对中的一项重要策略,指在风险出现之前,通过提前规划,积极预防,来消除或降低其对项目的负面影响。这种策略的核心在于预见性的管理与决策制定,旨在从根本上阻止风险的发生。例如选择更稳健可靠的供应商、对技术与流程的改进,适时调整项目范围等,都属于规避项目风险的手段和措施。

（2）风险减轻：风险减轻指通过一系列手段和行动,降低风险发生的可能性,或者当风险不可避免时,减少其对项目的负面影响。风险减轻是项目管理中不可忽视的一环。通过实施适当的策略,如增加资源、改善培训、提高质量控制以及制定应急预案,能有效地降低风险,保护项目免受不必要的干扰。这需要一种主动的态度和方法,从预防到应对,全面覆盖风险管理的各个方面。同样的,提高项目的质量管理水平也是风险减轻的重要方面。引入更严格的质量控制措施,例如定期的代码审查、系统测试和性能评估,能够及时发现并修复潜在的缺陷,防止这些问题在项目后期成为更大的障碍。此外,质量保障流程的改进还能够加强客户信任,提升产品或服务的最终市场表现。在风险减轻的策略中,应急计划的制定尤为重要。应急计划应涵盖所有已识别的潜在危机情境,并为每种情况提供具体的响应步骤和责任分配。

（3）风险转移：风险转移是风险管理中常用的一种策略,它的核心思想在于通过特定手段,将可能对项目或组织产生影响的风险转嫁给其他主体承担。风险转移的方式多种多样,但最为常见的是通过合同和保险两种途径来实现。在一个项目中,当存在一些难以预测或控制的风险时,项目管理者可能会选择与第三方签订特定的合同,通过法律协议的形式,约定由第三方来负责应对这些风险。

（4）风险接受：风险接受是指接受和承认威胁的存在,并要求在明确识别和分析风险的基础上,直接面对潜在的威胁和挑战,同时做好准备和应对。当确定可以接受的风险后,就需要为这些风险制定相应的应对策略。这可能包括为潜在的损失设置预算,或者制定应急计划来应对风险事件的发生。风险接受还涉及对风险进行持续监控和管理。

2.6.4 风险控制技术与工具

风险管理涉及一系列的工具和技术,用于识别、评估、应对和监控项目或组织中的风险。以下是一些常用的风险管理工具和技术及其详细描述：

1）风险矩阵

风险矩阵是一个二维表格,用于将风险的概率和影响进行组合,从而确定风险的优先级。它通常有两个轴：一个是风险发生的概率,另一个是风险对项目或组织目标的潜在影响。通过在这两个轴上分别分配等级或分数,可以确定每个风险的相对重要性。这样,项目团队可以优先处理那些具有高概率和高影响的风险。

2）敏感性分析

敏感性分析是一种量化风险影响的技术，用于确定哪些风险因素对项目结果的影响最大。它通过对模型中的关键变量进行调整，观察项目目标（如净现值、内部收益率等）如何变化。敏感性分析可以帮助决策者识别出哪些风险因素最需要关注，并为风险应对策略的制定提供依据。

3）蒙特卡洛模拟

蒙特卡洛模拟是一种基于概率的统计模拟方法，用于评估项目的不确定性和风险。它通过随机抽样和统计实验来模拟项目的可能结果，并计算这些结果的概率分布和统计指标。蒙特卡洛模拟特别适用于处理高度复杂和不确定的项目，其中许多风险因素相互作用并影响最终结果。通过模拟，决策者可以了解项目结果的可能范围和概率，从而制定更稳健的风险应对策略。

4）概率-影响图

概率-影响图是一种图形化工具，用于展示风险事件的概率和影响之间的关系。它通常是一个散点图或气泡图，其中每个风险事件用一个点表示，点的位置和大小反映了其概率和影响。这种图形化表示有助于快速识别出那些具有显著影响的风险事件，并理解它们之间的相对关系。

5）风险数据库

风险数据库是一个集中存储和管理风险信息的系统。它用于记录已识别的风险、评估结果、应对策略和监控数据。通过风险数据库，项目团队可以方便地访问和更新风险信息，确保所有相关方对项目的风险状况有清晰的了解。此外，风险数据库还可以用于历史风险数据的分析和学习，以提高未来项目的风险管理能力。

6）风险仪表板

风险仪表板是一个可视化工具，用于展示项目的关键风险指标和监控数据。它通常包括图表、指标和警报系统，以便项目团队和管理者能够快速了解项目的风险状况。通过风险仪表板，决策者可以及时发现问题并采取相应措施，确保项目能够按计划顺利进行。

2.7 合同管理

合同管理是指对项目组织内外所签订的各类合同进行有效的规划、组织、执行、跟踪和监控的过程，它确保合同双方按照约定履行责任，并保护合同所规定的合法权益。合同管理并非孤立存在，它是一个动态的、需要多方协作的过程。只有所有相关方都积极参与、通力合作，才能使合同管理发挥出最大的效能，推动项目成功。

合同管理在项目管理中的重要性体现在以下几个方面：

（1）确保项目的顺利进行：有效的合同管理，不仅可以确保项目按照预定的计划、进度和质量要求顺利进行，而且可以确保合同双方能够按照约定履行各自的职责，同时保护合同所规定的合法权益不受侵犯。因此，合同管理不仅是对合同条款的遵守，更是对整个项目流程的控制和优化。

（2）控制项目成本和风险：合同管理涉及项目成本的预算、核算和支付。通过对合同的有效管理，我们可以掌握项目的预算情况，确保项目在合理的成本范围内进行。同时，合同管理也有助于及时发现并解决可能导致额外成本的问题，避免项目超支。合同管理还可以降低项目的风险。通过及时监控合同执行情况，我们能够发现潜在的风险，并采取相应的措施进行应对，避免项目出现不可预料的问题。

（3）维护合同双方的权益：在项目组织内外所签订的各类合同中，有效地规划、组织、执行、跟踪和监控，构成了合同管理的五大支柱，它们共同确保了合同的履行，保护了合同双方的合法权益。合同管理通过明确双方的权利和义务，确保合同双方的权益得到有效保障，避免产生合同纠纷。

2.7.1 合同类型

常见的合同类型有以下几种：

（1）总承包合同：也称为交钥匙合同，买方将项目的全过程作为一个整体发给同一个卖方。这种合同要求只与同一个卖方订立承包合同，但并不意味着只订立一个总合同。它可以是订立一个总合同的形式，也可以是订立若干个合同的形式。总承包合同有利于简化项目管理，因为买方只需要与一个卖方沟通，这样容易管理与协调。

（2）单项承包合同：在这种合同中，一个卖方只承包项目中的某一项或某几项内容，买方分别与不同的卖方订立项目单项承包合同。这种方式有利于吸引更多的卖方参与投标竞争，使买方可以选择在某一单项上实力强的卖方。同时，这也有利于卖方专注于自身经验丰富且技术实力雄厚的部分的建设。但这种方式对于买方的组织管理协调能力提出了较高的要求。

（3）分包合同：分包合同是总承建单位将其承包的某一部分或某几部分项目（非项目的主体结构）再发包给具有相应资质条件的分包方。这种合同类型需要经过买方认可，并且与分包方订立的合同称为项目分包合同。分包合同通常用于大型、复杂的信息化项目，通过将项目分解为多个部分，可以更有效地管理项目风险和资源。

2.7.2　合同内容

项目合同的内容通常涉及多个方面，旨在明确合同双方的权利和义务，确保项目的顺利进行。以下是一些常见的信息化项目合同内容：

（1）合同双方信息：合同双方信息的明确罗列是构建合同的基础。这包括甲方（通常为买方或需求方）和乙方（通常为卖方或服务提供方）的全称、注册地址、法定代表人以及联系方式等基本信息，必要时可以提供付款银行账号等信息。

（2）项目描述和范围：详细描述信息化项目的目标、内容、范围、功能需求、技术要求等，明确项目的边界和所需的服务或产品，以确保双方对预期成果有统一的认识，从而避免未来的分歧。

（3）工作进度和时间安排：规定项目的时间表，包括项目的开始日期、结束日期、关键里程碑日期等；同时明确各个阶段的工作内容和进度要求。

（4）成本和费用：明确项目的总费用、支付方式、支付时间等。其中可能包括预付款、进度款、验收款等不同的支付阶段，对每个阶段的支付条件应尽可能明确、无歧义。

（5）质量要求：规定项目的质量标准、验收标准、测试方法等，确保项目交付的成果符合预定的质量要求。通过设定明确的质量门槛，确保最终交付的成果能够满足预定的要求，这对于保障项目的价值和可持续性至关重要。

（6）保密条款：规定双方在合同履行过程中需要保守的商业秘密和机密信息。明确保密期限、保密责任以及泄密情况下的违约责任。

（7）知识产权归属：明确项目涉及的知识产权归属问题，包括软件著作权、专利权、商标权等。

（8）风险分配和责任承担：规定双方在项目执行过程中可能面临的风险和责任的分配方式，如针对技术难题、市场变化、自然灾害或政策调整等外部因素需明确各自的责任范围和责任承担方式。

（9）变更管理：规定项目变更的处理方式，包括变更申请、评估、批准、实施等流程，明确变更可能对项目进度、成本和质量的影响及其责任。

（10）争议解决：约定在合同履行过程中发生争议时的解决方式，如协商、调解、仲裁或诉讼等。

（11）其他条款：如保密协议、服务支持、售后服务、培训计划等，以满足项目的特定需求。

2.7.3　合同管理过程

合同管理过程是一个系统性的工作，涉及合同的签订、履行、变更和违约索赔等各个环节。项目进行中，任何需求的变化或是进度的调整都需要及时反映在合同中，保证项目的顺利推进。

当遇到关键技术难题时，双方积极协商，通过合理修改合同内容以适应新的技术要求，这体现了灵活高效的合同管理策略。当然，尽管双方都尽最大努力促进合作，但在某些情况下也可能发生履约不足的情况。这时，违约责任和索赔机制就成为保障受损方利益的关键。合同中明确规定了违约责任的承担方式，使得任何争议都能通过既定程序得到公正处理。一个成熟而完善的合同管理过程对于指导双方合作、规避风险、解决争议具有不可替代的作用。针对这些重点环节，建议管理方法如下：

1）合同签订管理

（1）在合同签订前，要对合同对方的资质、信誉和履约能力进行充分的调查和评估，如查阅公开信息、咨询相关机构、直接与对方进行沟通等，确保选择的合同对方具备可靠的履约能力。

（2）仔细审查合同条款，确保合同内容明确、完整、合法，并符合项目的实际需求。特别注意合同中的关键条款，如付款方式、质量标准、违约责任等。

（3）合同的签订应经过合法、规范的程序，如经过审批、盖章、签字等，确保合同的合法性和有效性。只有经过合法、规范的程序，合同才能具有法律效力，才能在发生争议时作为依据。因此，需要严格按照相关法规和规定，进行合同的签订程序。

2）合同履行管理

（1）在合同履行过程中，要建立完善的履行跟踪机制，对合同的履行情况进行定期的检查和评估，确保合同按照约定的进度和质量要求进行。具体来说，这包括定期检查和评估合同的履行情况，确保合同按照约定的进度和质量进行。如果出现任何违约行为，我们需要及时进行沟通和协调，寻求解决方案。

(2) 及时处理合同履行过程中出现的问题和纠纷,与合同对方进行积极的沟通和协商,寻求解决方案。

(3) 对于合同履行过程中出现的重要事件和变更,如合同的签订、履行、变更和违约索赔等各个环节,应做到及时记录和归档。这是因为这些记录不仅有助于我们了解合同的履行情况,还可以作为后续查阅、参考的重要依据。

3) 合同变更管理

(1) 建立完善的合同变更管理流程,明确变更的申请、审批、实施等各个环节的责任和程序。

(2) 在申请阶段需要对合同变更的请求进行全面的评估和审查。这不仅包括了变更的原因、内容和影响,还需要考虑到变更后的合同是否符合法律法规的规定、是否能够实现双方的利益最大化,以及是否有可能引发新的风险。

(3) 合同变更并不是单方面的行为,在合同变更实施过程中,要加强与合同对方的沟通和协调,确保变更的顺利实施和项目的顺利进行。

4) 合同违约索赔管理

(1) 建立完善的合同违约索赔机制,明确违约责任的认定、索赔的程序和方式等,例如违约责任的认定应包括违约行为的具体情形、违约责任的归属以及违约损失的计算方法;索赔程序应包括索赔通知的发出、索赔证据的提供、索赔金额的协商和确定等环节,索赔方式可以采取协商、调解、仲裁或诉讼等方式。明确违约索赔机制有助于避免在合同违约事件发生时产生争议和纠纷,提高合同管理的效率和公正性。

(2) 在发现合同对方违约时,应及时收集证据,如书面通知、电子邮件往来、交易记录等,并按照合同约定的程序向对方发出索赔通知。同时,应按照合同约定向对方发出正式的索赔通知,并保留好相关发送和接收的凭证。

(3) 对于索赔的处理结果进行充分的评估和分析,总结经验教训,为未来的合同管理提供参考,例如可以提升合同管理体系,调整管控流程等。

5) 其他提高合同管理和效果的措施

此外,为了提高合同管理的效率和效果,还可以采取以下措施:

(1) 建立完善的合同管理制度和流程,明确各个环节的职责和权限,确保合同管理的规范化和标准化。明确合同管理的各个阶段,包括合同的起草、审查、签署、执行以及变更和解决争议的流程。在这个过程中,应明确各部门及员工的职责和权限,确保每个环节都能够得到有效监控。通过制定明确的规章制度,使得合同管理工作有章可循,规范化程度得以提升,从而降低因管理不善带来的风险。

（2）加强合同管理人员的培训和教育，提高合同管理水平和风险防范意识。加强合同管理人员的培训和教育，对提升合同管理水平和防范风险至关重要。一个合格的合同管理人员不仅需要具备扎实的法律知识，还应当具备良好的谈判技能和风险识别能力。

（3）建立合同管理信息系统，实现合同信息的集中管理和共享，提高合同管理的信息化水平。建立合同管理信息系统，实现信息的集中管理和共享、提高工作效率，并有助于及时发现和处理合同执行过程中可能出现的问题。同时，系统化的数据分析可以为管理者提供决策支持，帮助优化未来的合同策略。

2.8 文档管理

文档管理在信息化项目中指的是，对项目全过程中产生的各种文档进行组织、存储、更新、发布、维护、保密、版本控制、权限设置、归档和备份等一系列活动的总称。这些文档包括但不限于项目计划、需求文档、设计文档、测试报告、用户手册等。它不仅是项目管理的基础，也是项目成功的关键因素之一，其重要性如下：

（1）信息记录与传递：文档是项目信息的载体，它记录了项目的整个生命周期内的所有重要信息，包括项目计划、需求文档、设计文档、测试报告等。良好的文档管理可以确保这些信息的完整性和准确性，方便项目团队成员查阅和了解项目的历史和现状，从而有效地推动项目的顺利进行。

（2）促进沟通与协作：文档是项目团队之间沟通的主要工具。通过文档，团队成员可以了解各自的工作进展、任务分配和存在的问题。这有助于减少沟通成本，提高协作效率，从而推动项目向前发展。

（3）质量控制与审计：文档管理可以为项目的质量控制和审计提供依据。通过查阅项目文档，可以对项目的质量进行追溯和评估，确保项目满足预定的质量标准，为项目的持续改进提供了重要依据。

（4）风险管理：通过文档管理，可以及时发现和记录项目中的风险和问题。这有助于项目团队制定相应的风险应对策略，降低项目的风险水平，确保项目的顺利进行。

（5）项目知识积累：文档管理还可以促进项目知识的积累和传承。通过整理和归档项目文档，可以将项目中的经验教训、最佳实践等知识保留下来，为未来的项目提供参考，促进组织的持续学习和发展。

（6）合规性与法律要求：在某些行业或地区，文档管理可能还涉及合规性和法律要求。例如，某些行业可能需要保留特定的文档以满足监管要求或法律规定，确保项目的合规性和稳健性。

2.8.1 文档管理原则

（1）完整性原则：确保所有重要的项目信息都被记录并保存在文档中。完整性原则是指文档应当充分记录并覆盖项目中的所有关键信息，确保不遗漏任何重要细节。这包括项目计划、需求规格、设计方案、测试报告等各个方面的内容。通过确保文档的完整性，项目团队成员和利益相关方可以全面了解项目的状态和进展，从而做出明智的决策。

（2）准确性原则：文档内容应真实反映项目的实际情况，避免误导和错误。准确性原则要求文档内容必须准确反映项目的实际情况，避免任何错误或误导性陈述。文档应该由可信的来源产生，并经过仔细核实和审查，以确保其准确性。只有确保文档内容的准确性，团队成员和利益相关方才能做出明智的决策，推动项目向前发展。

（3）易读性原则：文档应易于阅读和理解，避免使用过于复杂或模糊的语言。易读性原则是指文档应该易于阅读和理解，避免使用过于复杂或模糊的语言。文档应该采用清晰简洁的语言和结构，以便读者能够快速理解其内容。此外，文档的组织结构和格式也应该合理，以便读者能够轻松地找到所需的信息。

（4）更新性原则：文档应及时更新，确保信息的时效性和准确性。更新性原则要求文档应该及时更新，以确保信息的时效性和准确性。随着项目的进行，项目信息可能会发生变化，因此文档也需要随之更新以反映最新的情况。只有确保文档的更新性，团队成员和利益相关方才能始终了解项目的最新状态，做出准确的决策和规划。

通过遵循这些文档管理原则，可以确保文档的质量和有效性，从而提高项目的成功率和绩效水平。

2.8.2 文档管理方法

2.8.2.1 文档的编写

（1）明确目的和内容：在编写文档前，首先要明确文档的目的和内容。这有助于确保文档的结构和内容与项目的需求和目标保持一致。文档编写的第一步是明确文档的目的和内容。这需要对项目的需求和目标进行深入了解,并确保文档的结构和内容与之保持一致。明确的目的和内容有助于指导文档的编写过程,确保最终产出符合预期。

(2)选择合适的格式和结构:根据文档的类型和用途,选择合适的格式和结构。例如,对于需求说明书,可能需要包含概述、功能需求、非功能需求等部分。根据文档的类型和用途,选择合适的格式和结构是至关重要的。例如,对于需求说明书,可能需要包含概述、功能需求、非功能需求等部分。选择适当的格式和结构有助于使文档内容组织清晰,易于理解和查阅。

(3)确保准确性和清晰性:在编写文档时,要确保信息的准确性和清晰性。避免使用模糊或含糊不清的语言,尽量使用专业术语和简洁明了的句子。在编写文档时,必须确保信息的准确性和清晰性。避免使用模糊或含糊不清的语言,尽量使用专业术语和简洁明了的句子。通过准确和清晰地表达,可以有效传达所需信息,避免产生歧义或误解。

(4)遵循规范和标准:遵循文档编写规范和标准,如《计算机软件文档编制规范》(GB/T 8567—2006)等。这有助于确保文档的规范性和一致性,提高文档的可读性和可维护性。

(5)及时更新和修订:随着项目的进展和需求的变化,及时更新和修订文档。确保文档始终反映项目的最新状态和需求。随着项目的进展和需求的变化,文档也需要及时更新和修订。确保文档始终反映项目的最新状态和需求是至关重要的。通过及时更新和修订,可以保持文档的时效性和有效性,为项目的顺利进行提供有力支持。

2.8.2.2 文档的审核

(1)选择合格的审核人员:选择具备相关知识和经验的审核人员,如项目经理、技术专家或领域专家。他们可以对文档的内容、结构和规范性进行全面的审核。在进行文档审核时,必须选择具备相关知识和经验的合格审核人员。这些审核人员可能包括项目经理、技术专家或领域专家,他们具有足够的专业背景和经验,能够对文档的内容、结构和规范性进行全面的审核。

(2)逐项审核:审核人员应逐项审核文档的内容,确保文档的准确性、完整性和一致性。他们还应关注文档的规范性,如格式、编号、用语等。审核人员应当对文档的内容进行逐项审核,以确保文档的准确性、完整性和一致性。他们需要仔细检查文档的各个部分,关注细节,并确保文档符合相关的规范和标准,如格式、编号、用语等。

（3）提出修改意见：在审核过程中，如果发现问题或不符合规定的内容，审核人员应提出具体的修改意见。这些意见应明确、具体，并说明修改的原因和目的。在审核过程中，如果发现问题或不符合规定的内容，审核人员应当提出具体的修改意见。这些修改意见应当是明确、具体的，需要清晰地说明问题所在以及修改的原因和目的，以便编写人员能够准确理解并进行相应修改。

（4）修订和重新审核：文档编写人员应根据审核人员的意见进行修订，并在修订后重新提交审核。审核人员应对修订后的文档进行再次审核，确保问题得到妥善解决。文档编写人员应当根据审核人员提出的修改意见对文档进行修订。修订完成后，文档应当重新提交审核。审核人员需要对修订后的文档进行再次审核，确保问题得到妥善解决，并且文档符合预期的质量要求。

（5）记录审核过程：记录整个审核过程，包括审核人员、审核时间、发现的问题和修改意见等。这有助于跟踪文档的修改历程和确保文档的质量。在进行文档审核过程中，必须记录整个审核过程的细节，包括审核人员、审核时间、发现的问题和修改意见等。这些记录有助于跟踪文档的修改历程，为文档质量的管理和保证提供依据，同时也有助于未来的审查和评估。

2.8.2.3　文档的权限管理

在数字化项目中，文档的权限管理是非常关键的一环，因为它直接关系到项目的安全、数据的完整性和信息的机密性，可采取如下措施进行文档管理：

（1）数据加密：对敏感或机密的文档进行加密处理。使用加密算法和技术，确保即使文档被非法获取，也无法轻易解密其内容。加密后的文档需要特定的密钥或密码才能打开和查看。对于包含敏感或机密信息的文档，采取数据加密措施是一种有效的安全手段。通过使用高强度的加密算法和技术，可以确保即使文档被未经授权的人获取，其内容也无法轻易解密。这种安全措施需要合理的密钥管理，并确保加密过程不影响文档的完整性和可用性。

（2）访问控制：设置严格的访问控制策略，限制对机密文档的访问。这包括使用身份验证技术，如用户名和密码、数字证书等，确保只有授权的用户或系统可以访问机密文档。建立严格的访问控制策略，限制对机密文档的访问是保障文档安全的重要手段之一。这包括使用身份验证技术，如用户名和密码、双因素认证、生物特征识别等，确保只有经过授权的用户或系统可以访问敏感文档。同时，应该实施定期的访问权限审查，及时调整和更新用户的权限设置。

（3）物理安全：确保文档存储设备的物理安全，如将服务器放置在安全的环境中,使用安全的存储设备,实施物理访问控制等。除了数字安全措施外,还应该注意确保文档存储设备的物理安全。这包括将服务器放置在安全的物理环境中,使用受控的存储设备,并实施物理访问控制措施,如门禁系统、监控摄像等,以防止未经授权的人员接触到敏感文档。

(4)定期审查:定期对文档保密措施进行审查,确保保密措施的有效性。审查可以包括检查加密密钥的安全性、访问控制策略的执行情况等。定期对文档的保密措施进行审查是保证文档安全性的重要步骤。审查内容可以包括检查加密密钥的安全性、访问控制策略的有效性、权限设置的合理性等,以及对发现的问题进行及时的修复和改进。

(5)角色权限:根据用户在项目中的角色和职责,分配不同的权限。例如,项目经理可能具有更高的权限,可以查看和编辑所有文档,而普通员工可能只能查看与其工作相关的文档。角色权限是一种基于用户在项目中的角色和职责而分配的权限管理方式。通过角色权限的设置,不同的用户将被授予特定角色所具有的权限,这样可以简化权限管理并确保用户只能访问与其工作相关的文档。例如,项目经理可能被授予更高级别的权限,允许其查看和编辑所有文档,而普通员工可能只能查看与其工作相关的文档。角色权限的设置使得权限的分配更具有可控性和灵活性,有助于提高系统的管理效率和安全性。

(6)细粒度权限控制:实施细粒度的权限控制,允许对单个文档或文档中的特定部分进行权限设置。这样,可以更加精确地控制用户对文档的访问和操作。细粒度权限控制是一种在角色权限基础上的补充,它允许对文档权限进行更加精细化的控制。通过细粒度权限控制,可以对单个文档或文档中的特定部分进行权限设置,从而实现对用户访问和操作的精确控制。细粒度权限控制可以更好地满足项目中不同用户的具体需求,保护敏感信息的安全性,同时确保项目文档的完整性和机密性。

(7)权限审计:记录用户对文档的访问和操作日志,用于审计和追溯。这有助于发现未经授权的访问或操作,并及时采取措施。权限审计是指对用户对文档的访问和操作进行审查和记录的过程。通过权限审计,可以追踪用户对文档的所有访问和操作,包括查看、编辑、复制、删除等,以及访问的时间和地点等相关信息。这有助于发现未经授权的访问或操作行为,及时发现安全漏洞并采取相应措施。权限审计还可以用于合规性审查和追溯,确保项目文档的安全性和合法性。

(8)权限变更管理:当用户角色或职责发生变化时,及时更新其权限设置。

确保权限与用户的实际需求和职责保持一致。权限变更管理是指在项目运行过程中对用户权限进行动态调整和管理的过程。随着项目的发展和用户角色的变化,可能需要对用户的权限进行调整。例如,当用户的角色或职责发生变化时,需要相应地更新其权限设置。权限变更管理需要确保权限的变更符合项目的实际需求和安全策略,并且变更过程应该进行记录和审查,以确保权限的变更能够有效地实施并符合项目的安全要求。

(9)保密意识培训:定期对项目团队成员进行保密意识培训,强调文档保密的重要性,提高员工对保密措施的认识和遵守意识。定期对项目团队成员进行保密意识培训是提高文档管理安全性的重要举措。培训内容应包括文档保密的重要性、保密措施的具体方法和操作规范等,以增强团队成员的保密意识和遵守规范的能力。

2.8.2.4　文档的版本控制

在数字化项目中,文档的版本控制是确保项目文档的一致性和可追踪性的重要手段。

1)版本控制的重要性

(1)一致性管理:确保项目团队在不同时间点上使用相同版本的文档,防止因为使用了不同版本的文档而导致的混乱和错误。版本控制确保项目团队在不同时间点上使用相同版本的文档,防止因为使用了不同版本的文档而导致的混乱和错误。通过维护单一版本的文档,团队可以确保所有成员都在同一基础上工作,从而提高工作效率和准确性。

(2)可追踪性:通过版本控制,可以追踪文档的变更历史,包括变更的内容、变更时间和变更者等信息,这对于审计、问题追踪和版本回滚等场景非常有用。通过版本控制,可以追踪文档的变更历史,包括变更的内容、变更时间和变更者等信息。这对于审计、问题追踪和版本回滚等场景非常有用。团队可以跟踪每个文档的演变过程,了解变更的原因和影响,从而更好地管理项目的文档和进展。

(3)协作效率:多人协作时,版本控制可以帮助团队成员之间同步和合并文档,减少冲突和重复工作、提高协作效率。在多人协作时,版本控制可以帮助团队成员之间同步和合并文档,减少冲突和重复工作,提高协作效率。通过版本控制系统,团队可以轻松地管理文档的修改和更新,确保所有成员都能够及时获取最新的文档版本,并协作进行工作。

2)版本控制的实施方法

(1)版本命名和标注:为每个版本分配唯一的版本号,并在版本描述中标注变更的内容和变更者。这有助于快速识别不同版本之间的差异和变更内容。为每个版本分配唯一的版本号是确保团队能够清晰区分不同版本的首要步骤。除了版本号外,详细的版本描述也是必不可少的。在版本描述中清晰地标注变更的内容、变更的原因以及变更者的信息,有助于项目团队理解每个版本的演变过程。标注的准确性和规范性是确保版本控制系统有效运作的关键因素之一。

(2)版本审核和发布:在提交新版本之前,应对其进行审核,确保变更内容的正确性和完整性。审核通过后,将新版本发布给项目团队,并通知团队成员进行更新。在提交新版本之前,进行严格的版本审核是确保版本质量和准确性的关键步骤。审核人员应该审查新版本的变更内容,并确保其符合项目的要求和标准。一旦通过审核,新版本就可以发布给项目团队,并通知相关人员进行更新。通过明确的发布流程和及时的沟通,可以确保团队成员始终使用最新版本的文档和资料,保持团队的一致性和协作效率。

(3)定期备份:定期备份版本控制系统的数据库和文件,以防止数据丢失或损坏。定期备份版本控制系统的数据库和文件可以确保项目数据的安全性和可用性。备份策略应该根据项目的特点和需求制定,确保备份频率和备份内容的合理性。此外,定期进行备份恢复测试是确保备份系统有效性的重要手段。通过模拟实际情况下的数据恢复过程,可以及时发现并解决潜在的问题,提高备份系统的可靠性和稳定性。

(4)培训和教育:对项目团队成员进行版本控制的培训和教育,增强他们的版本控制意识和技能。项目团队成员应该接受针对版本控制的培训,了解版本控制系统的基本原理和操作方法。培训内容可以包括版本控制工具的使用方法、版本管理流程的规定、版本命名和标注的准则等。通过培训和教育,团队成员可以提高对版本控制的理解和应用能力,从而更好地参与到项目的文档管理工作中。

(5)标准化和规范化:制定标准化的版本控制流程和规范,确保团队成员在版本控制过程中遵循相同的标准和流程。制定标准化的版本控制流程和规范可以确保团队成员在版本控制过程中遵循相同的标准和流程。标准化的版本控制流程应该包括版本命名和标注的规范、版本审核和发布的流程、定期备份的策略等。通过标准化和规范化,可以降低团队成员之间的沟通成本,提高工作效率和文档管理的质量。

2.8.2.5 文档的归档

文档的归档是指将项目过程中产生的重要文档进行系统性整理、分类和存储,以便未来参考、审查或作为历史记录。归档的目的是确保项目文档得到长期保存,同时方便后续的项目管理和利用。

文档的归档是信息化项目管理中不可或缺的环节,它涉及将项目过程中产生的各种关键文档进行有序整理、分类和存储。这些文档包括项目计划、合同文件、设计文档、测试报告等,它们记录了项目的各个阶段和关键活动的重要信息。通过归档,这些文档得以长期保存,并为未来的项目管理、审查和历史回顾提供了重要的参考依据。归档的目的不仅在于保存文档本身,更在于为项目管理和利用提供便利。首先,归档可以确保项目文档得到长期保存,避免因各种意外事件导致文档丢失或损坏而造成的信息缺失。其次,归档使得项目的历史记录得以保存,为未来的项目管理、审查和回顾提供了重要的参考和借鉴。此外,归档也方便了项目团队成员在需要时查阅和获取相关信息,促进了团队之间的知识共享和协作。

1)归档流程

(1)确定归档范围:明确哪些文档需要归档,通常包括项目计划、合同、设计文档、测试报告等关键文件。首先,需要明确确定哪些文档需要进行归档。通常包括项目计划、合同、设计文档、测试报告等关键文件。这些文档在项目过程中产生,记录了项目的各个阶段和关键活动的重要信息。确定归档范围是归档流程的第一步,也是确保归档效率和准确性的关键。

(2)分类与整理:根据文档的性质和用途,对文档进行分类和整理,确保它们按照一定的逻辑结构进行存储。根据文档的性质、用途和关联关系,对文档进行分类和整理。这包括将文档按照一定的逻辑结构进行整理,确保其存储和检索的便利性。例如,可以按照项目阶段、文档类型或功能模块等进行分类,以便后续的查找和利用。

(3)建立索引与目录:为归档的文档建立索引和目录,方便后续检索和查找。为归档的文档建立索引和目录,以便后续的检索和查找。索引和目录应当清晰明了,能够准确描述每个文档的内容和位置,为用户提供便捷的文档访问途径。

(4)选择存储介质(电子文档):根据文档的大小、重要性和长期保存需求,选择合适的存储介质,如硬盘、光盘、云存储等。根据文档的大小、重要性和长期保存需求,选择合适的存储介质。常见的存储介质包括硬盘、光盘、云存储等。在选择存储介质时,需要考虑其安全性、可靠性、可扩展性和成本等因素,以确保文档的长期保存和可访问性。

(5）定期审查与维护：定期对归档的文档进行审查和维护，确保它们的完整性和可用性。对归档的文档进行定期审查和维护，确保其完整性和可用性。定期审查可以及时发现文档中的问题和错误，及时修正和更新；同时，也可以及时清理和归档过期或不再需要的文档，以保持归档系统的清洁和高效。维护包括对存储介质的检查和维护，以及对文档索引和目录的更新和修订，以确保归档系统的稳定和可靠。

2）归档要求

（1）完整性：确保归档的文档完整无损，不缺失任何关键信息。归档的文档应当保持完整无损，不缺失任何关键信息。这意味着在归档过程中，需要确保所有相关文档都被正确地归档，并且没有遗漏或丢失任何重要内容。完整性的保证是归档工作的基础，只有当归档的文档完整无缺时，才能保证后续的项目管理和利用工作的准确性和有效性。

（2）规范性：遵循一定的归档规范和标准，如文件格式、命名规则等。归档过程应当遵循一定的规范和标准，包括文件格式、命名规则等方面的规范。规范性的要求可以确保归档文档的一致性和可管理性，使得归档系统更加规范化和易于管理。例如，可以制定统一的文件命名规则，规定文件的存储格式和目录结构，以确保文档的组织结构清晰、易于理解和维护。

（3）可访问性：确保归档的文档能够被方便地访问和检索，以满足后续的项目管理和利用需求。归档的文档应当能够被方便地访问和检索，以满足后续的项目管理和利用需求。这包括确保归档文档的存储位置和访问权限清晰明了，以便用户能快速找到需要的文档，并且能够根据需要进行查阅和利用。同时，还需要确保归档系统具有良好的用户界面和检索功能，使得用户能够轻松地进行文档检索和浏览，提高文档的可用性和可访问性。

2.9 变更管理

变更是指在项目或系统中相对于既定的计划、设计或基线所发生的变化。变更可能源于多种原因，如市场需求的变化、技术进步、法规要求的变化或内部策略的调整等。变更的目的是适应这些变化，确保项目或系统能够继续满足相关方的需求和期望，并保持其有效性和竞争力。这些变更可能涉及项目的功能、性能、架构、技术指标、项目进度、资金、范围等多个方面。

变更管理是对项目在实施过程中发生的变更进行系统性、规范性的管理和控制，其目的是对变更进行规划、评估、批准、实施和监控，以确保变更能够以受控的方式引入项目或系统中，最小化对既有工作、进度、成本、质量和风险的不利影响。它旨在确保变更得到妥善处理，使项目或系统能够稳定、高效地适应变化，并维护项目或系统的完整性、可靠性和可维护性。通过变更管理能够更好地应对变更，减少不必要的混乱和延误，提高项目或系统的成功率和质量，并更好地应对风险。

2.9.1 变更管理过程

变更管理应按照一定的流程来进行，遵循规定的变更请求流程有助于确保变更符合项目的目标和范围，维护项目的稳定性和一致性，并提高项目的透明度和可追溯性。当项目规模较小、与其他项目关联度小，变更的提出与处理过程可在操作上力求简便高效，但仍要注意对变更的确认应正式，变更的操作过程应规范化。

变更管理的流程一般包括以下几个阶段：

（1）变更请求的提出：变更管理流程的第一步是项目成员或相关方向项目管理人员提出变更请求。这一步骤中，需要详细描述变更的原因、内容、范围和影响等信息，并提交变更请求表单或变更申请单。

（2）变更请求的评估：项目管理人员在接收到变更请求后，会进行初步评估。评估的内容包括变更的必要性、优先级、成本和资源等因素。根据评估结果，项目管理人员会决定是否批准变更请求。

（3）变更请求的分析：对于经过初步评估后批准的变更请求，项目管理人员需要进一步分析其对项目的影响、可能的风险以及变更后的计划等。这一步骤的目的是确保项目团队对变更的影响有充分的认识，并制定相应的应对策略。

（4）变更请求的审批：在变更请求分析完成后，需要提交给相关负责人进行审批。审批过程中，会对变更请求的合理性、可行性和风险性进行评估。如果变更请求获得批准，相关负责人需要签署变更请求批准书。

（5）变更计划的制定：根据变更请求分析报告和审批结果，项目管理人员会制定详细的变更计划。变更计划包括变更的具体内容、实施时间、实施步骤、实施人员和所需的资源等。

（6）变更计划的实施：在变更计划制定完成后，项目团队会按照计划实施。实施过程中，需要密切关注变更对项目的影响，并及时调整计划以应对可能出现的问题。

（7）变更实施的监控：项目经理和管理委员会负责监控变更实施的进度和成果。他们需要确保变更按照计划进行，并及时发现和解决实施过程中的问题。

（8）变更效果的评估：在变更实施完成后，需要对变更的效果进行评估。评估的内容包括变更是否达到了预期的目标、是否对项目产生了积极的影响等。如果评估结果不理想，需要及时调整和优化变更计划。

2.9.2 变更影响评估

评估变更的可能影响是项目管理中的一项重要任务，它涉及对变更所带来的各种潜在后果进行全面分析和预测。评估变更时，需要综合考虑多个因素，包括变更的具体内容和范围、受影响的团队和利益相关者、与变更相关的潜在风险及其可能性和严重性，以及变更对项目目标、进度、成本和质量的影响。同时，还需考虑利益相关者的意见和反馈，制定相应的风险应对策略，并确保在整个过程中与团队和利益相关者保持有效沟通。

（1）变更范围和目标：确定变更涉及的具体内容、范围和目标，明确变更的时间表和实施计划。

（2）相关方和利益相关者：列出所有可能受变更影响的团队、部门或个人。确定关键利益相关者，包括客户、供应商、合作伙伴等。

（3）识别潜在风险：通过与相关方讨论、研究历史数据和类似项目经验，识别与变更相关的潜在风险。考虑技术、人员、财务、市场、法律等方面的风险。

（4）评估影响的严重性和概率：对每个潜在风险进行定性和定量分析，评估其可能对项目目标、进度、成本和质量的影响，可以使用风险矩阵或概率-影响图等工具来帮助评估。

（5）分析对项目目标的影响：评估变更是否有助于实现项目目标，或是否可能导致目标偏离。分析变更对项目范围、时间、成本和质量的直接影响。

（6）考虑相关方的利益和意见：收集关键利益相关者的意见和反馈。分析变更对相关方利益的影响，包括正面影响和负面影响。

（7）制定应对措施：根据评估结果，制定风险应对策略和计划。考虑风险避免、减轻、转移或接受等策略。

（8）更新项目计划和文档：将评估结果和应对措施整合到项目计划中。更新相关文档，包括风险登记册、变更请求表等。

（9）持续监控和评估：在实施变更过程中持续监控风险和影响。根据需要调整应对措施和项目计划。

（10）沟通和报告：与项目团队和利益相关者保持沟通，确保他们了解变更的影响和应对措施。定期报告变更的进展和结果。

2.9.3 变更控制

2.9.3.1 变更进度控制

变更的进度控制是项目管理中极为关键的一环，它要求项目团队在面临变更时，能够迅速、准确地重新评估和调整项目的时间进度，以确保变更不会对整个项目的进度造成不利影响。

在变更发生时，项目团队首先需要全面了解变更的性质和范围，深入分析其对项目时间进度的影响。这包括对关键路径、里程碑日期以及项目整体持续时间的重新评估。通过这种分析，团队能够清晰地掌握变更对项目进度带来的具体挑战。

接下来，项目团队需要更新项目进度计划，以反映变更后的实际情况。这可能涉及重新计算关键路径、调整任务依赖关系、重新分配资源等多个方面。通过更新进度计划，团队能够确保项目在新的情况下依然能够按照既定的时间目标顺利推进。

为了更有效地实施进度控制，项目团队可以利用各种进度控制工具，如项目管理软件等。这些工具能够帮助团队实时监控项目的进度情况，及时发现与计划的偏差，并采取必要的调整措施。通过持续监控和调整，团队能够确保项目在变更后依然能够保持稳定的进度。

此外，项目团队还需要与利益相关方保持紧密的沟通，及时向他们报告项目的进度情况。这有助于增强利益相关方对项目的信心，同时也能够为团队在需要时获取额外的支持和资源提供便利。

变更的进度控制是确保项目在面临变更时依然能够按时完成的关键环节。通过全面评估变更影响、更新项目进度计划、利用进度控制工具以及持续监控和调整，项目团队能够有效地应对变更带来的挑战，从而最大限度地减少变更对项目进度的不利影响，保障项目的顺利推进和最终成功。

2.9.3.2 变更成本控制

变更的成本控制是项目管理中的一项核心任务,它涉及对变更带来的成本影响进行准确评估、有效管理和控制。当项目面临变更时,成本控制的关键在于确保变更不会导致成本超出预算,同时保持项目的经济效益。

首先,对变更带来的成本影响进行全面评估是必不可少的。这包括分析变更对资源需求、工作量和时间进度的影响,以及由此产生的直接和间接成本。通过详细的成本估算和预测,项目团队可以了解变更对总成本的可能增加,并为决策提供依据。

其次,一旦变更获得批准,项目团队需要制定详细的成本控制策略。这可能包括重新分配资源、调整成本预算、寻找成本节约的机会或重新协商供应商合同。成本控制策略的目标是在满足项目需求的同时,最小化成本增加并保持项目的经济效益。

再次,持续的成本监控和报告也是成本控制的重要环节。通过定期比较实际成本与预算成本,项目团队可以及时发现成本偏差,并采取必要的纠正措施。这有助于防止成本超支,并确保项目在财务方面的可持续发展。

最后,项目团队还应该从变更中吸取经验教训,不断改进成本控制方法。通过回顾和分析变更过程中的成功和失败案例,团队可以识别出成本控制方面的不足之处,并制定相应的改进措施。这将有助于提升项目团队在未来项目中的成本控制能力,为项目的成功实施奠定坚实基础。

2.10 安全管理

在数字化项目中,安全管理不仅关注人员施工安全,还涉及网络安全、数据安全等层面。网络安全的意义在于确保项目数据免受恶意攻击、确保系统稳定运行、实时监测并应对网络威胁,从而维护用户信任和声誉。数据安全作为安全管理的重要组成部分,对于保护项目中的敏感信息和资产至关重要。网络安全措施如防火墙、加密技术和入侵检测系统应得到充分利用以保护数据完整性和隐私。此外,对于涉及云计算和大数据的项目,还应考虑数据中心的物理安全和环境控制,以及与供应商的合作关系中的安全问题。

在数字化项目的全过程中,应重视和加强安全管理,特别是数据安全方面的管理,以确保项目的顺利进行和数据的安全可靠。

2.10.1 数据安全管理

在数字化项目管理中,应加强数据在采集、传输、存储、处理、交换和销毁过程中的安全管理。通过明确处理目的、加密处理、访问控制、安全评估等措施,确保数据的安全性和合规性。同时,建立完善的数据安全管理制度和应急预案,增强项目团队的数据安全意识和应急响应能力。

2.10.1.1 合规性管理

在数字化项目安全管理中,数据合规管理是一个至关重要的环节。数据合规管理主要关注如何确保项目中的数据收集、存储、处理、传输和共享等活动符合相关法律法规、行业标准以及组织内部的政策要求。

数据安全与数据合规最主要的区别是,安全是使用有效的技术手段来保护资产免遭攻击。它是不断动态变化的,需要进行持续的改进以应对各类安全风险。而合规更加关注的是政策、法规和法律等,在多数情况下是为了满足各类监管单位的监管要求,保证业务正常运作。

为了实现有效的数据合规管理,应该建立一套完整的合规体系,包括合规风险评估、合规监管审查、合规培训和合规监控等环节。这个体系能帮助识别和降低合规风险,提高对新兴法规的适应能力,确保符合法律法规和行业规范。

数据安全和数据合规是相辅相成的。合规建设为数据的安全态势建立了一个全面的基线,安全基线的意义在于为达到最基本的防护要求而制定的一系列基准,而风险攻击是机会主义者,最小的风险都可能导致重大数据泄露。满足合规只是满足了最低的安全需求,只有建立了全方位的数据安全保护,才能有效保护数据资产免受风险攻击。

用简单的包含和被包含关系来理解数据合规和数据安全,存在一些争议,换种思路来想,利用"金字塔"结构来理解:金字塔顶层的应该是数据合规。从某种意义上讲,合规是一种自顶向下的策略或活动,应该包含顶层设计、战略规划方面的内容,它作为数据安全活动的总纲和指导,指明数据安全过程中哪些决策要被制定,以及由"谁"来负责。数据安全则是实现数据合规提出的决策,数据合规是可确定的,数据安全是相对的。

针对项目安全管理中的数据安全管理方面,结合《数据安全法》《个人信息保护法》等法律法规的要求,建议采取以下措施保障数据的合规性:

1）个人信息保护

（1）明确处理目的与最小必要原则：根据《个人信息保护法》第五条规定，处理个人信息应当具有明确、合理的目的，并应当与处理目的直接相关，采取对个人权益影响最小的方式。项目团队应明确收集个人信息的目的，并确保仅收集实现该目的所必需的个人信息。

（2）保障个人信息安全：根据《数据安全法》第二十七条规定，数据处理者应当采取技术措施和其他必要措施，确保其收集、存储、处理、传输、提供、公开等的数据安全。项目团队应采取加密、去标识化等安全技术措施，确保个人信息的保密性、完整性、可用性。

（3）告知与同意：根据《个人信息保护法》第七条规定，处理个人信息应当遵循公开、透明原则，公开个人信息处理规则，明示处理的目的、方式和范围。项目团队应向个人提供清晰、明确的信息处理规则，并获得个人的明确同意。

2）数据跨境传输

（1）安全评估与合规性：根据《数据安全法》第三十一条规定，关键信息基础设施的运营者和处理大量个人信息的数据处理者向境外提供重要数据、关键信息基础设施运营者和处理大量个人信息的数据处理者境外接收数据等情形，应当进行出境安全评估。项目团队在涉及数据跨境传输时，应依法进行安全评估，确保数据出境的合规性。

（2）数据出境安全管理制度：《数据安全法》第三十二条规定，掌握100万以上个人信息的企业，即使只有少量数据出境行为，也需要建立数据出境安全管理制度。项目团队应建立数据出境安全管理制度，明确数据出境的审批流程、安全保障措施等。

3）重要数据保护

（1）识别与保护：根据《数据安全法》第二十一条规定，国家建立数据分类分级保护制度。根据数据在经济社会发展中的重要程度，以及一旦遭到篡改、破坏、泄露或者非法获取、非法利用，对国家安全、公共利益或者个人、组织合法权益造成的危害程度，对数据实行分类分级保护。项目团队应识别项目中的重要数据，包括个人信息、商业秘密等，并采取相应的保护措施，如加密、访问控制、定期备份等。

（2）应急处置：根据《数据安全法》第二十五条规定，数据处理者应当制定数据安全事件应急预案，并及时向有关主管部门报告数据安全事件。项目团队应建立数据安全事件应急预案，明确应急处置流程、责任人员等，确保在发生数据安全事件时能够迅速响应、减轻损失。

2.10.1.2　数据安全管理方法

数据安全管理是针对数据整个生命周期的管理,在采集、传输、存储、处理、交换和销毁过程中,应采取以下措施:

1）数据采集

（1）明确采集目的与范围:在采集数据前,应明确数据采集的目的、范围和方式,确保仅采集必要的数据。

（2）获取授权与同意:对于个人信息的采集,应获得数据主体的明确授权和同意,确保采集行为的合法性。

（3）验证数据源:验证数据源的可靠性和准确性,确保采集的数据质量。

（4）应用高级数据分析技术:使用数据分析技术预先评估采集数据的质量和价值,避免无效数据的过度积累。

2）数据传输

（1）加密传输:对传输的数据进行加密处理,以防止数据在传输过程中被非法截取或篡改。

（2）使用安全协议:采用如超文本传输安全协议(hypertext transfer protocol secure,HTTPS)、安全文件传输协议(secure file transfer protocol,SFTP)等安全协议进行数据传输,确保数据传输的安全性。

（3）实施端到端加密:确保数据在传输过程中的整个路径上都受到加密保护,进一步增强安全性。

3）数据存储

（1）分级分类存储:根据数据的敏感程度和重要性对数据进行分类存储,实施不同级别的保护措施。

（2）加密存储:对敏感数据进行加密存储,防止数据在存储过程中被非法访问或窃取。

（3）访问控制:实施严格的访问控制策略,确保只有授权人员能够访问存储的数据。

（4）实施多因素认证:在访问敏感数据时,使用多因素认证机制增强安全性,如结合密码、生物识别和硬件令牌等。

4）数据处理

（1）处理目的明确:明确数据处理的目的和方式,确保处理过程符合法律法规和项目需求。

（2）处理过程透明：记录数据处理的过程和结果，以便后续审计和追溯。

（3）定期清理：定期清理过期或无用的数据，减少数据泄露的风险。

（4）实施数据生命周期管理：建立数据生命周期管理策略，监控数据从创建到销毁的每个阶段，确保每个阶段的安全管理。

5）数据交换

（1）安全评估：在数据交换前对接收方进行安全评估，确保其具备相应的数据安全保护能力。

（2）加密交换：对交换的数据进行加密处理，防止数据在交换过程中被非法获取或篡改。

（3）交换协议：与接收方签订数据交换协议，明确双方的权利和义务，确保数据交换的合法性和安全性。

（4）持续监控与评估：在数据交换过程中实施持续的监控和评估，以便及时发现和响应安全威胁，确保数据交换的连续性和安全性。

（5）数据交换审核日志：维护详细的数据交换审核日志，记录所有数据交换的细节，包括时间戳、参与方、数据类型和传输量等，以便于事后审计和问题排查。

6）数据销毁

（1）制定销毁政策：制定明确的数据销毁政策，规定数据的销毁条件、方法和流程。

（2）安全销毁：采用物理销毁或加密销毁等方式，确保数据在销毁过程中不被恢复或泄露。

（3）销毁记录：记录数据的销毁过程和结果，以便后续审计和追溯。

（4）定期审核与测试销毁程序：定期对数据销毁程序和策略进行审核和测试，以确保其有效性和合规性，同时修正任何发现的缺陷或不足。

（5）敏感数据特殊处理：对敏感数据实施特殊的销毁流程，确保这些数据被彻底销毁，无法被恢复或重建。

2.10.2 施工安全管理

数字化项目实施过程中存在的施工安全隐患与土建等项目相比较少，但即使是软件开发类项目，仍存在用电、消防等安全隐患；而涉及硬件作业的项目存在更多潜在的危险因素。因此，对数字化项目的实施过程也应进行系统化的施工安全管理,预防安全事故发生,并在事故发生时迅速做出反应,从而最大限度地保障施工人员的安全,避免造成人身或财产损害。

2.10.2.1 安全施工管理方法

1）安全施工教育

（1）督促承包单位严格执行政府的政策法令和上级、主管部门所颁发的有关文明安全施工法规。

（2）要让全体管理人员牢固树立起"抓安全一刻不忘,管理安全理直气壮"的观念,做到施工现场"发现隐患立即整改,发现违章立即制止",确保达到工程安全目标。

（3）要求各级施工管理人员、工程技术员上岗前必须熟悉有关施工安全规程。

（4）要求承包单位的独立操作者,须有本工种、本岗位的操作合格证,特种作业人员应有劳动部门颁发的特种作业操作证,否则不准上岗。

（5）要求承包单位的职工在工作中必须全面接受安全监理人员的监督和指导。

（6）要求承包单位在工程开工前,项目负责人应随同施工组织设计一起向参加施工的全体人员进行安全技术措施交底。

（7）承包单位采用新的施工方法、添设新的技术设备时,必须对作业人员进行新操作法的教育,经监理认可后方能实施。

（8）督促承包单位项目负责人进行每日安全讲话,每周安全例会,定期安全培训,不断增强安全意识,保持良好的安全作业状态。

2）安全检查

（1）督促承包单位将各分包单位纳入安全管理系统,并签订安全施工协议书。

（2）严格审核承包单位安全文明施工方案及施工组织设计,各项施工应有完备的安全措施。

（3）经常检查承包单位的思想准备、组织准备、安全准备、技术准备,包括向各班组的技术交底、技术培训、安全教育等状况。

（4）定期与不定期地巡查施工现场。主要施工机械、电气设备的安全状况,发现问题令承包单位及时整改,并做好记录逐级汇报。

（5）督促承包单位定期、不定期地对其用电情况、消防安全设施进行自查,发现问题及时整改。

3）施工现场安全生产

（1）要求承包单位对每个分项工程都必须有安全技术措施。

（2）监督承包单位下达任务时应同时进行安全技术交底,交底内容应根据任务特点、现场环境、人员情况、设备状况等提出具体的安全措施。

（3）施工重点区域或重要工序应有安全监护人或安全员在场，并设置安全设施。

（4）沟、槽、坑的开挖，必须做好现场观察、固壁处理。

（5）脚手架应自成系统，不要将模板支撑与脚手架连在一起，以免增加模板变形，造成不安全因素。

（6）在施工现场监理随班日常检查，如遇到下列情况，安全监理应下达暂停令：

① 施工中出现安全异常情况，经提出后，承包单位未采取改进措施或改进措施不得力时。

② 对已经发生的工程事故未进行有效处理而继续作业时。

③ 安全设备未经检查验收而擅自使用时。

④ 未经安全资质审查的分包单位的施工人员进入现场施工时。

⑤ 构件吊装过程中，若指挥人员无醒目的安全帽标志或无指挥人员时。

4）电气设备安全生产管理

（1）检查承包单位是否严格按现场用电规定、标准执行。

（2）监督承包单位不得在架空输电线路下立支架，特殊情况应和有关单位共同制定安全技术措施后方能施工。

（3）施工现场电器设施的安装维护应由电工操作，非电工不得动用，现场电动机械和手持电动工具必须装有防漏电保护装置。

（4）定期培训与考核：组织定期的安全培训和考核，确保电工和相关人员了解并严格遵守电气安全操作规程。

（5）实施电气安全检查：定期对施工现场的电气系统进行全面检查和测试，及时发现并解决电气安全隐患。

5）现场消防措施

（1）监督承包单位在现场按规定设置消防设施。

（2）现场用火要有防火隔离设施，严格执行用火证制度。

（3）消防器材任何人不得随意动用，要求承包单位设专人保管。

（4）进行火灾风险评估：定期进行火灾风险评估，识别潜在的火灾风险源，制定针对性的预防措施。

（5）建立应急预案：制定和实施详细的火灾应急预案，包括紧急疏散路线、救援队伍组织和应急联系方式，以提高应对火灾的效率和有效性。

第 3 章　数字化技术

人工智能、云计算、大数据、物联网、区块链等一系列数字化技术已渗透在社会生活的各个角落,在智能制造、智慧城市、智慧医疗等领域,数字化技术都发挥着重要作用,推动着社会服务的智能化和个性化。然而,数字化技术的推广应用,仍离不开对数字化项目的精细管理,以确保数字化技术的准确性、完整性、安全性以及合规应用。本章主要阐述人工智能、云计算、大数据、物联网、区块链几大数字化技术的管理要点,这些管理要点的落实是数字化项目规范管理的前提条件,也是数字化技术推广应用的重要保障。

3.1　人工智能

近年来,人工智能(artificial intelligence,AI)的发展已经进入了一个全新的阶段,其中大模型尤为显著。这些大规模的人工智能模型,如生成式预训练的变换器模型(generative pre-trained transformer,GPT)、预训练的语言表征模型(bidirectional encoder representations from transformers,BERT)和其他类似模型,正在推动人工智能技术的边界,并在多个领域展现出惊人的能力。大模型的发展始于深度学习和大数据的融合。随着数据量的增加和计算能力的提高,可以研究得出训练规模更大、结构更复杂的模型。这些模型能够从大量数据中学习更多的特征和模式,从而提升在各种应用场景中的赋能。

3.1.1 政策规划

为了深入贯彻国家发展新一代人工智能的战略部署,国家鼓励并支持人工智能技术在工业、农业、服务业等各个领域的广泛应用,通过深度融合创新,推动实体经济转型升级,提高生产效率和服务质量。加大对人工智能基础设施建设的投入,培育人工智能创新生态;加强人工智能安全保障和伦理规范;加强对人工智能技术的安全保障和伦理规范研究,制定完善相关法规和标准,确保人工智能技术的安全可控和合规应用。此外,国家出台了一系列政策文件和规划,如《新一代人工智能发展规划》《促进新一代人工智能产业发展三年行动计划(2018—2020 年)》等,明确了人工智能发展的目标、任务和措施。同时,各地政府也结合本地实际,出台了相应的人工智能发展规划和政策,推动人工智能产业在本地区的快速发展。

上海为推动本市大模型的创新发展,出台了《上海市促进人工智能产业发展条例》《上海市推动人工智能大模型创新发展若干措施(2023—2025 年)》等政策文件,《人工智能算法模型评测规范》等 14 个地方标准立项,成立上海市人工智能伦理专家委员会、全国首个大模型合规指导服务中心。逐步探索组织多学科交叉的大模型基础理论研究,深入挖掘模型技术及伦理文化表现背后的机理,从源头入手、带入全生命周期解决安全风险问题;以标准引领产业发展,支持人工智能企业、科研机构和高校牵头或参与国际及国家标准制定;建设大模型测评公共平台,从价值观、合规性、真实性、技术能力等方面为大模型优化提供清晰的指引,以构建开放安全创新生态,加快打造人工智能世界级产业集群,营造通用人工智能创新生态,加快打造世界级人工智能产业集群。

3.1.2 核心技术

人工智能作为信息技术领域的热点,其核心技术是推动人工智能应用和发展的关键,包括机器学习、深度学习、计算机视觉、自然语言处理和机器人技术等。这些技术相互关联、相互促进,共同推动了人工智能领域的发展和应用。大模型的核心技术包括但不限于如下几个方面。

1)机器学习

机器学习是人工智能中最核心的技术之一,它使用统计学习方法对大规模数据进行自动学习。机器学习的目标是发现数据中的统计规律,并用这些规律来预测或分类新数据。机器学习技术可以分为有监督学习、无监督学习和半监督学习。有监督学习是指训练数据和测试数据都有标签的学习方式,常用于分类和回归任务。无监督学习则是指训练数据没有标签,目的是从大量未标记数据中发现结构性质,如聚类分析、异常检测等。而半监督学习则结合了有监督学习和无监督学习的特点,旨在利用少量已标记数据和大量未标记数据来提高模型的性能。

2)深度学习

深度学习是机器学习的一个分支,它利用神经网络模型来模拟人脑的学习过程。深度学习技术可以处理大量的无标签数据,并自动提取数据的特征。通过多层的神经网络结构,深度学习可以学习到数据的深层次表示,从而实现更精确的预测和分类。深度学习在计算机视觉、语音识别、自然语言处理等领域取得了显著的成果。

3)计算机视觉

计算机视觉是 AI 的另一个核心技术,它运用图像处理操作和机器学习等技术来分析和理解图像与视频内容。计算机视觉技术可以将图像分析任务分解为便于管理的小块任务,如目标检测、图像分割、人脸识别等。这些技术在安防监控、自动驾驶、医疗影像分析等领域有着广泛的应用。

4)自然语言处理

自然语言处理(natural language processing,NLP)是指计算机拥有的与人类类似的对文本进行处理的能力。NLP 技术可以自动识别文档中被提及的人物、地点等实体,或将合同中的条款提取出来制作成表。此外,NLP 还涉及机器翻译、情感分析、问答系统等方面的应用。随着深度学习技术的发展,NLP 在语义理解和生成方面取得了显著的进步。

5)机器人技术

机器人技术是 AI 领域的一个重要分支,它涵盖了机械设计、传感器技术、控制技术等多个方面。近年来,随着算法等核心技术的提升,机器人技术取得了重要突破,如无人机、家务机器人、医疗机器人等。这些机器人在各自领域发挥着重要作用,提高了生产效率和生活质量。

3.1.3　应用场景

人工智能作为一项革命性的技术,正在改变着我们的生活。随着近年来的迅速发展,人工智能技术现已从实验室中的理论概念落实到商业和日常生活中的实际应用。如今,人工智能已成为众多领域不可或缺的一部分,并持续引领前沿技术创新。运用人工智能技术的几种典型应用场景如下:

1)商业智能化

建设智慧商业管理服务场景,使用人工智能技术赋能消费服务,提升线上消费流量资源获取能力,推动实体商业线上化、生活服务数字化、物流配送即时化、零售终端智慧化。

2)智能网联汽车

基于人工智能技术,探索端到端自动驾驶,提升自动驾驶体验;运用人工智能增强交互和感知,提升座舱智能化水平;在智能网联汽车、汽车工厂智能化等方向持续探索人工智能落地应用。

3)金融服务智能化

推动人工智能与金融产业建设集聚相结合,金融垂类大模型,推动在投研、营销、客服等基础场景落地成熟应用,提升金融服务智能化水平。在风险管理、资产管理、财富管理等核心业务开展人工智能技术的落地探索。

4)文化场馆、体育场智能化建设

推动文化场馆、体育场馆数字化改造升级,营造场景化、沉浸式、互动性体验。支持人工智能技术在体育服务、旅游服务、公共空间、生活便利、运动健康等领域提供"一站式"闭环服务。

5)智慧医养平台

整合区域优质医疗资源,提供辅助诊疗服务,探索基于人工智能的医疗应用平台。综合使用各类信息数据,运用人工智能技术,主动分析老年人健康状况,综合解析高龄独居安全状况,以智能化提升养老服务触达性和精准度。

6)智慧教育平台

针对教育领域高频特色需求,结合人工智能技术,打造智慧教育应用平台;结合区域教育资源,为学生提供知识解答、创意写作、智能解题等人工智能场景应用。

7)基层治理服务智能化

探索布设社区人工智能智慧终端设施,以社区党群服务站为触角,建设智慧小区、智慧党建、智慧生活圈等场景,拓展"社区云"应用,推进基层服务智能化。

3.1.4 管理要点

大模型正在重塑人工智能领域的面貌,它们提供了前所未有的机会,同时也带来了前所未有的挑战,包括但不限于数据偏见、模型解释性、资源消耗和安全性问题等。如何通过项目管理手段缓解数据合规性等痛点问题,是当前和未来数字化项目研究的重点。管理要点如下所述。

1) 明确项目需求目标

在项目开始之初,进行深入的需求分析和规划设计对于人工智能建设项目至关重要,这有助于保持项目与组织战略一致,规避执行过程中的混乱和不确定性,促进团队之间的沟通和合作。以政务系统中的人工智能建设项目为例,可能面临多方面的需求,如提高政府部门的服务效率、优化资源分配以及改善决策过程,优化公共服务的响应速度,提高治理效率,从而更好地满足公众需求。此外,主管部门可以通过人工智能技术来提升业务数据分析和态势预测能力,以便更准确地制定政策和规划。

2) 优化资源分配和调度策略

在涉及大规模模型的训练和验证时,确保拥有足够的计算资源尤为重要,例如,深度学习模型需要大量的 GPU 或 TPU 集群来支持高效的并行计算。因此,在项目初期,需要详细分析项目的计算需求,包括所需的计算资源类型以及数量,这涉及对项目的规模、复杂度以及预期的训练和验证时间。同时,需要关注硬件的兼容性和可扩展性,以确保在项目的关键阶段拥有足够的计算资源。在确保了计算资源的可用性后,需要进一步优化资源的分配和调度策略。根据项目的优先级和需求,制定合适的调度策略,确保高优先级的任务能够及时获得所需的计算资源。

3) 强化数据管理机制

人工智能建设项目一般需要大量的训练数据,因此在数据收集阶段,应尽可能收集涵盖不同领域和场景的数据。同时,数据的准确性和完整性是关键,劣质数据可能导致模型性能下降。在收集到大量数据后,需要对数据进行清洗。清洗过程包括去除冗余、纠正错误、处理缺失值以及去除噪声。这一步骤的质量直接影响模型的训练效果和预测能力。另外,根据模型的需求,需要对数据进行适当的标注和分类。数据标注应准确且一致,分类应符合模型的目标和用途,错误的标注可能导致模型学到错误的模式。为避免模型偏向某一类特定的输入。例如,在训练语言模型时,需要确保数据集包含多种语言风格和语境,避免模型单一的表达方式。在收集和处理数据时,务必遵守数据隐私法规和合规要求。确保数据来源合法,并对敏感信息进行去标识化或匿名化处理保护用户隐私。根据模型的需求,可以对数据进行预处理和特征提取。例如,在处理文本数据时,可能需要将文本转换为标准格式,去除特殊字符,进行词干化等。合理的预处理与特征提取有助于提升模型的学习效率。建立可靠的数据存储和备份机制。在项目过程中,定期备份数据,以防止因意外导致的数据丢失。

4) 优化模型开发过程

模型选择和开发是人工智能项目成功的关键环节之一,它直接影响着人工智能建设项目的性能和效果。建设团队需要仔细分析项目所涉及的问题领域,以及所需要解决的具体挑战。例如,在政务系统中,可能需要使用机器学习模型来预测公共服务需求的趋势,或者优化资源的分配方式。应根据需求选择适当的模型架构,对于大模型,可能需要考虑 Transformer、GPT、BERT 等架构的特性;在选择架构时,应考虑计算资源、扩展性和训练效率。

模型开发阶段涉及对选定模型的训练、调优和验证过程。这个阶段的目标是确保模型能够在实际应用中表现出良好的性能和可靠性。对于大模型,这可能涉及数百个参数,选择合适的超参数组合对模型性能至关重要,采用自动化的参数搜索工具可以加快优化过程。在模型训练过程中,确保数据的质量与多样性,并监控训练进度。对训练结果进行持续验证,以保证模型朝着预期目标前进。使用训练日志和指标来记录模型的性能变化,以便快速发现潜在问题。

5) 模型验证与评估

一旦模型开发完成,就需要对其进行全面的评估,并根据评估结果对模型进行调整和优化。在人工智能建设项目中,评估指标可能涉及准确率、精确度、召回率、F1 分数等,以及模型的公平性和可解释性。因此,在模型评估和优化阶段,团队需要利用测试数据集对模型进行全面测试,并根据测试结果对模型进行调整和改进。同时,也需要注意模型的公平性,确保模型不偏向任何特定的群体或个人,以提高其在实际应用中的可信度和可接受度。

6) 部署集成与监测维护

在完成模型开发和评估后,需要将模型部署到实际应用中,这可能需要与现有系统进行集成,并进行测试验证,为确保模型在各种环境下都能够高效运行,可以应用模型压缩技术,如剪枝、量化、知识蒸馏等,来减小模型大小,适应不同的部署环境。同时,建立监测和维护机制,对系统进行实时监测和数据收集,及时发现和处理系统中的异常和故障。在项目运维阶段,建立专门的运维团队是必要的,他们负责系统的监测、维护和故障处理,定期对系统进行更新和维护,确保系统的稳定性和可靠性。

7)持续改进和迭代

系统部署完成后,团队应持续关注系统的运行情况,并根据用户反馈、业务需求以及新的技术进展进行不断优化和改进。大型人工智能模型的质量直接影响到其在实际应用中的效果和性能。因此,在建设管理中,需要建立完善的质量管理体系,包括模型的评估标准、验证测试和性能监控等方面的工作。持续改进将涉及更新算法模型、优化数据处理流程,或者引入新的功能和服务,以提升系统的性能和用户体验。同时,团队还应该密切关注政府政策和法规的变化,及时调整系统以满足新的要求和标准。

8)数据安全和合规管理

管理大模型时,确保数据的隐私和安全是至关重要的,特别是在涉及个人敏感信息的情况下。为此,需要采取一系列有效的措施来保护数据的安全性。一是,采用数据脱敏和加密技术是保护数据隐私的基本手段之一。数据脱敏可以对敏感信息进行处理,使其在不影响分析和使用的前提下,不易被识别。同时,对数据进行加密可以有效防止未经授权的访问和窃取,确保数据在传输和存储过程中的安全性。二是,建立严格的访问控制和权限管理机制也是保护数据安全的关键。只有授权人员才能访问和处理敏感数据,而其他人员则被限制在合适的权限范围内进行操作。这可以通过身份验证、访问日志和审计等手段来实现,有效防止数据被非法获取或滥用。

此外,确保人工智能系统的设计和使用符合法规和监管要求是不可或缺的。根据不同行业和地区的法规要求,必须制定相应的合规性策略和措施,确保人工智能模型的操作合法合规。在金融领域,例如,人工智能模型可能受到金融监管机构的严格监管,因此必须遵守相关法规和标准,定期进行合规性审查并与监管机构进行沟通和报告。最后,持续的安全培训和意识提升也是确保数据安全的重要环节。所有参与数据处理和管理的人员都应该接受相关的安全培训,了解数据安全的重要性和相关政策规定,并时刻保持警惕,避免出现安全漏洞和风险。

综上所述,管理大型模型需要在资源分配、优化模型结构和技术支持等方面采取综合的策略和措施,以确保资源的有效利用和项目的顺利进行。只有具备充足的技术知识和管理经验,才能有效地管理和维护复杂的人工智能大模型,实现项目的长期可持续发展。

3.2 云计算

3.2.1 云计算的概念

3.2.1.1 云计算的定义

云计算是一种基于互联网的计算模式,它允许用户通过网络访问和存储数据,以及运行应用程序,而无需在本地计算机或设备上进行处理。云计算的核心概念是将大规模的计算处理程序分解成许多小程序,并通过多台服务器组成的分布式系统进行处理和分析,以快速响应用户的需求。

云计算不仅包括分布式计算,还包括效用计算、负载均衡、并行计算、网络存储、热备份冗余和虚拟化等技术。它提供了一种按需访问的计算资源模式,用户可以根据自己的需求获取计算能力、存储空间和各种软件服务,而无须投入大量的硬件设备和软件工具。云计算还支持灵活的付费模式,用户只须为实际使用的资源支付费用。

3.2.1.2 云计算的特征

1) 云计算的优点

(1) 灵活性:云计算提供了极高的灵活性,用户可以根据需要快速扩展或缩减资源,无须担心硬件设备的限制。

(2) 成本节约:通过云计算,企业可以节省大量的硬件投资和维护成本,因为基础设施、软件和维护都由云服务提供商负责。

(3) 高可用性:云计算通常具有高度的可用性,数据备份和恢复策略得到了很好的实施,从而降低了数据丢失的风险。

(4) 快速部署:由于云计算服务通常是预配置的,因此可以迅速部署新服务或应用。

(5) 协作和共享:云计算使得跨地域、跨设备的协作和数据共享变得更加容易。

(6) 环境友好:云计算有助于减少能源消耗和硬件废弃,从而对环境产生积极影响。

2）云计算的缺点

（1）安全性问题：尽管云服务提供商有严格的安全措施，但数据仍然有可能受到攻击或未经授权的访问。

（2）依赖性问题：一旦企业开始使用云服务，就可能对其产生依赖，这可能导致在更换提供商或迁移数据时遇到困难。

（3）性能问题：尽管云计算提供了高度的可扩展性，但在某些情况下，网络延迟或服务提供商的性能问题可能会影响服务质量。

（4）合规性和数据主权：不同的国家和地区可能有不同的数据保护和隐私法规，这可能导致企业在选择云服务提供商时面临合规性问题。

（5）技术锁定：某些云服务可能使用专有技术或格式，这可能导致用户在尝试迁移数据或服务时面临技术锁定的问题。

3.2.1.3 云计算的服务模式和部署模式

云计算的服务模式通常分为三种：基础设施即服务（infrastructure as a service，IaaS）、平台即服务（platform as a service，PaaS）和软件即服务（software as a service，SaaS）。云计算的部署模式主要分为四种：私有云、公有云、社区云/行业云和混合云。云计算的服务模式和部署模式如图3-1所示。

图3-1 云计算的服务模式和部署模式

1）云计算的服务模式

（1）基础设施即服务：IaaS提供虚拟化的计算资源，如服务器、存储设备和网络设备等，用户可以在这些资源上部署和运行自己的应用程序。IaaS 的主要优势在于用户可以根据需求灵活地扩展或缩减计算资源，而无需关心硬件设备的购置和维护。

（2）平台即服务：PaaS 提供开发、运行和管理应用程序的平台，包括编程语言、开发工具、数据库、服务器和存储等。用户可以在 PaaS 平台上开发、测试、部署和管理自己的应用程序，而无需关心底层技术的实现。PaaS 的主要优势在于简化了应用程序的开发和部署过程，提高了开发效率和便捷性。

（3）软件即服务：SaaS 提供基于互联网的软件应用服务，用户可以通过客户端设备（如电脑、手机等）访问和使用这些服务。SaaS 应用程序通常是由云服务提供商开发和维护的，用户无需安装和配置软件，只需通过网络访问即可使用。SaaS 的主要优势在于用户无需购买和维护软件和硬件设备，只须按需使用服务即可。

上述三种云计算服务模式的优点和缺点对比见表 3-1。

表 3-1　云计算服务模式的优点和缺点对比

云计算服务模式	优　　点	缺　　点
IaaS	（1）灵活性：用户可以根据需要快速扩展或缩减计算资源； （2）成本效益：用户只需支付所使用的资源，无需购买和维护物理硬件。快速部署：新的服务或应用可以迅速部署到云平台上	（1）安全性问题：用户需要自行管理应用程序和数据的安全性； （2）技术复杂性：用户需要具备一定的技术能力来管理和维护基础设施
PaaS	（1）开发便捷性：提供了开发、测试、部署和管理应用程序的完整平台，简化了开发过程； （2）可扩展性：平台可以根据应用程序的需求自动扩展资源； （3）成本效益：用户无需购买和维护开发和运行应用程序所需的全部基础设施	（1）技术锁定风险：某些 PaaS 平台可能使用专有技术或格式，导致用户在迁移时面临困难； （2）安全性挑战：尽管平台提供商负责基础设施的安全性，但用户仍需关注应用程序和数据的安全性
SaaS	（1）易用性：用户只需通过客户端设备访问服务，无需安装和维护软件； （2）成本效益：用户只需支付所使用的服务费用，无需购买和维护软件及硬件基础设施； （3）快速部署：新的服务或应用可以快速部署到用户端	（1）数据隐私和安全性：用户数据存储在服务提供商的服务器上，可能存在隐私泄露和未经授权的访问风险； （2）定制化限制：SaaS 服务通常提供有限的定制化选项，可能无法满足所有用户的特定需求

2）云计算的部署模式

（1）私有云：私有云是为某个特定用户/机构建立的，只能实现小范围内的资源优化，仅供该用户或机构内部使用。它可以部署在企业内部网络，也可以托管在别处。私有云可以支持动态灵活的基础设施，降低IT架构的复杂度，降低企业IT运营成本。

（2）公有云：公有云是为大众提供的服务，所有入驻用户都称为租户。公有云的特点是可以支持大量用户的并发请求，是最彻底的社会分工，能够在大范围内实现资源优化。

（3）社区云：社区云是介于公有云和私有云之间的一种形式。当多个敏感行业的组织或公司需要联合建立一个云平台时，由于政策和管理上的限制，他们可能会选择社区云。每个参与者都可以共享资源，但数据仍然保持一定的隔离性。

（4）混合云：混合云是公有云、私有云和社区云的任意混合。它允许机构在公有云上运行非核心应用程序，而在私有云上支持其核心程序以及内部敏感数据。混合云结合了多种云计算模型的优势，使企业可以在私有云的秘密性和公有云的低廉性之间做一定的权衡。

上述四种云计算部署模式的优点和缺点对比见表3-2。

表3-2　云计算部署模式的优点及缺点

云计算部署模式	优　　点	缺　　点
私有云	（1）安全性：私有云部署在企业内部网络，数据安全性更高； （2）灵活性：支持动态灵活的基础设施，可以降低IT架构的复杂度； （3）控制力：企业对其数据和应用程序具有完全的控制权	（1）成本：需要前期的大量投资和漫长的建设过程； （2）规模限制：私有云的规模相对较小，可能无法充分发挥规模效应
公有云	（1）成本效益：只需为所使用的资源付费，无需前期投资； （2）灵活性：可以快速扩展或缩减资源； （3）规模效应：由于多个用户共享资源，可以实现规模效应	（1）安全性：数据安全和隐私是公有云的主要担忧； （2）控制力：企业对数据和应用程序的控制权较低
社区云	（1）成本分摊：成本由多个用户共同承担，降低单个用户的成本； （2）灵活性：可以根据社区的需求进行定制	（1）安全性：仍然存在一定的数据安全风险； （2）规模限制：可能无法像公有云那样实现大规模的资源共享
混合云	（1）灵活性：结合了公有云和私有云的优势，可以根据需求灵活调整资源的分配； （2）成本效益：可以充分利用公有云的规模效应和私有云的安全性	（1）管理复杂性：需要管理两种不同的云环境，增加了管理复杂性； （2）安全性：需要确保公有云和私有云之间的数据安全传输和访问控制

3.2.2 云计算技术

云计算的核心技术包括虚拟化技术、分布式数据存储技术、分布式计算技术、并行计算技术、云计算平台管理技术、安全技术、网格计算等。这些技术共同构成了云计算这一强大的计算模式,为用户提供高效、灵活、安全的服务。下面主要介绍虚拟化技术和分布式数据存储技术。

1)虚拟化技术

虚拟化技术的核心思想是将物理资源抽象成逻辑资源,通过虚拟机来实现资源的隔离和共享。虚拟机是一种模拟计算机硬件的软件实现,它可以在宿主机上运行多个操作系统和应用程序,每个虚拟机都有独立的硬件资源[如中央处理器(central processing unit,CPU)、内存、硬盘、网卡等],并且相互之间互不干扰。通过虚拟化技术,可以将一台物理服务器虚拟成多个虚拟机,实现多个应用程序的同时运行,从而提高资源利用率和服务效率。

虚拟化技术的主要优势如下所述。

(1)资源利用率提高:通过虚拟化技术,可以将多个虚拟机部署在一台物理服务器上,实现资源的共享和灵活调度,从而提高资源利用率。

(2)灵活性增强:虚拟化技术可以实现对硬件资源的抽象和隔离,使得应用程序可以在不同的硬件平台上运行,增强了系统的灵活性。

(3)成本降低:虚拟化技术可以减少物理硬件的数量和维护成本,从而降低整体成本。

(4)服务质量提高:虚拟化技术可以实现对硬件资源的动态管理和优化,提高服务质量和响应速度。

2)分布式数据存储技术

分布式数据存储技术是一种将大量数据分散存储在多个独立的节点上,以保证数据的高可用性、可扩展性和容错性的技术。在云计算系统中,由于需要处理的数据规模巨大,传统的集中式存储方式已无法满足需求,因此分布式数据存储技术成为云计算中不可或缺的一部分。

分布式数据存储技术通过将数据分散存储在多个节点上,可以实现数据的并行访问和高效处理。同时,由于数据被复制存储在多个节点上,即使部分节点发生故障,数据仍然可以从其他节点中恢复,从而保证了数据的高可用性。此外,分布式数据存储技术还可以实现数据的自动平衡和扩展,当需要增加存储容量时,可以动态地添加新的节点,从而实现系统的可扩展性。

在云计算中,常见的分布式数据存储技术包括分布式文件系统(distributed file system,DFS)和分布式数据库。分布式文件系统是一种将文件分散存储在多个节点上,通过统一的命名空间来管理和访问这些文件的系统。典型的分布式文件系统有 Hadoop 的高度容错性的系统(Hadoop Distributed File System,HDFS)和谷歌(Google)的文件存储系统(Google file system,GFS)。分布式数据库则是一种将数据分散存储在多个节点上,通过分布式数据库管理系统来管理和访问这些数据的系统。常见的分布式数据库有 Cassandra、HBase 等。

为了实现分布式数据存储的高效性和可靠性,还需要考虑数据的一致性、复制、容错等问题。例如,在分布式文件系统中,需要采用一种高效的数据复制策略,以保证数据在不同节点之间的同步和一致性。同时,还需要设计合理的容错机制,以应对节点故障和数据损坏等异常情况。

3.2.3 应用场景

云计算作为一种灵活、可扩展的计算模式,已经在许多领域得到了广泛的应用。以下是对云计算应用场景的详细描述。

1) 企业信息化

云计算为企业提供了一种高效、低成本的信息化解决方案。企业可以将业务流程、数据存储等迁移到云端,实现业务的快速部署和扩展。通过云计算,企业可以更加灵活地应对市场变化,提高运营效率,降低 IT 成本。

2) 大数据分析

在大数据时代,云计算为数据分析提供了强大的支持。通过云计算平台,企业可以快速地处理、分析和挖掘海量数据,从而获取有价值的商业洞察。这有助于企业制定更精准的市场策略,提高决策效率。

3) 人工智能与机器学习

云计算为人工智能和机器学习提供了强大的计算资源。通过云计算平台,研究人员可以训练大规模的神经网络模型,实现人工智能应用的快速开发和部署。这有助于推动人工智能技术在各个领域的广泛应用。

4) 在线教育

云计算为在线教育提供了灵活、可扩展的解决方案。教育机构可以将课程资源、学习数据等存储在云端,实现课程的在线发布和学习。学生可以随时随地进行学习,打破时间和地域的限制。同时,云计算平台还可以提供个性化的学习推荐和评估,提高学习效果。

5）远程办公

云计算支持远程办公模式,使员工可以在任何地点、任何时间访问公司的应用和数据。这有助于降低企业的办公成本,提高员工的工作效率和灵活性。在新型冠状病毒肺炎疫情期间,云计算在支持远程办公方面发挥了重要作用。

6）娱乐产业

云计算为娱乐产业提供了高效、低成本的解决方案。例如,云游戏通过云计算平台实现了游戏的实时渲染和传输,降低了游戏设备的硬件要求,提高了游戏体验。同时,云计算还为音乐、视频等多媒体内容提供了存储和分发服务,使用户可以随时随地享受丰富的娱乐内容。

7）物联网与智能家居

云计算与物联网的结合为智能家居提供了强大的支持。通过云计算平台,智能家居设备可以实现远程控制、数据分析和智能决策等功能。用户可以通过手机、语音助手等设备实现对家居设备的便捷管理,提高生活质量。

8）科研领域

云计算为科研领域提供了强大的计算资源和数据存储能力。科研人员可以利用云计算平台进行高性能计算、模拟仿真等研究工作,加快科研进度。同时,云计算还可以帮助科研人员管理和分析海量实验数据,提高研究效率。

9）金融行业

云计算为金融行业提供了灵活、安全的解决方案。金融机构可以利用云计算平台实现业务的快速部署和扩展,提高服务效率。同时,云计算平台还可以提供多层次的安全防护措施,保障金融数据的安全性和隐私性。

10）医疗行业

云计算为医疗行业提供了高效、便捷的解决方案。医疗机构可以将病历数据、医学图像等存储在云端,实现数据的共享和协同工作。医生可以随时随地访问这些数据,提高诊断和治疗效率。同时,云计算还可以帮助医疗机构进行数据挖掘和分析,为医学研究提供有力支持。

3.2.4 管理重点

在数字化项目中,云计算的价值体现在多个维度。例如,企业可以利用云计算实现资源的弹性扩展，应对业务量的季节性波动；同时，借助云服务的分布式特性，提升数据处理能力和业务的连续性。此外，它还为协作提供了便捷的平台，不同地域的团队成员可以实时共享和编辑文档，提高工作效率。在云计算项目实施过程中，应考虑的管理重点如下所述。

1）项目目标和范围的定义

项目目标和范围的定义是云计算项目管理的关键步骤，它确保了项目的顺利进行和成功实施。项目目标的明确化是至关重要的，这通常涉及对组织希望通过实施云计算项目来实现的具体目标。这些目标可能包括但不限于：提升业务灵活性，使得企业能够更快速地响应市场变化；降低成本，通过优化资源使用和减少物理基础设施的投资来实现经济效益；增强数据安全性，确保企业数据的完整性和保密性。

在明确了项目目标之后，接下来需要界定项目的范围。项目范围的确定是一个全面的规划过程，它涉及对将要迁移或部署到云平台上的应用程序的详细审查。这包括评估每个应用程序的复杂性、依赖性和与业务流程的关联度。此外，项目范围还包括对所需基础设施和服务的规划，这可能涉及计算能力、存储解决方案、网络配置以及必要的中间件和数据库服务。

进行云计算的具体需求分析是项目范围定义的另一个重要方面。这一分析将有助于项目团队理解业务和技术需求，以及如何通过云计算解决方案来满足这些需求。这可能包括对性能、可伸缩性、可用性和合规性的考量。

此外，项目范围还需要考虑如何将云计算与现有的IT基础设施和业务流程相整合。这要求项目团队进行深入的规划，以确保新技术的引入不会干扰当前的业务，并且能够无缝地支持业务活动。整合策略可能包括数据迁移计划、系统兼容性测试、员工培训以及制定应急和回滚计划。

2）技术选型与架构设计

技术架构设计在构建和实施云计算项目中扮演着关键角色，它要求设计者创建一个既稳定又具有可扩展性的系统框架。在设计过程中，一个核心的任务是选择最合适的云服务模型，这对于确保系统的长期成功和灵活性至关重要。

云服务模型的选择通常包括公有云、私有云或混合云。公有云是指由第三方服务提供商拥有和运营的云计算资源，客户可以通过互联网访问这些资源。这种模式的优势在于成本效益高，因为资源的维护和管理由服务提供商负责，而且可以根据需求快速扩展资源。然而，对需要更高安全级别或特定合规要求的组织来说，可能需要考虑私有云。私有云是由单个组织拥有和运营的云计算环境,它提供了更高级别的控制和定制化,但相应地,也需要更多的管理和维护工作。

混合云结合了公有云和私有云的特点,允许组织在两者之间灵活地移动数据和应用,以适应不同的业务需求和风险评估。混合云策略可以让组织利用公有云的灵活性和成本效益,同时保持对敏感数据的严格控制。

在选择云服务模型的同时,确定核心的云服务提供商也是一个关键决策。不同的提供商可能会提供不同的服务质量、价格模型和支持水平。因此,选择一个可靠的云服务提供商,它能够提供稳定的服务、优秀的技术支持和合理的成本结构,对于确保云计算架构的成功至关重要。

3) 安全性与合规性

为了确保业务的连续性和客户数据的安全,云计算解决方案必须遵循所有相关的安全标准和行业合规要求。这不仅有助于保护组织免受潜在的安全威胁,而且能增强客户对服务的信任。

首先,数据加密是保护存储在云中的敏感信息的重要手段。通过使用先进的加密技术,可以确保数据在传输过程中和静态状态下都能得到充分的保护,防止未经授权的访问和数据泄露。其次,访问控制机制确保只有授权用户才能访问特定的资源和服务。这通常涉及实施严格的身份验证流程,以确保只有经过验证的用户才能获得对敏感数据的访问权限。再次,通过定义不同级别的访问权限,组织可以根据员工的角色和职责来限制对特定信息的访问。身份验证是确保只有合法用户能够访问系统的另一个关键组成部分。这通常涉及多因素认证,如密码、生物识别或安全令牌,以提供额外的安全保障层。最后,灾难恢复计划是任何云计算项目中不可或缺的一部分。这些计划确保在发生硬件故障、自然灾害或其他意外事件时,数据和应用程序能够迅速恢复,从而最大限度地减少业务中断的影响。灾难恢复策略通常包括数据备份、冗余系统和预先定义的恢复流程。

通过确保云计算项目符合所有相关的安全标准和行业合规要求,组织可以有效地保护其数据和应用程序,同时满足客户和监管机构的期望。这不仅有助于维护企业的声誉,还有助于确保业务的长期成功和可持续增长。

4) 资源管理

资源管理是一个至关重要的过程,它涉及对计算资源的合理分配和有效管理。这一过程的核心目标是确保所有资源都能被高效地利用,从而最大限度地提升整个项目的效率和产出。为了实现这一目标,资源管理需要精心规划和执行,以确保每一份资源都能在适当的时间和地点得到最优化的使用。

首先,合理分配计算资源意味着要根据项目的实际需求,将可用的硬件、软件、网络带宽以及其他相关资源进行有效的配置。这包括对处理能力、存储空间和数据传输速度等关键指标的评估,以确保每一项任务都有足够的资源来支持其顺利运行。

其次,有效管理这些资源意味着要实施监控和调整策略,以便在项目运行过程中持续优化资源使用。这可能涉及实时监控资源消耗情况,分析数据以识别潜在的瓶颈或浪费点,并根据这些信息做出相应的调整。例如,如果某个任务需要更多的计算能力,资源管理器可能需要重新分配 CPU 或内存资源,或者调整任务的优先级,以确保关键任务能够优先获得所需的资源。

最后,避免资源浪费是资源管理的另一个重要方面。这不仅包括物理资源的浪费,如闲置的服务器或未充分利用的网络带宽,也包括时间资源的浪费,如因等待资源而延迟的任务执行。通过精细化的资源调度和预测性维护,可以显著减少这种浪费,从而提高整体的资源利用率。同时,资源管理还需要防止资源不足的情况发生。在项目开始之前,资源管理计划应该考虑到所有可能的需求高峰,并确保即使在最繁忙的时期,也有足够的资源来支持项目的运行。这可能需要提前采购额外的硬件,或者与外部服务提供商建立合作关系,以便在需要时迅速扩展资源池。

5)数据迁移与集成

数据迁移与集成是企业在数字化转型和云迁移过程中面临的关键任务之一。在这个过程中,企业需要将现有的数据资产从本地数据中心或其他存储环境转移到云平台。这一过程不仅是简单的数据复制,而且涉及确保数据的完整性和一致性。

首先,保障数据的完整性意味着在迁移过程中,所有的数据元素都必须被准确无误地传输到云平台。这包括确保数据在迁移过程中不会出现丢失、损坏或格式错误等问题。为此,企业需要采用可靠的迁移工具和技术,以及严格的数据验证程序,来确保每一条记录都按照预期被迁移和存储。

其次,维护数据的一致性同样重要。这意味着在迁移到云平台后,数据之间的关系和依赖必须得到妥善处理,以保持业务逻辑的连贯性。例如,如果一个数据库中的表之间存在关联,那么在迁移过程中就需要确保这些关联得以保留,以便新的云环境能够正确地运行应用程序和业务流程。

再次,除了数据迁移,企业还面临着将新系统与现有 IT 环境无缝集成的挑战。无缝集成意味着新旧系统之间的接口和交互要流畅无阻,确保数据可以在不同系统间自由流动,同时用户和管理员可以无缝地访问和管理这些数据。为了实现这一点,可能需要进行应用程序编程接口(application programming interface, API)的开发和配置,以确保不同的系统和服务可以互相通信和协作。

最后,企业还需要考虑到安全性、合规性和性能等因素。在迁移和集成过程中,必须确保所有数据传输和存储都符合相关的安全标准和法律法规要求。同时,还要确保云平台的性能能够满足企业的业务需求,包括处理速度、可扩展性和高可用性等方面。

6)性能监控与优化

性能监控与优化是确保云服务高效运行的关键环节。为了实现这一目标,需要先实施一套全面的性能监控机制。这套机制的核心任务是持续地收集云服务运行过程中的各项性能指标,包括但不限于处理速度、内存使用率、存储效率、网络延迟等关键数据。

一旦性能数据被收集起来,接下来的步骤是对这些数据进行深入的分析。通过数据分析,我们能够识别出云服务在运行过程中可能遇到的瓶颈和问题点。这些分析结果为我们提供了宝贵的信息,有助于理解在哪些领域云服务的性能可以进一步提升。

基于这些监控数据和分析结果,可以采取一系列的优化措施。这些措施可能包括调整资源分配,优化数据库查询,改善网络配置,或者升级硬件设施。通过这些针对性的调整,我们能够显著提高云服务的整体性能,同时也能加快服务的响应速度,从而为用户提供更加流畅和高效的体验。

性能监控与优化是一个循环往复的过程,它要求我们不断地监控云服务的运行状态,分析性能数据,并根据这些数据做出相应的优化调整。通过这样的持续努力,我们能够确保云服务始终保持在最佳状态,满足用户对高性能和快速响应的需求。

3.3 大数据

3.3.1 大数据的概念

随着现代计算机和网络技术中大量数据的涌入,大数据时代已经来临,其中数据规模庞大、类型多样,处理和分析这些数据需要采用新的技术和方法。大数据时代的到来,使得数据成为重要的生产因素,对于各行各业都产生了深远的影响。在餐饮、电信、金融、娱乐、体育等领域,大数据的应用已经成为一种趋势,它能帮助用户更好地进行决策、优化运营、提高生产效率等。同时,大数据也引发了新的数据安全和隐私保护等挑战,需要采取相应的措施进行管理和保护。

1) 大数据的特征

大数据是指那些无法在一定时间范围内用常规软件工具进行捕捉、管理和处理的数据集合。这些数据不仅规模庞大,而且类型繁多、处理复杂,其价值密度相对较低。它通常来自多个不同的数据源,包括社交媒体、传感器、日志文件、交易记录等。大数据有五大特征(5V),如下所述。

(1) 大量(volume):大数据的规模极大,可能达到数十亿、数百亿甚至更多的数据量。这种规模的数据使得传统的数据处理工具和方法无法有效应对。

(2) 高速(velocity):大数据的处理速度非常快,要求能够在短时间内完成数据的收集、存储、分析和挖掘。这种高速处理的需求使得大数据具有实时性和动态性的特点。

(3) 多样(variety):大数据包含多种类型的数据,如结构化数据、半结构化数据和非结构化数据。这些数据可能来自不同的来源和格式,使得数据的处理和分析变得更加复杂和具有挑战性。

(4) 低价值密度(value):尽管大数据的规模庞大,但其中只有一小部分数据是真正有价值的。因此,如何从海量的数据中提取出有用的信息和知识,成为大数据处理和分析的关键。

(5) 真实性(veracity):大数据中的信息可能存在不准确、不完整或虚假的情况。因此,在处理和分析大数据时,需要考虑到数据的真实性和可靠性,以避免产生误导性的结果。

2) 大数据的相关法律

在当今数字化时代,企业数据合规和个人信息保护的重要性日益凸显。近年来,我国对网络数据安全及个人信息保护的重视程度不断提高,相继颁布实施了《网络安全法》《个人信息保护法》《数据安全法》,构建了我国在网络数据安全领域的"三驾马车"。

2017年6月1日,我国《网络安全法》正式施行,旨在维护国家网络空间主权和国家安全、社会公共利益,保护公民、法人和其他组织的权益。2021年1月

1 日实施的《民法典》则是从国家基本法律的高度明确了个人信息受法律保护。2021 年 8 月 20 日,《个人信息保护法》正式发布,并于 2021 年 11 月 1 日正式实施,这是我国第一部关于个人信息保护的专门法律,对组织和个人处理个人信息的各项活动产生重大影响。2021 年 9 月 1 日,《数据安全法》开始施行,作为数据领域的基础性法律和国家安全领域的一部重要法律,《数据安全法》集中、全面体现了我国当前的数据安全监管思路。

这些法律的实施为我国数据合规设定了新的更高标准和要求。对企业或组织而言,应该加强数据保护和安全管理,确保个人信息的合法性、安全性及隐私权益的保护。建立全面的数据合规体系,包括合规制度、技术措施和组织架构,成为企业或组织必须迎接的重要挑战。通过自觉遵守和全面履行相关法律法规要求,将能有效提高数据安全和隐私保护水平,赢得用户和市场的信任,并为其健康长远发展奠定坚实基础。

3.3.2 大数据技术

1) 数据的采集

使用特定的工具、技术和方法,从各种数据源中捕获数据,并将其转换为适合后续处理和分析的格式。数据采集是整个数据生命周期的起点,为后续的数据存储、管理和分析提供基础。没有有效的数据采集,就无法获取准确、完整的数据,从而影响到整个数据处理和分析的准确性。

数据采集的来源非常广泛,可以是企业内部系统、外部数据源、社交媒体、物联网设备等。企业内部系统包括 ERP、CRM、数据库等,这些系统存储了大量的结构化数据。公共数据库、第三方服务提供商、API 等外部数据源可以提供丰富的非结构化数据。微博、微信等社交媒体平台包含大量的用户生成内容。物联网设备如传感器、智能设备等可以实时采集各种物理数据,为数据分析提供实时数据源。

为适应不同来源和类型的数据,数据采集可采用各类技术和方法。以下是一些常见的数据采集技术和方法:

(1) ETL 工具:ETL(extract, transform, load)工具是数据采集过程中常用的工具之一。它们可以从各种数据源中提取数据,进行必要的转换和清洗,然后加载到目标数据库中。ETL 工具可以自动化数据采集过程,提高数据处理的效率。

(2）日志采集工具：日志采集工具用于收集和分析系统日志、应用程序日志等。这些日志包含了大量的实时数据，可以用于监控、调试和数据分析。常见的日志采集工具有 Logstash、Fluentd 等。

（3）API 集成：API 是一种用于不同软件应用程序之间通信的接口。通过 API 集成，可以从外部数据源中获取数据，并将其集成到大数据平台中。

（4）爬虫技术：爬虫技术是一种从互联网上抓取数据的技术。通过编写爬虫程序，可以自动化地从网页中提取所需的数据，并将其存储到大数据平台中。

2）数据的存储

数据存储是指将采集到的数据保存在特定的存储系统中，以便后续的数据管理和分析。数据存储是整个大数据处理和分析的基础。没有稳定、高效的存储系统，就无法保证数据的安全性、完整性和可访问性，从而影响到整个数据处理和分析的准确性和效率。

在进行数据存储时，面临着一些问题痛点。首先，大数据的规模非常庞大，需要巨大的存储空间来容纳。其次，大数据的类型多样，包括结构化数据、半结构化数据和非结构化数据，需要相应的存储系统来支持。再次，大数据的价值密度低，需要高效的索引和查询技术来快速定位有价值的数据。最后，数据的安全性、可靠性和隐私保护也是数据存储的重要考虑因素。为了应对上述挑战，需要使用先进的数据存储技术和系统。以下是一些常见的数据存储技术和系统。

（1）分布式文件系统：如 Hadoop 分布式文件系统 HDFS 和 GFS。这些系统可以将数据分散存储在多个节点上，从而实现数据的并行访问和高效存储。它们适合处理大规模的非结构化数据。

（2）NoSQL 数据库：与传统的关系型数据库不同，NoSQL 数据库更适合处理大规模、高并发的读写操作。常见的 NoSQL 数据库包括 MongoDB、Cassandra 和 Redis 等。它们具有灵活的数据模型、高性能的读写能力和良好的扩展性。

（3）列式数据库和内存数据库：列式数据库如 Apache Cassandra 和 HBase，适合处理大量的稀疏数据，并提供高效的数据聚合和查询功能。内存数据库如 Redis 和 Memcached，将数据存储在内存中，提供极快的读写性能，适合处理实时数据流和分析场景。

（4）对象存储：如 Amazon S3 和 OpenStack Swift，它们将数据存储为对象，每个对象包含数据本身、元数据和一些访问控制信息。对象存储适合存储大量非结构化数据，如图片、视频和日志文件等。

3）数据的处理

对原始数据进行一系列的操作和分析，提取出有价值的信息和知识。数据处理是大数据技术的核心分析环节，通过数据处理，可以消除数据中的冗余、错误和异常值，提高数据的可用性和可信度，为后续的数据分析和挖掘提供可靠的基础。以下是一些常见的数据处理技术和方法。

（1）数据清洗技术：包括去重、填充缺失值、处理异常值、纠正错误等。可以使用统计方法、规则引擎、机器学习算法等技术手段来实现数据清洗。

（2）数据转换技术：包括数据映射、数据聚合、数据归一化等。通过数据转换，可以将原始数据转换为适合后续分析的形式。

（3）数据整合技术：包括数据合并、数据关联、数据融合等。通过使用数据整合技术，可以将来自不同来源的数据进行整合，形成一个完整的数据集。

（4）数据标准化技术：包括数据格式统一、数据编码规范等。通过数据标准化，可以确保数据的可比性和一致性，为后续的数据分析和挖掘提供准确的数据基础。

4）数据的分析挖掘

数据分析与挖掘是指利用统计学、机器学习、模式识别等技术手段，对大数据进行深入的探索和分析，以发现数据中有价值的信息和知识。它是大数据技术的洞察之源，对于企业的决策制定、业务优化和创新发展具有重要意义。通过数据分析与挖掘，企业可以更好地理解市场需求、客户行为、产品性能等，从而制定更加精准的战略和策略。以下是一些常见的技术和方法。

（1）统计学方法：包括描述性统计、推断性统计、回归分析等。通过统计学方法，可以对数据进行量化和描述，揭示数据的分布特征和关系。

（2）机器学习算法：包括分类、聚类、关联规则挖掘、预测模型等。机器学习算法可以自动从数据中学习规律和模式，实现数据的自动分类、预测和决策。

（3）数据可视化技术：包括图表、图像、动画等。通过数据可视化技术，可以将复杂的数据转化为直观、易懂的图形展示，帮助用户更好地理解和分析数据。

（4）文本挖掘技术：包括文本分类、情感分析、主题模型等。文本挖掘技术可以对大量的文本数据进行处理和分析，提取出有价值的信息和观点。

5）数据的可视化

数据可视化是利用图形、图像、动画等手段，将大数据以直观、清晰的方式呈现给用户的过程。它能够将大量复杂的数据转化为易于理解和分析的形式，帮助用户快速识别数据的趋势、模式和异常，从而做出更加明智的决策。数据可视化在数据分析、数据挖掘、机器学习等领域中扮演着至关重要的角色。以下是一些常见的数据可视化技术和方法。

（1）图表和图形：包括柱状图、折线图、饼图、散点图等。这些图表可以直观地展示数据的数量、比例、分布和趋势。

（2）地图和地理空间可视化：通过地图和地理空间可视化技术，可以将地理数据以直观的方式展示给用户，帮助用户理解地理分布和空间关系。

（3）动画和时间序列可视化：通过动画和时间序列可视化技术，可以展示数据随时间的变化趋势和周期性规律。

（4）交互式可视化：交互式可视化允许用户通过交互操作来探索数据，如缩放、平移、过滤等，从而发现数据中的更多信息和规律。

3.3.3　应用场景

大数据技术作为当今信息技术领域的重要组成部分，其应用场景广泛且多样化。以下主要是从商业、医疗健康、城市规划和智能交通、金融以及教育等领域对大数据应用场景进行阐述。

1）商业领域

在商业领域，大数据技术被广泛应用于市场趋势分析、消费者行为研究以及竞争对手情报收集等方面。例如，电子商务公司可以通过分析用户的购买历史和行为模式，为用户推荐相关产品或提供定制化的优惠策略。据相关数据显示，通过大数据分析，企业可以更加精准地把握市场需求，提高产品销售量，从而实现业务增长和竞争优势。

2）医疗健康领域

在医疗健康领域，大数据技术为疾病预防、诊断和治疗方案制定提供了有力支持。通过分析患者的基因数据和临床资料，医生可以更准确地预测患者对某种药物的反应，并进行个体化的用药指导。此外，大数据还可以协助公共卫生部门进行疫情监测和预警，例如，在新型冠状病毒疫情期间，大数据技术就发挥了重要作用，提高了疫情防控的精准性和效率。

3）城市规划和智能交通

随着城市化进程的加速，大数据技术在城市规划和智能交通方面的应用也日益凸显。通过分析和预测交通流量，大数据可以帮助优化路径规划和公共交通系统,提升城市交通的效率和便捷性。同时,城市规划师还可以利用大数据进行土地使用规划、公共设施布局和环境保护,推动城市的可持续发展。

4) 金融领域

在金融领域,大数据技术为风险评估、诈骗检测以及客户关系管理等方面提供了有效手段。金融机构可以通过分析海量的金融数据,提高金融交易的安全性和可靠性。此外,大数据还可以协助银行和金融机构进行个性化营销,为客户提供更好的金融服务和产品推荐。

5) 教育领域

在教育领域,大数据技术为教育机构和教育工作者提供了更科学的教学和管理方法。通过分析学生的学习数据,教师可以根据每个学生的学习风格、兴趣和能力水平提供个性化的教学内容。同时,教育机构还可以利用大数据进行教学质量评估和教学资源管理,优化教育资源配置,提高教学质量。

总之,大数据技术的应用场景广泛,几乎涵盖了社会生活的各个方面。随着技术的不断发展和进步,大数据将在更多领域中发挥更大的作用。

3.3.4 管理要点

在当今数据驱动的时代,大数据管理已成为各行各业运营中不可或缺的一环。随着数据量的激增和数据类型的多样化,如何高效地管理和利用这些数据,成为摆在用户面前的一大挑战。大数据建设项目的管理要点不仅涉及数据的收集、存储和处理,更关乎数据的质量、安全和价值挖掘。一个完善的大数据管理系统,能够帮助用户从海量数据中提炼出有价值的信息,进而指导业务决策,优化运营流程,提升市场竞争力。以下是几项关于大数据建设项目的核心管理要点。

1) 数据存储与管理策略

在使用大数据技术过程中,一个核心的挑战是如何有效地存储和管理庞大的数据资源。这些数据资源通常包括多种类型,如结构化数据,它们遵循固定的格式和模式,便于存储和查询;非结构化数据,如文本、图片和视频,它们的格式多样,不易管理;以及半结构化数据,介于两者之间,拥有一定的结构但不够严格。面对多样化的数据类型,应慎重选择合适的数据库技术和存储解决方案,保障数据的稳定存储以及数据处理的效率和分析深度。

以 Hadoop 为例,它是一个开源的分布式系统基础架构,设计之初就考虑了处理大规模数据集的需求。Hadoop 能够处理 PB 级别的数据，这使其非常适合那些需要存储和处理海量数据集的场景。它的 Hadoop 分布式文件系统和 MapReduce 编程模型为大数据的处理提供了强有力的支持。

另一个例子是 Hive，它是建立在 Hadoop 之上的数据仓库工具，提供了类 SQL 的语言 HiveQL。Hive 通过将复杂的 Java MapReduce 程序转换成直观的查询语句，极大地简化了大数据的查询和分析过程，使得即使没有编程背景的用户也能方便地进行数据操作。

此外，还有像 HBase 这样的非关系型分布式数据库，它专门为非结构化的稀疏数据设计，提供了高效的随机读写访问。HBase 适用于需要快速读写大量数据的应用，尤其是那些涉及实时数据处理的场景。

总的来说，选择适合用户需求的数据库和存储技术，不仅能够确保数据的稳定存储，还能为后续的数据预处理与分析打下坚实的基础。这一系列的技术选择和优化，最终将帮助用户更好地挖掘数据价值，提升决策质量。

2）数据采集管理

在当今这个数据驱动的时代，我们生活在一个由大数据构建的世界中。在这个世界里，数据的来源多样且复杂，涵盖了从社交媒体动态、服务器日志文件，到各种传感器收集的实时数据等。面对如此庞杂的数据来源，数据采集与预处理的任务显得尤为关键，它们是大数据分析不可或缺的第一步。

首先，在采集数据时，我们必须确保每一条数据都是准确无误的。因为一旦数据存在偏差或错误，那么基于这些数据得出的结论或者决策就可能是不正确的，从而影响整个分析的有效性和可靠性。其次，在数据采集的过程中，我们需要确保所采集的数据是完整的，没有遗漏任何关键的信息。因为信息的缺失可能会导致分析结果的不完整，从而影响我们对整体情况的理解。最后，在数据采集和存储的过程中，我们需要确保所有的数据都是按照统一的标准和格式进行管理的。这样做的目的是确保数据在后续的分析和使用中能够顺畅无阻，不会因为格式或标准的不一致而导致无法使用。

数据采集的过程不仅是一个简单的收集过程，它更是一个对数据进行初步筛选和分类的过程。为了确保数据的质量和可用性，预处理步骤是必不可少的。预处理包括了数据清洗，这一步骤涉及纠正错误数据和消除异常值；数据转换，即将数据转化为适合分析的格式；以及数据整合，即将来自不同来源的数据合并到一起，以便进行全面的分析。通过这样一系列的处理，大数据平台能够为后续的深入分析和挖掘打下坚实的基础。这不仅是对数据的一个技术处理,更是对数据价值的一个初步提炼,为数据赋予更高的价值和使用效率。因此,数据采集与预处理在大数据分析中占据着举足轻重的地位,是我们在进行数据分析前必须认真对待的关键步骤。

3)大数据分析工具的选择

在当今数据驱动的商业环境中,决策制定和业务优化的关键环节越来越依赖于大数据分析工具的选择与应用。这些工具在企业战略发展中扮演着至关重要的角色。以 Apache Spark、Apache Flink 等为代表的大数据处理框架,它们不仅能够对海量数据进行深入挖掘,还能支持复杂的数据处理流程,如实时分析、批量处理、机器学习等,从而为企业提供有价值的洞见,推动其战略发展。

在实际操作中,一个成熟的大数据平台应当集成这些强大的分析工具,通过灵活的应用方式满足不同用户的需求。例如,Spark 以其快速的处理能力和广泛的兼容性,在实时数据处理上有着明显的优势。它能够在短时间内处理大量数据,为用户提供实时的分析结果,帮助企业快速做出决策。而 Flink 则以其高效的流处理特性,为实时分析和决策提供了强有力的技术支撑。它能够在数据流入时立即进行处理,确保数据的实时性和准确性。

通过这些工具的深度整合,大数据平台可以为用户提供更丰富、更精准的分析结果。这些结果可以帮助企业更好地了解市场趋势、客户需求、产品性能等方面的信息,进而促进企业的数据驱动决策。数据驱动决策意味着企业在制定战略时,能够更加客观地分析各种因素,更加科学地预测未来趋势,从而做出更加明智的决策。

实现业务的持续优化和创新是企业发展的核心目标。大数据分析工具的应用可以帮助企业更好地实现这一目标。通过对大量数据的深入挖掘和分析,企业可以发现潜在的商机、优化现有的业务流程、提高产品质量和服务水平等。这些改进和创新将使企业在激烈的市场竞争中脱颖而出,实现可持续发展。以 Spark、Flink 等为代表的大数据处理框架,能够帮助企业深入挖掘数据、支持复杂的数据处理流程,提供有价值的洞见,推动企业的战略发展。一个成熟的大数据平台应当集成这些强大的分析工具,通过灵活的应用方式满足不同用户的需求,促进企业的数据驱动决策,实现业务的持续优化和创新。

4)安全性与合规性的保障措施

在当今这个数据驱动的时代,大数据已经成为企业获取竞争优势的关键资源。然而,随着数据量的激增和数据价值的不断提升,安全性和合规性成为企业在构建和运营数据平台时必须优先考虑的问题。这些因素不仅是确保数据平台稳定运行的基础,而且是维护企业声誉和客户信任的核心要素。

面对日益复杂的网络安全威胁、不断变化的法律法规以及多样化的数据处理需求,企业必须采取一系列切实有效的措施来保障数据的安全性。遵守相关的法律法规和行业标准是企业的基本义务,这不仅有助于企业规避法律风险,还能够在市场中树立良好的信誉,增强客户对企业的信任。

为了实现数据安全的目标,企业需要采取包括但不限于数据加密、访问控制和审计机制在内的多种技术手段。数据加密技术是一种有效的安全措施,它通过对数据进行编码,确保数据在存储和传输过程中不被非法截获或篡改,从而保护数据免受未授权访问或窃取的风险。访问控制则通过设置权限和身份验证,确保只有经过授权的用户才能访问到敏感数据,这样不仅保护了数据本身,而且维护了用户的隐私权益。

审计机制是另一个关键的组成部分,它通过记录和监控数据访问行为,为企业提供了一种有效的监督手段。通过审计日志,企业能够追踪数据的使用情况,及时发现任何异常活动,并采取相应的措施进行处理,从而防止潜在的安全威胁。

这些措施相互配合,共同构筑了一个坚固的防御体系,为大数据平台的稳定和安全运行提供了坚实的保障。通过实施这些安全措施,企业不仅能够保护自身的商业利益,更能够履行对客户的保密承诺,维护客户的利益,从而在激烈的市场竞争中占据有利地位。

在构建大数据平台的过程当中,系统的可扩展性与稳定性是至关重要的考量因素。它们直接关系到平台是否能够灵活地应对数据量的急剧增长以及处理需求的不断变化,从而确保了整个系统在面对挑战时的高效与可靠。

5)系统的稳定性与可扩展性

为保障系统的稳定性与可扩展性,许多组织和机构选择投资于建立稳固可靠的大数据集群。这些集群通过采用先进的技术架构,提供了高度的稳定性和可靠性,为系统稳健运行打下了坚实的基础。此外,一些组织也倾向于使用私有云服务集群方案,这样不仅能够保证数据的私密性和安全性,还能够提供定制化的配置和服务,满足特定的业务需求。

这些精心设计的大数据集群拥有卓越的可扩展性,意味着它们可以根据数据量的增长和业务需求的变化,动态地调整资源分配。这种灵活性使得数据处理过程不仅能够保持连续不断,而且还能够以高效率进行,从而确保了业务的连续性和效率。

随着业务的不断发展,这些大数据系统还需要不断地进行优化和升级,以保持其高性能的运行状态,并确保其可靠性不会因时间的推移而降低。这包括对硬件的更新换代、软件的升级、算法的优化以及对新兴技术的快速适应和应用。

通过精心的规划、周密的管理以及对新技术的不断探索和采纳,大数据平台得以支撑起日益复杂的数据分析任务。这些平台不仅成为用户决策支持的有力工具,而且为用户单位的业务创新提供强大的动力。

3.4 物联网

3.4.1 物联网的概念

物联网是一个新兴的技术领域,它指的是通过网络连接各种物理设备、车辆、建筑物以及其他具有电子标签或传感器的项目,实现对这些物品的智能化识别、定位、跟踪、监控和管理。它将物理世界与数字世界无缝连接,使得各种设备和系统可以相互通信、协作和智能化地响应各种情境。

物联网主要由三个层次组成,包括感知层、网络层和应用层。感知层负责采集物理世界中的各种数据,网络层负责数据的传输和通信,应用层则负责数据的处理和应用。物联网的工作原理可以概括为"感知—传输—处理—应用"四个步骤。首先,通过各种传感器和设备感知物理世界中的信息,如温度、湿度、光照、压力等;其次,这些信息通过网络层进行传输,包括有线网络和无线网络;再次,在应用层对数据进行处理和分析,提取有价值的信息;最后,将这些信息应用于各个领域,如智能家居、智能交通、智能农业等。

3.4.2 物联网技术

物联技术涉及的核心技术主要包括识别感知、网络传输和智能处理技术,这些技术共同构成了物联网的核心支撑体系,使得物联网能够实现对物理世界的智能化识别、监控和管理。

1) 识别感知

识别感知技术是物联网的基础,它通过各种传感器、RFID 标签、二维码等手段,实现对物理世界中的物体、环境、状态等信息的采集和获取。这些传感器可以测量温度、湿度、光照强度、压力、声音等各种物理量,并将这些信息转换为数字信号,供后续处理和分析使用。识别感知技术使得物联网能够感知到物理世界的变化,为后续的智能化决策和控制提供基础数据。

2）网络传输

网络传输技术是物联网的核心,它负责将感知层采集的数据传输到应用层进行处理。物联网中的网络传输技术包括有线通信和无线通信两种方式。有线通信通常适用于固定设备和固定网络之间的连接,如以太网、光纤等；而无线通信则适用于移动设备、分布式设备和远程设备之间的连接,如 Wi-Fi、ZigBee、LoRa 等。这些无线通信技术使得物联网设备可以实现无线连接和数据传输,从而构建一个庞大的物联网网络。

3）智能处理

智能处理技术是物联网的高级应用,它通过对感知层采集到的数据进行分析、融合和处理,提取出有价值的信息,并实现对物理世界的智能化控制和管理。智能处理技术依赖于云计算、大数据处理、人工智能等技术手段。云计算为物联网提供了强大的计算能力和存储能力,使得大量的数据可以在云端进行处理和分析。大数据处理技术则可以对海量数据进行高效的处理和分析,提取出有价值的信息。而人工智能技术则可以对这些数据进行深度学习和模式识别,实现更加智能化的决策和控制。

3.4.3 应用场景

物联网的应用场景非常广泛,几乎涵盖了所有需要智能化管理和控制的领域。例如,在智能家居领域,物联网可以实现智能照明、智能安防、智能环境控制等功能；在智能交通领域,物联网可以实现车辆追踪、智能交通信号灯控制、智能停车等功能；在智能农业领域,物联网可以实现精准农业管理、智能灌溉、动物健康监测等功能。

3.4.4 管理要点

物联网项目管理的要点涵盖了多个方面,以下是一些关键的要点:

1）设备交互

在当今快速发展的物联网领域,项目管理过程中面临的一个关键挑战是设备之间的交互问题。物联网系统的核心优势在于其能够实现设备之间的智能连接,通过无缝的数据传输,使得设备能够相互协作,提高效率和功能性。然而,这种设备间的通信涉及广泛的技术领域和应用场景,因而带来了一系列的挑战。

由于物联网生态系统中包含了来自不同制造商的设备,这些设备往往采用了互不兼容的标准和通信协议。这种标准和协议的多样性,导致了设备之间的互操作性问题,不仅增加了设备互联的难度,而且在一定程度上削弱了物联网技术的潜力和效益。例如,一个设备可能使用蓝牙技术进行通信,而另一个设备则可能需要 Wi-Fi 或 Zigbee 技术,这种差异性造成了集成和通信的障碍。

随着物联网网络的规模和复杂性的不断增长,管理和维护设备之间的交互变得更加复杂。设备之间不仅要实现数据的传输,还要确保数据的安全性、可靠性以及实时性。这就要求物联网项目管理者必须对各种通信技术有深入的了解,并能够设计出能够处理众多交互级别的系统架构。为了克服这些挑战,实现设备之间的顺畅交互,制定一套通用的标准和协议则显得尤为重要。这些标准和协议将为设备间的通信提供统一的框架,确保不同设备和系统能够无缝对接,从而实现真正的互操作性。此外,这些标准还需要考虑未来的可扩展性,以适应不断变化的技术和市场需求。

总之,为了充分发挥物联网技术的潜力,提高设备的互操作性和系统的可伸缩性,行业内的参与者需要共同努力,制定和推广通用的物联网标准和协议。这不仅将简化设备间的交互,还将推动整个物联网生态系统的发展,最终为各个行业带来更加智能化、自动化的解决方案。

2) 数据安全

物联网系统的核心优势在于其能够实现设备间的互联互通,通过无线网络进行数据的传输和共享。这种技术的应用使得设备能够相互协作,提高整体的工作效率和智能化水平。然而,这种频繁的数据采集和交换无疑对数据的安全性提出了更高的要求。

在物联网的环境下,每台设备都可能成为网络中的一个节点,而这些节点的安全性直接关系到整个网络的安全。如果任何一个节点被黑客攻击并成功侵入,那么整个物联网系统都将面临安全风险。黑客可能通过这些被攻破的设备,获取到系统的控制权,进而对系统造成破坏或者窃取敏感信息。更为严重的是,物联网设备通常需要采集大量的用户个人信息,包括用户的实时位置、健康状况、生活习惯等敏感数据。这些信息对于用户而言极其私密,一旦泄露,可能会给用户带来无法预料的负面影响,包括但不限于个人隐私的侵犯、财产损失甚至人身安全的威胁。

鉴于此,我们必须在物联网系统的数据采集、存储和传输各个环节中,实施严格的隐私保护措施。这包括但不限于加强数据加密技术的应用、完善访问控制策略、实施定期的安全审计以及增强用户的安全意识教育等。只有这样,才能确保用户的隐私不受侵犯,保障物联网系统的安全运行。

综上所述,物联网技术虽然为我们带来了前所未有的便利,但同时也带来了不容忽视的挑战。我们必须在项目管理中,提高警惕,特别是在数据安全这一关键领域,必须保持高度的警觉,采取一切必要措施,确保数据的安全性,防止任何形式的安全威胁。在物联网项目的建设中,我们不能有任何的懈怠,必须时刻保持对安全的关注和投入,以保护好每一个用户的隐私和安全。

3)终端产品

在物联网项目中,终端产品通过内置的传感器和网络接入技术,使得不同设备之间的数据通信成为可能,这是物联网系统能够协同工作、实现智能化的基础。

然而,物联网终端产品的多样化特性也带来了不小的挑战。不同的应用场景和行业需求导致了终端产品的形态和功能要求千差万别。例如,在智能家居领域,一个智能锁可能需要具备远程控制和安全监控的功能,而在工业自动化领域,传感器可能需要能够实时监测机器状态并快速响应。这些不同的应用要求意味着终端产品需要具备不同的网络接口和数据处理能力,以适应各自的运行环境。

为了应对这种多样性,项目组必须投入大量的时间和资源进行个性化设计和优化。他们需要考虑如何让每一种终端设备都能在复杂多变的网络环境中稳定运行,同时还要确保设备的高效性和可靠性。这不仅考验了他们的创新思维和技术实力,更是对他们解决实际问题能力的全面考验。

因此,面对物联网终端产品的多样化和复杂性,整个行业需要加强合作和交流。通过深入的探讨和研究,共同寻找解决方案,业界可以推动物联网技术的不断创新和发展。只有不断进步,才能确保物联网技术更好地服务于社会,为人们的生活和工作带来更多的便利和效率。

3.5 区块链

区块链是一种块链式存储、不可篡改、安全可信的去中心化分布式账本,它结合了分布式存储、点对点传输、共识机制、密码学等技术,通过不断增长的数据块链记录交易和信息,确保数据的安全和透明性。区块链起源于比特币,最初由中本聪在 2008 年提出,作为比特币的底层技术。从诞生初期的比特币网络开始,区块链逐渐演化为一项全球性技术,吸引了全球的关注和投资。随后,以太坊等新一代区块链平台的出现进一步扩展了应用领域。

区块链的特点包括去中心化、不可篡改、透明、安全和可编程性。每个数据块都链接到前一个块,形成连续的链,保障了交易历史的完整性。智能合约技术使区块链可编程,支持更广泛的应用。区块链在金融、供应链、医疗、不动产等领域得到广泛应用。尽管仍面临可扩展性和法规挑战,但它已经成为改变传统商业和社会模式的强大工具,对未来具有巨大潜力。

3.5.1 区块链分类

1) 公有链

完全去中心化,任何节点都可以进行访问,每个人都可以参与到区块链当中的计算,而且任何人都可下载完整的区块链账本。例如比特币、以太坊等网络都是公有链。其特点是保护隐私和系统效率低。

2) 联盟链

半中心化,参与每个节点的权限都完全对等,各个节点在完全不信任的情况下进行数据交互和可信交换。联盟链的各个节点只有通过授权后才能加入网络。例如 Hyperledger Fabric、R3 联盟等。其特点是自行背书、系统效率高。

3) 私有链

中心化,某些区块链的应用场景下,开发者不希望任何人参与这个系统,因此建立一个只有被许可的节点才可以参与并查看所有数据的私有区块链。例如私有机构、企业内部等。其特点是集体背书,系统效率较高。

3.5.2 区块链技术

1) 分布式存储

分布式存储是区块链技术中的一个核心组件,它允许数据不是集中存储在一个地方,而是分散在网络中的多个节点上。这意味着每个节点都拥有整个区块链的完整或部分副本。这种分散性不仅提高了数据的安全性(因为数据不会因单点故障而丢失),而且增强了数据的可访问性和可用性。由于数据是分布式的,因此没有单一的故障点,任何节点的失效都不会影响整个网络的操作。

2) 密码技术

密码技术是区块链安全性的基石。它涉及多种加密算法和协议,用于确保数据在传输和存储时的安全性。这包括加密哈希函数(如 SHA-256),用于生成数据的唯一数字指纹;公私钥加密,允许只有持有相应私钥的用户才能解密和修改数据;以及数字签名,用于验证数据的来源和完整性。密码技术确保了区块链上的数据既不能被篡改也不能被伪造。

3) 智能合约

智能合约是自动执行和管理数字资产交易的计算机程序。它们被写入区块链中,并在满足特定条件时自动执行。智能合约允许在没有第三方干预的情况下进行交易,从而降低了交易成本和提高了效率。智能合约可以用于各种场景,如数字货币交易、投票、保险索赔处理、供应链管理等。它们提供了一种去中心化的、自动化的方式来执行和管理复杂的业务逻辑。

4) 共识机制

共识机制是区块链网络中用于确保所有节点数据一致性的算法或协议。由于区块链是分布式的,节点之间必须就哪些交易是有效的以及哪些交易应该被添加到区块链上达成一致。共识机制通过一系列规则和算法来实现这一点。一些流行的共识机制包括工作量证明(proof of work, PoW)、权益证明(proof of stake, PoS)和权威证明(proof of authority, PoA)等。这些机制确保了即使在没有中心化信任机构的情况下,网络中的所有节点也能就数据的有效性达成一致。

3.5.3 应用场景

区块链技术以其去中心化、数据不可篡改和透明性的特点,为各行各业带来了前所未有的创新和变革。从金融交易到供应链管理,从数据安全到身份验证,区块链正逐渐成为现代商业和社会运作的重要基石。无论是在金融、医疗、物流还是版权保护等领域,区块链技术都展现出了其强大的潜力和应用价值。以下是区块链技术具体应用场景:

1) 金融领域

区块链技术天然具有金融属性,它正对金融业产生颠覆式变革。支付结算方面,在区块链分布式账本体系下,市场多个参与者共同维护并实时同步一份

"总账",短短几分钟内就可以完成现在两三天才能完成的支付、清算、结算任务,降低了跨行跨境交易的复杂性和成本。同时,区块链的底层加密技术保证了参与者无法篡改账本,确保交易记录透明安全,监管部门方便地追踪链上交易,快速定位高风险资金流向。证券发行交易方面,传统股票发行流程长、成本高、环节复杂,区块链技术能够弱化承销机构作用,帮助各方建立快速准确的信息交互共享通道,发行人通过智能合约自行办理发行,监管部门统一审查核对,投资者也可以绕过中介机构进行直接操作。数字票据和供应链金融方面,区块链技术可以有效解决中小企业融资难问题。

2）供应链领域

区块链技术能够实现供应链的全程可追溯,确保产品从原材料采购到生产、销售和分发的每一步都可查证。例如,通过在区块链上记录和验证每一步的信息,可以提供一个不可篡改的记录,使消费者能够准确了解产品的来源信息,从而提高消费者的信任度。区块链技术的去中心化特点为供应链管理带来了新的信任机制。智能合约的应用使得供应链各方可以在无需传统信任第三方的情况下进行交易。交易记录在区块链上是不可篡改的,这极大地增强了交易的可靠性和透明度。同时,供应链上的各个参与方可以安全地共享数据,提升整个供应链的协同性。区块链技术不仅保护数据的安全性,还通过加密和权限控制确保只有授权的参与方才能访问敏感数据,这显著提升了数据的隐私保护水平。此外,区块链技术可以自动执行合规检查和审计流程。通过智能合约,可以确保交易符合法律法规,并自动记录交易的详细信息,从而简化企业面对审计的流程,并提高数据的准确性和可信度。

3）数字政务

区块链可以让数据跑起来,极大地精简办事流程。区块链的分布式技术可以让政府部门集中到一个链上,所有办事流程交付智能合约,办事人只要在一个部门通过身份认证以及电子签章,智能合约就可以自动处理并流转,顺序完成后续所有审批和签章。区块链发票是国内区块链技术最早落地的应用。税务部门推出区块链电子发票"税链"平台,税务部门、开票方、受票方通过独一无二的数字身份加入"税链"网络,真正实现"交易即开票""开票即报销"——秒级开票、分钟级报销入账,大幅降低了税收征管成本,有效解决数据篡改、一票多报、偷税漏税等问题。

4）存证防伪

区块链可以通过哈希时间戳证明某个文件或者数字内容在特定时间的存

在,加之其公开、不可篡改、可溯源等特性为司法鉴证、身份证明、产权保护、防伪溯源等提供了完美解决方案。在知识产权领域,通过区块链技术的数字签名和链上存证可以对文字、图片、音频和视频等进行确权,通过智能合约创建执行交易,让创作者重掌定价权,实时保全数据形成证据链,同时覆盖确权、交易和维权三大场景。在防伪溯源领域,通过供应链跟踪区块链技术可以被广泛应用于食品医药、农产品、酒类、奢侈品等各领域。

3.5.4 管理要点

区块链技术,作为当今数字化转型浪潮中的关键技术,正逐渐渗透到各个行业领域。然而,要有效管理和应用区块链技术,需要明确几个核心管理要点。首先,确立清晰的目标与策略是区块链管理的基础,企业必须明确区块链技术的应用范围和预期效益,确保技术与企业战略相契合。其次,选择合适的平台和技术也至关重要,不同的区块链平台具有不同的技术特性和适用场景,企业应根据自身需求进行选择。再次,区块链技术的安全性和隐私保护也是管理的重中之重,企业须采取严格的安全措施并遵守相关法规,以保护用户数据和参与方的隐私权益。最后,持续的创新与演进是保持区块链技术竞争力的关键,企业应密切关注技术发展动态,积极探索新的应用模式,以不断提升区块链技术的应用效能和价值。通过把握这些管理要点,企业能够更有效地实施区块链技术战略,推动业务创新和转型升级。

1) 区块链的三难困境

区块链三难困境指的是在区块链技术中,去中心化、可扩展性和安全性三者之间存在固有的张力,很难同时达到最优状态。去中心化是指区块链网络的控制权分布情况,理想的区块链网络应该是完全开放的,任何人都可以作为节点参与进来,共同维护网络的稳定性和安全性。节点数量越多,网络的去中心化程度越高。可扩展性是区块链网络处理交易的能力,随着用户数量和交易量的增加,网络能否有效地处理这些增加的需求是衡量其可扩展性的关键。安全性涉及区块链网络能否抵御各种攻击,保证数据不被篡改,以及系统稳定运行的能力。然而,这三者之间存在以下难题:

(1) 高度去中心化可能会降低网络的安全性,因为更多的节点意味着更多的潜在弱点。同时,为了提高安全性,可能需要加强节点的验证过程,这可能会牺牲一定程度的去中心化。

（2）提高网络的可扩展性通常需要更复杂的技术架构,这可能会导致网络的中心化程度提高,因为不是所有的节点都能处理大量的数据和复杂的计算任务。

（3）增强网络的安全性往往需要更多的计算资源和时间,这可能会降低网络的处理速度,从而影响可扩展性。例如,为了保证交易的安全,区块链网络可能需要进行复杂的共识机制,这会增加交易确认的时间。

综上所述,区块链在设计和实施区块链技术时需要在去中心化、可扩展性和安全性之间做出权衡。不同的区块链项目根据其特定的应用场景和需求,可能会在这三者之间做出不同的选择和妥协。开发者和研究者正在不断探索新的技术和方案,以尝试突破这一困境,实现三者之间的更好平衡。

2）智能合约与编程

智能合约是区块链项目的重要组成部分,管理智能合约的开发和部署需要关注其语言与工具、合约的安全性、可升级性等。首先,选择合适的智能合约编程语言,如 Solidity、Vyper 等,以及开发工具和框架,如 Truffle、Hardhat 等。智能合约一旦部署不可更改,因此必须确保其代码安全。使用代码审计和测试工具,防止常见漏洞,如重入攻击、整数溢出。由于智能合约的不可变特性,因此设计可升级性非常重要。使用代理合约或其他技术,确保合约能够在需要时进行升级。

3）安全与隐私

区块链项目的安全性和隐私性方面,需要确保链上数据的加密,防止未经授权的访问,使用公钥加密和哈希算法,确保数据完整性和机密性。设计灵活的权限控制机制,保证只有授权的用户才能访问或更改数据。防止拒绝服务攻击、节点篡改等恶意行为,保障网络的稳定和安全。

4）系统性能与可扩展性

区块链系统的性能和可扩展性是项目成功的关键因素。首先,需要确保系统具有足够的交易处理能力,防止网络拥堵。同时,考虑分片、状态通道等扩展方案,提升系统的可扩展性。此外,须设计合理的节点管理策略,确保网络稳定性,防止单点故障。

5）开发与测试

区块链项目的开发与测试环节需要确保质量和稳定性。建立明确的开发流程,使用版本控制系统和 CI/CD 工具,保障代码的可追溯性和可持续集成。同时,制定全面的测试策略,包括单元测试、集成测试、功能测试和性能测试。

6）合规与法律

区块链项目通常面临合规和法律方面的挑战。需要确保项目符合数据保护和隐私法规，如 GDPR 等。同时，在设计智能合约时，保证其符合相关法律规定，并具有法律效力。

第 4 章 数字化项目规划阶段

数字化项目规划阶段是将拟建设的数字化项目进行合理规划并付诸实际的重要决策过程。在符合数字化项目总体目标和规划原则的基础上,编制项目建议书以及可行性研究报告,系统分析并层层深入明确项目建设的必要性、拟建内容、拟建地点、人员组织和资金估算。最后,根据批复后的可行性研究报告,确立项目总体设计方案,并组织项目招投标。

4.1 数字化项目规划目标

1)整体发展目标

数字化项目规划的整体目标是通过引入和整合先进的数字技术,推动国家、地区或行业的全面进步与发展。例如,工业类项目是依靠数字化技术提高生产效率,优化资源配置,以实现产业的绿色转型和国民经济的结构优化;公共基础设施类项目以及文化、教育、卫生等社会公益类项目利用信息技术提升服务效率和质量,改善人民生产生活条件,包括工作、活动空间和环境,以提高人民生活质量,满足人民不断增长的物质、文化生活需要。此外,数字化项目建设还应支持可持续发展目标,通过智能监测和管理减少资源浪费,保护生态环境,并促进清洁能源和循环经济的发展。总体而言,数字化项目旨在实现经济效益和社会福祉的双重提升,为人民创造更加美好的生活条件,推动可持续发展。

2)功能目标

功能目标是指在综合考虑国家经济社会发展需求、产业和技术政策、资源和环境要求的基础上,明确项目建设的具体功能定位和发展方向。这些功能目标应与数字化建设单位的主要经营方向和总体发展战略相一致,确保项目的有效性和前瞻性。数字化项目可供选择的功能目标主要有:

(1)利用前沿数字化技术进行应用攻关。利用大数据分析、人工智能、区块链等技术,针对特定行业或领域的痛点,开发定制化的解决方案,解决行业关键问题,提升产品和服务的智能化水平,推动跨行业的数据融合和应用创新,通过数据驱动的方式,实现价值创造和业务模式的创新。

(2)进行数字化技术改造。根据市场需求,调整相应的产品结构,开发符合数字化趋势的新产品,如智能设备、数字化服务等。强化产品的网络化、平台化特性,提供更加灵活和个性化的产品服务,以满足消费者多样化的需求。

(3)利用数字化领域的相关专利技术,开发高新数字化技术产品。包括挖掘和利用数字化领域的相关专利技术,加快技术创新和成果转化的步伐。结合企业的研发优势,开发具有自主知识产权的高新技术产品,提升企业的核心竞争力。通过技术合作和知识产权战略,推动行业内的技术交流和标准制定,引领行业发展趋势。

3)规模目标

规模目标是指对数字化项目建设规模确定的目标值,不仅涉及数字化基础设施的覆盖范围和容量,还包括技术应用程度、服务能力标准以及创新生态建设等方面,旨在推动数字化项目实施的效率和质量,促进经济社会全面数字化升级。

4)效益目标

效益目标是指数字化项目建设要达成的经济、社会、环境等多方面效益的目标值。例如,对于公共基础设施类的数字化升级,其效益目标通常包括提高服务效率、扩大服务覆盖、改善用户体验和促进环境可持续性等方面。这些目标不仅要求技术实施的有效性,还强调对社会经济及环境健康带来的正面影响,以及提升政策和治理的科学性和透明度。通过设定明确的效益目标,可以确保数字化建设工作符合公共利益,推动社会全面进步。

5)市场目标

市场目标是指明确数字化项目产品(或服务)的目标市场、相应的市场占有份额和预期的市场影响力。这包括确定目标市场的规模、增长潜力、需求特点以及竞争态势,并据此设定市场占有率、销售额或用户数量等具体指标。

4.2 数字化项目规划原则

目标导向原则、重点突出原则、实用可行原则、科学规划原则、多方论证原则、建设成效最大化原则和风险责任原则是数字化项目管理规划中的关键指导方针。这些原则确保项目规划的合理性、可行性和有效性，为项目的顺利实施提供坚实的基础。

1）目标导向原则

合理目标体系的建立，是项目管理规划的第一步，也是科学规划的基础。管理规划的立足点都是以顺利实现项目管理为目标。目标导向原则强调在项目管理规划的初期阶段建立合理的目标体系，从而确保规划工作能够以实现项目管理的顺利进行为目标。这一原则要求项目管理团队明确项目的目标和愿景，并将其作为规划工作的出发点和落脚点。

2）重点突出原则

重点突出原则要求项目管理规划围绕项目管理的核心目标开展，对于重点管理内容要精准深入剖析，但不一定完全涉及项目管理的所有细节。这一原则强调在规划过程中要专注于项目的关键方面，确保项目管理的重点得到充分的关注和处理。通过精准深入地分析和管理，项目管理团队可以更好地理解项目的需求和挑战，并采取相应的措施来解决问题和推动项目的进展。

3）实用可行原则

实用可行原则强调项目管理策略应基于项目自身的特点和实际情况，注重科学管理和服务数字化项目的推进。这一原则要求项目管理团队在规划过程中考虑到项目的可行性和可操作性，确保规划方案能够在实际项目中得到有效应用和实施。

4）科学规划原则

数字化项目规划必须全面准确地掌握数字化项目所在地的社会发展规划，以及数字化产业发展政策相关的技术、经济方面的规范要求。这一原则强调在规划过程中要运用先进的技术手段，实事求是地研究客观情况，采用多种可验证的方法得出结论。同时，在调查研究的基础上，甄别项目的数据合理性、数据来源可靠性和评价指标可比性，保证分析结论的真实可靠。

5）多方论证原则

多方论证原则强调为了提高决策的水平和质量，项目管理规划应委托符合资质、能力要求的第三方咨询机构对数字化项目进行调研、分析,提出专业性的规划意见。同时,在规划过程中可聘请数字化领域的专家进行分析论证,以优化和完善数字化项目建设方案。通过多方论证,项目管理团队可以获得更多的意见和建议,从而更好地制定决策和规划方案。

6) 建设成效最大化原则

建设成效最大化原则要求数字化项目应从社会效益、环境效益和经济效益三者统一的社会责任目标出发,进行项目决策。同时,在完成项目可行性研究的批复要求的情况下,尽可能达成用户需求,实现建设成效最大化目标。对于企业投资项目,还需要遵循市场经济规律,从而提高企业市场竞争能力。

7) 风险责任原则

非营利性质的政府投资项目需要经过政府部门审批项目建议书和可行性研究报告,政府可委托相应咨询机构或组织专家提供决策咨询,据此进行投资决策,并承担决策责任。对极少数关系国家安全、涉及全国重大生产力布局和重大公共利益等项目,政府应从维护社会公共利益角度进行核准。企业投资项目可由企业自主决策。

4.3 咨询规划阶段

数字化项目的建设是一个系统而复杂的过程,涉及多个阶段,包括项目建议书的编制与审批、可行性研究报告的编制与审核、总体设计方案的制定以及承建单位的选择等。为了确保数字化项目的顺利实施,各相关方面需遵循一定的程序和规范进行操作。

对于使用财政资金建设的数字化项目,建设单位应根据国家、行业和地方数字化规划政策、本单位信息化建设需求,对拟建的数字化项目进行初步分析,论述其建设的必要性和可行性。在此基础上,建设单位须编制项目建议书,并上报相关部门审批。对于企业自筹资金建设的数字化项目,投资规模较大的,项目可行性研究报告应当通过企业股东会或董事会研究批准后实施,并报改、网信或工信部门备案;投资规模较小的项目,项目建议书和项目可行性研究报告可以合并,以简化流程。

项目立项建议书通过审核或批准后,项目建设单位应依据项目建议书的批复,招标选定或委托专业工程咨询机构对项目立项的深化研究,并编制项目可行性研究报告。该报告是拟建项目咨询规划的重要产出文件,重点研究论证投资决策的合理性、技术先进性和适应性,以及建设条件的可能性和可行性,从而为投资决策提供科学依据。在完成项目可行性研究报告后,将其报送项目审批部门,项目审批部门委托有资格的咨询机构评估后,对项目可行性研究报告审核批复。后续依据可行性研究报告批复文件及评估报告对项目建设内容和资金预算的建议,初步编制数字化项目总体设计方案。这个方案将详细描述项目的整体框架、功能模块、技术路线等内容,为后续的具体实施提供详细的指导。方案完成后根据项目具体实施要求,通过招投标等方式选择最合适的承建单位进行数字化项目建设。数字化项目咨询规划阶段流程图如图 4-1 所示。

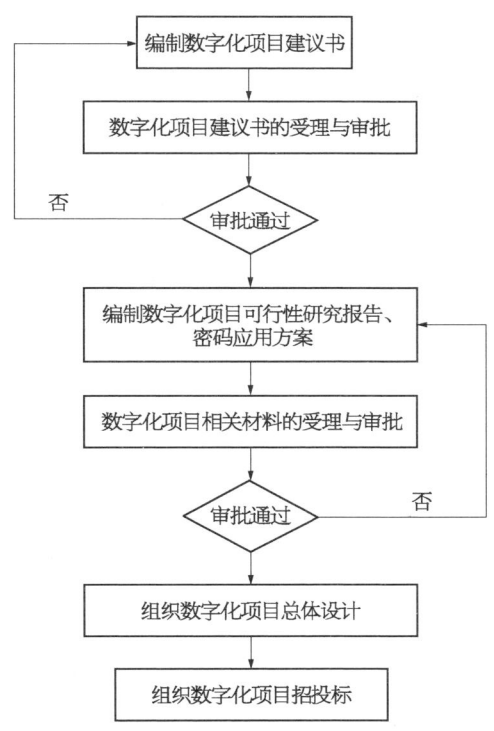

图 4-1 数字化项目咨询规划阶段流程图

1) 编制数字化项目建议书

实行审批制的项目,应明确列入政府投资计划内的重大项目,并与财政规划相衔接。该类数字化项目必须依据国民经济和社会发展规划及国家宏观调控总体要求;建立覆盖各地区、各部门的政府投资项目库,未入库项目原则上不予安排政府投资。项目单位根据规划要求报送项目建议书,对数字化项目建设的必要性、功能定位和主要建设内容、拟建地点、拟建规模、投资估算、资金筹措、社会效益和经济效益等进行初步分析。此外，还需要考虑拟建地点、拟建规模、投资估算、资金筹措方案以及项目可能带来的社会效益和经济效益等方面。

2）项目建议书的受理与审批

项目建议书编制完成后，按照规定程序，报送项目审批部门审批。中央预算内投资3 000万元及以上项目，以及需要跨地区、跨部门、跨领域统筹的项目，由国家发展和改革委员会审批或者由国家发展和改革委员会委托中央有关部门审批，其中特别重大项目由国家发展和改革委员会核报国务院批准，其余项目按照隶属关系，由中央有关部门审批后抄送国家发展和改革委员会。

项目审批部门会对提交的项目建议书进行严格审查，确保其符合相关规定并确有必要建设。对于符合条件的项目，审批部门会批复项目建议书（即项目立项），并将批复文件抄送城乡规划、自然资源、环境保护等有关部门。如有必要，项目审批部门还会委托合格的工程咨询机构对项目建议书进行评估，以确保项目的可行性和合理性。

项目审批部门在批准项目建议书之后，应当按照有关规定进行公示。公示期间征集的主要意见和建议，作为编制和审批项目可行性研究报告的重要参考。

3）编制项目可行性研究报告

项目建议书批准后，项目单位应编制可行性研究报告，这份报告将对项目的技术可行性、经济合理性以及可能带来的社会效益进行深入分析。同时，报告还须考虑项目的节能效果、资源综合利用情况、对生态环境的影响以及潜在的社会稳定风险等因素。为了确保项目顺利实施，项目单位必须落实各项建设和运行的保障条件，并按照相关规定获取必要的行政许可或审查意见。

可行性研究报告的编制应遵循规定的格式和内容要求，确保其深度和质量符合标准。对于那些已经在国务院及有关部门批准的专项规划、区域规划中已经明确的项目，部分改扩建项目，以及建设内容单一、投资规模较小、技术方案简单的项目，可以简化相关文件内容和审批程序。

4）项目可行性研究报告的受理与审批

项目可行性研究报告编制完成后，由项目单位按照原申报程序向原项目审批部门申报可行性研究报告，并应附以下文件：

（1）城乡规划行政主管部门出具的选址意见书（需要时）。

（2）自然资源行政主管部门出具的用地预审意见（需要时）。

（3）环境保护行政主管部门出具的环境影响评价审批文件（需要时）。

（4）项目的节能评估报告书、节能评估报告表或者节能登记表（需要时）。

（5）社会稳定风险评价（需要时）。

（6）根据有关规定应当提交的其他文件。

在项目审批部门受理项目可行性研究报告后，一般按规定时限委托相应工程咨询机构进行项目评估。承担咨询评估任务的工程咨询机构不得承担同一项目建议书和可行性研究报告的编制工作，以确保评估的客观性和公正性。特别重大的项目还应实行专家评议制度，以进一步提高决策的科学性和合理性。

项目审批部门对符合有关规定、具备建设条件的项目，批准项目可行性研究报告，并将批复文件抄送相关部门。

对于项目单位缺乏数字化相关专业技术人员和建设管理经验的直接投资项目，项目审批部门在批复可行性研究报告时要求执行代理建设制度（简称"代建制"），通过招标方式选择具备工程管理经验和能力的机构，作为项目管理单位负责组织项目的建设实施。

总之，项目可行性研究报告的编制和审批是确保项目成功实施的关键环节。通过深入分析和论证，可以确保项目在技术、经济和社会等方面的可行性，为项目的顺利推进提供坚实的基础。

5）制定密码应用方案

对于涉及国家安全和社会公共利益的重要网络和信息系统，应落实密码有关法律法规、管理办法和标准规范的要求，同步规划、建设、运行密码保障系统并定期进行评估。因此，需要制定密码应用方案，从密码应用需求、密码应用架构、重要设备和关键数据、密钥体系、密码应用工作流程、标准符合性自查六方面阐述系统的密码应用情况。

6）组织项目总体设计

在项目可行性研究报告获得批准之后，项目单位将获得明确的建设依据。此时，项目单位可以依据批复文件，委托具有相应资质的设计单位来组织项目的总体设计。这一阶段的工作是至关重要的，因为它将确定项目的基本框架、技术路线、系统架构以及功能模块等关键要素。总体设计需要充分考虑项目的实际需求、技术可行性、预算约束以及未来的可扩展性和维护性。设计单位须确保设计方案符合国家和行业的标准规范，同时也要满足项目的特定要求。完成总体设计后，项目单位应组织专家进行评审，确保设计的合理性和完整性。

7）组织项目招投标

随着立项审批的完成和项目总体设计的结束，项目进入了规划准备阶段的关键时期。在这一阶段，项目单位需要根据政府采购法、招投标相关法律法规以及项目实施的具体要求，通过招投标程序选择最合适的承建单位。招投标是一种公开、公平、公正的方式，旨在确保项目的顺利实施和质量标准。项目单位需要准备详细的招标文件，包括项目的技术要求、商务条款、合同条件等，以吸引有实力的投标者参与竞争。招投标过程中，项目单位应密切配合相关部门，确保招投标活动的透明度和合规性。通过严格的筛选过程，最终选出具备专业能力、经验丰富且信誉良好的承建单位。

4.4 可行性研究基本要求

本章节所讨论可行性研究是对拟投资的数字化项目进行全面的调查和深入的综合分析，旨在从各个相关方面评估项目的潜力和风险。这一研究工作为投资决策提供了坚实的科学依据，确保所投资的数字化项目在技术层面达到先进可靠的标准，在经济层面实现合理利润，同时在操作层面上满足合法性和可行性的要求。

通常情况下，数字化项目的可行性研究阶段需要对项目的多个重要方面进行详细的评估和论证。这包括市场分析、技术评估、工程方案设计、经济性分析以及环境影响、经济影响和社会影响的考察。这些评估为政府和企业的投资决策提供了专业的咨询意见，同时也为项目的组织和实施提供了指导。根据项目的具体情况，有的数字化项目可行性研究报告评估还应根据项目决策需要，将选址意见、用地预审意见、环评批复等作为咨询评估的依据。

对于政府投资的数字化项目，可行性研究中的评估和论证应严格遵循国家的建设规范和标准。项目应在规划控制指标的范围内进行优化设计，以提高资源使用效率，确保项目的高效性和实用性。这种严格的规范和标准保证了政府投资项目的质量和效益，同时也确保了公共资金的有效利用。通过这种方式，政府能够推动数字化项目的健康发展，促进社会经济的持续进步。

1）可行性研究报告编制维度

（1）建设单位及概况评估。

简要介绍数字化项目建设单位及数字化项目概况，对项目单位承担建设数字化项目的实力、能力进行评估。数字化项目建设单位是指承担数字化项目规划、设计、建设、运营等全过程的组织实体。评估建设单位的实力和能力可以从多个方面进行,例如从人才队伍角度评估建设单位是否拥有一支专业化、高效率的人才队伍,包括工程师、技术人员、管理人员等。人才队伍的结构、素质和数量都是评估的重要指标;从技术能力角度评估建设单位在数字化项目建设领域的技术积累和创新能力,包括是否拥有自主研发能力、技术成果转化能力等;从资金实力角度评估建设单位的资金实力是否雄厚,是否能够承担项目建设所需的资金投入;从项目经验角度评估建设单位过往的项目经验,特别是在数字化项目建设领域的成功案例和经验积累等,综合评估以上因素可以全面了解建设单位在承担数字化项目建设方面的实力和能力。

(2)建设必要性和意义评估。

从数字化产业政策、行业规划、准入条件等的相符性,以及市场需要、技术进步、企业发展或社会需要等角度进行分析,评估数字化项目建设的必要性和意义。评估数字化项目建设的必要性和意义需要考虑多个方面的因素,例如从政策环境角度分析当前数字化产业政策和行业规划,是否有利于数字化项目的发展和推广;从市场需求角度调研市场对数字化产品或服务的需求情况,评估市场规模、增长趋势以及潜在的市场空间;从技术进步角度分析当前技术水平和趋势,数字化项目是否能够利用最新的技术手段提高效率、降低成本等;从社会需要角度评估数字化项目对社会的贡献和影响,包括促进经济发展、提升产业竞争力、改善生活质量等方面。综合考虑以上因素可以全面评估数字化项目建设的必要性和意义,为项目的决策提供依据。

(3)产品(服务)市场评估。

对数字化项目所产出的主要产品或服务的国内外总体供需情况、服务质量要求以及产品的目标市场、竞争力等进行分析和评价,评估可行性研究报告的价格合理性时,需要审查报告中的成本估算和收入预测数据,确保其科学可靠。国内开发的数字化产品,应重点评估产品质量水平、质量稳定性、市场定位和市场开拓能力,分析其与进口产品的竞争策略是否合理、得当。

综合考虑市场需求、质量要求和竞争地位等因素,可以为数字化项目的产品或服务制定全面的评估策略。对于技术改造、改扩建项目、并购项目等产品增量不大、对原有市场影响较小的项目,服务评估内容可以适当简化,但仍须保证评估的准确性和全面性。

(4)建设规模和产品方案评估。

综合市场需求、技术条件、资源条件、业主实力等,分析评价项目建设规模和产品方案是否合理、可行。如果有调整,需要明确调整内容和调整后的效果。通过对这些因素的综合分析,可以评价当前的项目建设规模和产品方案是否与实际情况相符,是否具备可行性和可持续性。如果需要对方案进行调整,必须明确调整的具体内容,并评估调整后的效果,以确保项目的顺利实施和预期目标的达成。

(5)技术和设备方案评估。

从数字化项目所采用技术和关键设备的先进性、可靠性、成熟性、适用性、安全性、是否满足实施要求等角度进行评估。这需要审查所采用技术和设备的最新进展,确保其处于行业领先地位,并具备足够的稳定性和可靠性,以应对项目实施中的各种挑战。同时,还需要评估这些技术和设备是否与项目的具体要求相匹配,是否能够顺利应用于项目中,以确保项目的顺利推进和成功实施。

技术方案评估是可行性研究报告评估的重要内容,因此需要采用多种方法进行评估。可通过同类技术比选、同类技术应用实例分析等方法,对关键技术性能指标、物料消耗水平、燃料及动力消耗水平、废弃物产生和排放水平等进行评估。对于关键设备的性能参数、运行稳定性和可靠性、运输和安装条件、国产化水平等进行分析评估。对于进口设备,应对其引进的理由、范围、方式和参考价格、供货商情况、风险因素等进行评估。

此外,对关键设备的性能参数、运行稳定性和可靠性,以及运输和安装条件、国产化水平等也需要进行详尽的分析评估。特别是对于引进的进口设备,需要对其引进的理由、范围、方式以及供货商情况、风险因素等进行全面评估,以确保项目的设备选择符合项目要求,并且能够最大限度地降低实施风险。

(6)项目施工选址评估。

数字化项目建设条件包括建设地点的自然条件、社会经济条件、外部交通条件、公用工程配套条件、用地条件、生态与环境条件等。在评估中,应该着重考虑项目厂址的选择是否符合城市(乡、镇)总体规划、土地利用总体规划和环境保护规划等相关要求。此外,还需要确认选定地点是否具备满足施工所需的交通运输条件和水电供应条件等基础设施,并对其是否符合水源保护、军事保护,以及周边环境敏感点避让等相关要求进行全面评估。综合考虑这些因素,才能够确定最适合项目建设的地点,以确保项目能够顺利实施并符合相关法规和环保标准。

2）可行性研究报告的深度要求

可行性研究报告内容深度可根据项目性质,结合国家、行业、地区规范、规定等参照执行,并依据数字化项目具体情况对内容深度适当增加或简化。通常为满足项目决策要求,可行性研究及其报告应达到以下深度要求:

（1）内容齐全、数据准确、论据充分、结论明确。可行性研究报告的核心在于提供全面、准确的数据和充分的论据,以支持最终的结论和决策。这意味着报告应当包含对项目的所有关键方面的详尽分析,包括市场需求、技术可行性、投资回报率、风险评估等。数据的来源应当可靠,经过充分的验证和审查,以确保准确性。所有的论据应当清晰、连贯地呈现,以便决策者能够理解并做出相应的决策。

可行性研究要以数字化项目建设目标为导向,最大限度地优化方案,提高投资效益,并对数字化项目可能的风险点做出必要的提示。

（2）主要设备规格和参数满足项目要求。在选用主要设备时,应当确保其规格和参数能够满足项目的实际需求。这包括对设备的性能、质量、可靠性等方面进行充分的评估和比较,以确保其能够有效地支撑项目的实施和运行。同时,还需要考虑到设备的供应周期、售后服务等因素,以确保项目能够按计划顺利进行。

（3）主要工程技术数据满足初步设计要求。可行性研究中确定的主要工程技术数据应当能够满足数字化项目初步设计的要求。这包括工程的规模、结构、布局等方面的数据,以确保初步设计能够满足项目的实际需要,并为后续的详细设计提供可靠的依据。

（4）投资和成本费用估算详细准确。在进行投资和成本费用的估算时,应采用分项详细估算法,对项目的各个方面进行逐一分析和估算。这包括设备采购、施工费用、运营成本等各项费用的详细估算,以确保整个项目的投资和成本费用能够得到充分的考虑和控制。同时,还需要考虑不同方面的风险和不确定性因素,对估算结果进行合理的修正和调整,以提高决策的可靠性和准确性。

4.5 密码应用方案编制要求

密码是保障网络空间安全的核心技术,在网络空间安全防护中发挥着重要的基础支撑作用。如果密码技术没有得到合规、正确、有效的应用,那么密码提供的安全功能就无法发挥,也就无法解决应用系统面临的安全问题。

对于非涉密的关键信息基础设施、网络安全等级保护第三级以上网络(含信息系统)、政务信息系统,以及法律、行政法规和国家有关规定要求使用商用密码进行保护的其他网络和信息系统(以下简称重要网络和信息系统),应当落实密码有关法律法规、管理办法和标准规范的要求,同步规划、同步建设、同步运行密码保障系统并定期进行评估。

分析信息系统的密码应用安全需求、制定密码应用方案,这需要基于信息安全风险评估的结果。

4.5.1 政策依据

(1)《中华人民共和国密码法》(2020年1月实施)。
(2)《中华人民共和国网络安全法》(2017年6月实施)。
(3)《中华人民共和国数据安全法》(2021年9月实施)。
(4)《中华人民共和国个人信息保护法》(2021年11月实施)。
(5)《关键信息基础设施安全保护条例》(2021年9月实施)。
(6)《政务信息系统政府采购管理暂行办法》(财库〔2017〕210号,2018年1月实施)。
(7)《国家政务信息化项目建设管理办法》(国办发〔2019〕57号,2020年2月实施)。
(8)《贯彻落实网络安全等级保护制度和关键信息基础设施安全保护制度的指导意见》(公网安〔2020〕1960号,2020年11月实施)。
(9)《商用密码应用安全性评估管理办法(试行)》(国家密码管理局)。
(10)《上海市重要网络和信息系统 密码应用与安全性评估工作指南》(上海市密码管理局2024版)。

4.5.2 信息安全风险评估的基本要素

了解信息安全风险基本要素及各要素间的关系是信息安全风险评估的基础。信息安全风险评估的基本要素包括资产、威胁、脆弱性、风险和安全措施,信息安全风险评估主要围绕这五个基本要素进行。

1) 五个基本要素的定义

（1）资产是对组织有价值的信息或者资源，是安全策略保护的对象，主要指通过信息化建设积累起来的信息系统、信息、生产或服务能力和人员能力等。资产包括：计算机硬件、通信设施、建筑物、数据库、文档信息、软件、信息服务和人员等，所有这些资产都需要妥善保护。

（2）威胁是可能对资产或组织造成损害的意外事件的潜在因素，即某种威胁源成功利用特定弱点对资产造成负面影响的潜在可能。威胁类型包括人为威胁（故意或无意）和非人为威胁（自然和环境）。识别并评估威胁时需要考虑威胁源的动机和能力。风险评估关注的是威胁发生的可能性。

（3）脆弱性也称漏洞，即可能被威胁利用的资产或若干资产的薄弱环节。薄弱环节一旦被利用，就可能对资产造成损害。脆弱性本身并不能构成伤害，它只是被威胁利用来实施影响的一个条件。在风险评估过程中要识别脆弱性，并评估脆弱性的严重性和可被利用的容易程度。

（4）风险即威胁发生时，给组织带来的直接或间接的损失或伤害。风险可以用其发生的概率和危害的大小来度量。

（5）安全措施是保护资产、抵御威胁、减少脆弱性、降低安全事件的影响，以及打击信息犯罪而实施的各种实践、规程和机制。

2) 五个基本要素的关系

除了上述五个基本要素，风险评估还应考虑战略、业务这两个要素，并基于以上要素开展风险评估。风险评估中基本要素的关系如图4-2所示，图中方框部分的内容为风险评估的基本要素。

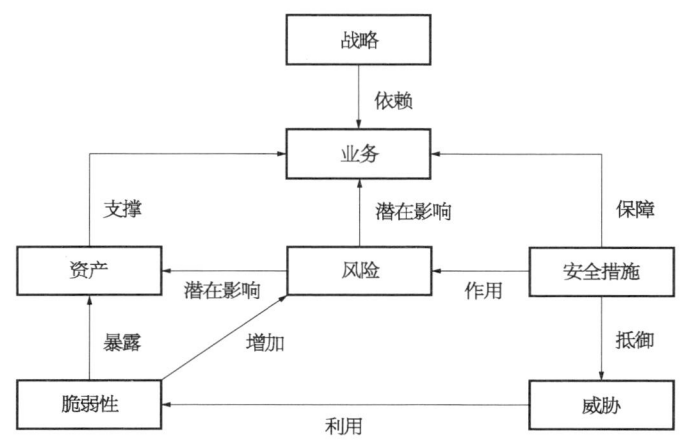

图4-2 风险评估中基本要素的关系

开展风险评估时,应考虑基本要素之间的以下关系:

(1) 组织的发展战略依赖业务实现,业务重要性与其在战略中所处的地位相关。

(2) 业务的开展需要资产作为支撑,而资产会暴露出脆弱性。

(3) 安全措施的实施要考虑需保障的业务以及所应对的威胁。

(4) 风险的分析与计算,应综合考虑业务、资产、脆弱性、威胁和安全措施等基本因素。

4.5.3 总体要求解读

2018 年 2 月 8 日,《信息系统密码应用基本要求》(GM/T 0054—2018)由国家密码管理局发布并实施。该标准由 9 个正文章节和 2 个资料性附录组成,包括总体要求、密码功能要求、密码技术应用要求、密钥管理、安全管理等内容。

2022 年 4 月,《上海市重要网络和信息系统 密码应用与安全性评估工作指南(2022 版)》由上海市密码管理局发布并实施。该标准由 4 个正文章节和 6 个资料性附录组成,包含评估范围、实施过程指南、部署指南和方案示例等内容。

本节主要对《上海市重要网络和信息系统 密码应用与安全性评估工作指南(2022 版)》进行解读。

密码应用方案要从密码应用需求、密码应用架构、重要设备和关键数据、密钥体系、密码应用工作流程、标准符合性自查六个方面介绍系统的密码应用情况。

1) 背景

阐述系统的建设规划、国家有关法律法规要求、与规划有关的前期情况概述,以及该项目实施的必要性等内容。

2) 系统概述

阐述项目的基本情况、系统网络拓扑、承载的业务情况、系统软硬件构成和管理制度等内容,应根据具体系统给出详尽的描述。

3) 密码应用需求分析

对项目进行安全风险分析,明确合规性需求和密码应用需求。

4) 设计目标及原则

提出总的设计目标或分阶段设计目标,阐述方案的设计原则、所遵循的依据等,重点是所遵循的密码相关政策法规要求和标准规范。

5)密码应用技术方案

采用质量合格的信息安全产品是信息安全保障措施有效的基础,典型的信息安全产品包括安全路由器、防火墙等。建设一个信息系统,在信息安全管理的计划阶段,应完成所需要使用的信息安全产品的选型;在制定密码应用方案时,也应完成所需要使用的密码产品的选型。

本小节阐述密码应用技术框架、密码功能设计、密钥管理安全、密码应用部署、密码应用功能模块和安全与合规性分析。技术框架应根据密码应用需求设计,包含密码应用技术框架图及框架说明,能清晰展示密码应用整体技术框架。

6)安全管理方案

应包含密码相关管理制度、人员管理、建设运行、应急处置等方面的管理措施。

7)实施保障方案

应包含实施内容、实施计划和保障措施,描述项目实施对象的边界及密码应用的范围、任务要求、实施路线图、进度计划、重要节点,以及项目实施过程中的组织保障、人员保障、经费保障、质量保障、监督检查等措施。

实施内容包含但不限于采购、软硬件开发或改造、系统集成、综合调试、试运行等。分析项目实施的重难点问题,提出实施过程中可能存在的风险点及应对措施。

8)密码应用建设投资概算

应包含本系统密码应用建设中涉及的密码产品、密码服务的类型与数量等,以及密码应用功能模块的开发工作量与费用等。

4.6 总体设计方案编制要求

总体设计阶段是在批准的可行性研究报告的基础上展开的,其主要任务是根据已批准的功能项和投资金额限制,依据相关技术标准和规范,对可行性研究报告中提出的设计方案进行进一步细化和完善,形成一个具备基本可实施性的设计方案。在这个阶段,需要进行具体方案的调整和优化,确保在批复的限额内完成设计工作,并且要遵循价值管理的原则,结合项目的总体功能和成本,选择最优的方案。此外,该阶段还需要着重解决项目中存在的技术难点,保障项目设计的科学性和可行性。

在进行总体设计时,必须进一步复核数字化项目的规模和功能细项,全面考虑项目的整体情况。需要明确项目的任务和具体要求,特别是要解决设计中存在的重难点问题,确保设计方案能够达到预期的效果。在这一阶段,原则上不得超出批复的最高限额,以确保项目的经济合理性和可控性。因此,在进行总体设计时,必须密切结合项目的实际情况和要求,确保设计方案的科学性和可行性,为项目的后续实施奠定坚实的基础。

4.7 数字化项目招投标流程

招标投标是基本建设领域促进竞争的全面经济责任制形式。通常情况下,招标活动会吸引多家施工单位参与工程投标,建设单位会从中选拔出最优秀的承建单位。评选标准通常包括工期、造价、质量、信誉等方面的考量,以确保工程实施的高效性和质量保障。被选中的承建单位将与发包单位签订合同,按照"一包到底"的原则,通过交钥匙的方式来组织和实施建设工程。中国招标承包制的组织程序和工作环节如图4-3所示。

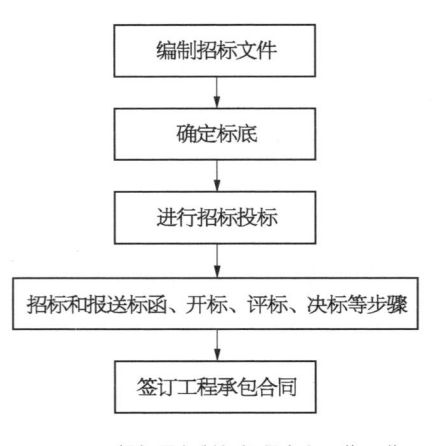

图4-3 招标承包制组织程序和工作环节

(1)编制招标文件。建设单位在招标申请批准后,需要编制招标文件,其主要内容包括:工程综合说明(工程范围、项目、工期、质量等级和技术要求等)施工图及说明、实物工程量清单、材料供应方式、工程价款结算办法、对工程材料的特殊要求、踏勘现场日期等。这些内容的详细编制可以确保投标人充分了解工程项目的要求和情况,为他们提供明确的指导和依据,同时也有助于确保招标过程的规范和透明。

(2)确定标底。由建设单位组织专业人员按施工图纸并结合现场实际,匡算出工程总造价和单项费用,然后报建设主管部门等审定。标底一经确定,应严格保密,任何人不得泄露。如果有的招标单位不掌握和不熟悉编制标底业务,可以由设计单位和建设单位帮助代编,或由设计部门与建设单位联合组成招标投标咨询小组,承担为招标单位编制标底等业务。标底不能高于项目批准的投资总额。

（3）进行招标投标。一般分为招标和报送标函、开标、评标、决标等几个步骤。在招标阶段，招标人会发布招标公告，吸引各方投标，并要求投标人提交标书以展示其对项目的理解和承诺。随后进行开标环节，公开评审各标书的内容，并按照预定的标准进行评标，包括工期、价格、技术方案等方面的评估。最终，通过评标过程产生中标结果，即确定承建单位。

（4）签订工程承包合同。投标人按中标标函规定的内容，与招标人签订包干合同。合同签订后要由有关方面监督执行。此外，为了进一步保障合同的有效性，可选择由当地公证单位对合同进行公证，受法律监督；也可以由建设主管部门和建设银行等单位进行行政监督。这些监督措施有助于确保合同各方遵守承诺，维护建设项目的顺利实施和合法权益。

4.7.1 基本原则

1）公开原则

公开原则，即要求招标投标活动必须保证充分的透明度，招标投标程序、投标人的资格条件、评标标准和方法、评标和中标结果等信息要公开，保证每个投标人能够获得相同信息，公平参与投标竞争并依法维护自身的合法权益。通过公开招标投标活动的相关信息，可以有效地减少信息不对称，防止不正当竞争和腐败现象的发生，维护市场竞争的公平和规范。同时，公开透明的招标投标活动也为各方监督提供了条件，包括当事人、行政机构以及社会公众都可以对招标过程进行监督和检查，确保招标程序的合法性和公正性。因此，公开原则是实现公平、公正的前提和基础，对于促进建设项目的健康发展和社会经济的稳定增长具有重要意义。

2）公平原则

公平原则，即要求招标人在招标投标各程序环节中一视同仁地给予潜在投标人或者投标人平等竞争的机会，并使其享有同等的权利和义务。在实践中，这意味着招标人不得在资格预审文件和招标文件中含有倾向性内容，或者采取不合理的条件限制和排斥潜在投标人。例如，招标文件应当明确规定透明、公平、合理的评标标准，不得设置不合理的门槛或歧视性要求，以保证所有投标人均能在公平竞争的环境下参与投标。

此外，公平原则还要求在资格审查和评标过程中，对潜在投标人和投标人采取同等的审查标准和评分标准,不得对不同的投标人采取不同的待遇。例如,评标委员会应公正、客观地对所有投标文件进行评审,不偏袒任何一方,以确保评标结果的公正性和客观性。同时,招标人不得以特定行政区域或行业的业绩、奖项等作为评标加分条件或中标条件,以防止不合理的地域性或行业性偏好对投标竞争产生影响。

在公平原则的指导下,招标人和所有投标人之间的权利和义务应该是平等和公正的,各方应合理承担民事责任,遵守相关法律法规和招标文件规定。这种平等竞争的环境不仅有利于提高工程质量和效率,也有助于维护招标市场的良性竞争秩序,推动建设行业的健康发展。

3) 公正原则

公正原则,即要求招标人必须依法设定科学、合理和统一的程序、方法和标准,并严格据此接收和客观评审投标文件,真正择优确定中标人,不倾向、不歧视、不排斥,保证各投标人的合法平等权益。为此,招标投标法及其配套规定对招标、投标、开标、评标、中标、签订合同等进行了相关规定,以保证招标投标的程序、方法、标准、权益及其实体结果的公正。例如,评标委员会必须按照招标文件事先确定并公开的评标标准和方法客观评审投标文件和推荐中标候选人,评标委员会成员应具备专业素养和公正性,避免个人偏见和利益冲突,确保评审工作的公正性和客观性。同时,评标委员会必须明确规定否决投标的法定情形,确保在评审过程中能够合理、透明地处理各类异常情况,保障投标人的合法权益。

除此之外,公正原则还要求招标人在招标文件中明确规定投标程序和标准,确保所有投标人都能够在同一平等的起跑线上进行竞争。同时,招标人应严格执行相关规定,不得擅自变更招标条件或评标标准,以免影响投标人的选择和评审结果的公正性。综上所述,公正原则是招标投标活动的基本准则,对于保障招标市场的公平竞争和维护各方合法权益具有重要意义。

4) 诚实信用原则

诚实信用原则,即要求招标投标各方当事人在招标投标活动和履行合同中应以守法、诚实、守信、友善的意识和态度行使权利和履行义务,不得故意隐瞒真相或者弄虚作假,不得串标、围标和恶意竞争,不能言而无信甚至背信弃义,在追求自己合法利益的同时不得损害他人的合法利益和社会利益,依法维护双方利益以及与社会利益的平衡。这一原则在招标投标活动中具有举足轻重的地位。它不仅是市场经济活动的基石,更是维护各方利益、保障市场公平竞争的基石。在招投标过程中,各方当事人必须严格遵循诚实信用的原则,以公平诚信为本,确保整个招投标活动的顺利进行。

同时,诚实信用原则也强调了在追求自身合法利益的同时,不得损害他人的合法利益和社会利益。这意味着各方当事人在行使权利、履行义务时,必须充分考虑他人的权益和社会的整体利益,以实现共赢为目标。

此外,诚实信用原则还体现在合同履行过程中。各方当事人应当严格按照合同条款执行,确保合同的有效性和履行效果。在合同发生争议时,应当通过合法途径解决,以维护市场的稳定和谐。

4.7.2 政策法规

4.7.2.1 法律

(1)《中华人民共和国招标投标法》,1999年8月30日第九届全国人民代表大会常务委员会第十一次会议通过,自2000年1月1日起施行。根据2017年12月27日第十二届全国人民代表大会常务委员会第三十一次会议《关于修改〈中华人民共和国招标投标法〉〈中华人民共和国计量法〉的决定》修正,自2017年12月28日起施行。

(2)《中华人民共和国政府采购法》,2002年6月29日第九届全国人民代表大会常务委员会第二十八次会议通过,自2003年1月1日起施行。根据2014年8月31日第十二届全国人民代表大会常务委员会第十次会议《关于修改〈中华人民共和国保险法〉等五部法律的决定》修正,自2014年8月31日起施行。

4.7.2.2 行政法规

(1)《中华人民共和国招标投标法实施条例》,2011年11月30日国务院第183次常务会议通过,自2012年2月1日起施行。根据2017年3月1日《国务院关于修改和废止部分行政法规的决定》修订,自2017年3月21日起施行。

(2)《中华人民共和国政府采购法实施条例》,2014年12月31日国务院第75次常务会议通过,自2015年3月1日起施行。

4.7.2.3 国家发展和改革委员会规章及规范性文件

(1)《必须招标的工程项目规定》,2018年国家发展和改革委员会令第16号发布,自2018年6月1日起施行。

(2)《必须招标的基础设施和公用事业项目范围规定》(发改法规规〔2018〕843号)。

（3）进一步做好《必须招标的工程项目规定》和《必须招标的基础设施和公用事业项目范围规定》实施工作的通知（发改办法规〔2020〕770号）。

4.7.3 招标

4.7.3.1 基本程序

1）制订招标方案

招标方案是指招标人通过分析和掌握招标项目的技术、经济、管理的特征，结合招标项目的功能、规模、质量、价格、进度、服务等需求目标，依据有关法律法规、技术标准，结合市场竞争状况，针对一次招标组织实施工作的总体策划。招标方案的制定需要综合考虑多个方面的因素，确保招标活动的科学性、规范性和有效性。招标方案应合理确定招标组织形式，依法确定项目招标内容范围和选择招标方式，为招标采购工作提供必要的基础和依据。

2）组织资格预审（招投标资格审查）

为了保证潜在投标人能够公平获取公开招标项目的投标竞争机会，并确保投标人满足招标项目的资格条件，避免招标人和投标人的资源浪费，招标人可以对潜在投标人组织资格预审。

资格预审是招标人根据招标方案，编制发布资格预审公告，向不特定的潜在投标人发出资格预审文件，潜在投标人据此编制提交资格预审申请文件，招标人或者由其依法组建的资格审查委员会按照资格预审文件确定的资格审查方法、资格审查因素和标准，对申请人的资格能力进行评审，确定通过资格预审的申请人。未通过资格预审的申请人，不具有投标资格。通过资格预审程序，招标人能够有效地筛选出具备资格、符合要求的投标人，为后续的投标活动提供了有力的保障。

3）编制发售招标文件

招标人应结合招标项目需求的技术经济特点和招标方案确定要素、市场竞争状况，根据有关法律法规、标准文本编制招标文件。在招标文件的编制过程中，招标人必须结合项目的实际需求，确保文件的内容符合项目的要求和标准。依法必须进行招标项目的招标文件，应当使用国家发展改革部门会同有关行政监督部门制定的标准文本。招标文件应按照投标邀请书或招标公告规定的时间、地点发售。这意味着招标人在确定招标文件的发售时间和地点时，必须充分考虑投标人的便利性和公平竞争的原则，确保所有潜在投标人都能够及时获取招标文件,并有充足的时间进行准备和提交投标文件。通过合理的招标文件发售安排,招标人能够为招标活动的顺利进行提供有力支持,促进招标项目的顺利实施。

4)踏勘现场

招标人可以根据招标项目的特点和招标文件的规定,集体组织潜在投标人实地踏勘了解项目现场的地形地质、项目周边交通环境等并介绍有关情况。潜在投标人应自行负责据此踏勘做出的分析判断和投标决策。实地踏勘不仅有助于投标人全面了解项目情况,还能够提高投标人对项目实施的可行性评估和投标决策的准确性。潜在投标人应自行负责根据实地踏勘所得的信息进行分析判断,并在此基础上做出相应的投标决策。

特别是工程设计、监理、施工和工程总承包以及特许经营等项目招标一般需要组织踏勘现场。招标人应在招标文件中明确踏勘现场的时间、地点和相关注意事项,以确保踏勘活动的顺利进行和踏勘结果的准确反映。通过集体组织潜在投标人实地踏勘,招标人能够有效提高招标活动的透明度和公平性,为投标人提供更好的参与机会和更充分的信息支持。

4.7.3.2 必须招标的工程项目

1)必须招标的工程项目类型

根据《中华人民共和国招投标法》第三条规定,在中华人民共和国境内进行下列工程建设项目包括项目的勘察、设计、施工、监理以及与工程建设有关的重要设备、材料等的采购,必须进行招标:

(1)大型基础设施、公用事业等关系社会公共利益、公众安全的项目。

(2)全部或者部分使用国有资金投资或者国家融资的项目。

(3)使用国际组织或者外国政府贷款、援助资金的项目。

2)必须招标的工程项目具体范围和规模标准

根据《中华人民共和国招标投标法实施条例》第三条规定,依法必须进行招标的工程建设项目的具体范围和规模标准,由国务院发展与改革委员会会同国务院有关部门制订,报国务院批准后公布施行。故根据现行《必须招标的工程项目规定》(国家发展和改革委员会令第 16 号)(简称"16 号令")规定,上述必须进行招标的项目具体范围和规模标准如下所述。

(1)全部或者部分使用国有资金投资或者国家融资的项目包括:使用预算资金 200 万元人民币以上,并且该资金占投资额 10% 以上的项目;使用国有企业事业单位资金,并且该资金占控股或者主导地位的项目。

（2）使用国际组织或者外国政府贷款、援助资金的项目包括：使用世界银行、亚洲开发银行等国际组织贷款、援助资金的项目；使用外国政府及其机构贷款、援助资金的项目。

（3）不属于上述两条规定情形的大型基础设施、公用事业等关系社会公共利益、公众安全的项目，必须招标的具体范围由国务院发展改革部门会同国务院有关部门按照确有必要、严格限定的原则制订，报国务院批准。

满足上述三条规定范围内的项目，其勘察、设计、施工、监理以及与工程建设有关的重要设备、材料等的采购达到下列标准之一的，必须招标（同一项目中可以合并进行的勘察、设计、施工、监理以及与工程建设有关的重要设备、材料等的采购，合同估算价合计达到前款规定标准的，必须招标）：施工单项合同估算价在400万元人民币以上；重要设备、材料等货物的采购，单项合同估算价在200万元人民币以上；勘察、设计、监理等服务的采购，单项合同估算价在100万元人民币以上。

3）必须招标的工程项目要求

根据国家发展改革委办公厅关于进一步做好《必须招标的工程项目规定》和《必须招标的基础设施和公用事业项目范围规定》实施工作的通知，必须招标的工程项目还应关注如下要求：

（1）关于使用国有资金的项目。16号令第二条第（一）项中"预算资金"，是指《预算法》规定的预算资金，包括一般公共预算资金、政府性基金预算资金、国有资本经营预算资金、社会保险基金预算资金。

（2）关于项目与单项采购的关系。16号令第二条至第四条及843号文第二条规定范围的项目，其勘察、设计、施工、监理以及与工程建设有关的重要设备、材料等的单项采购分别达到16号令第五条规定的相应单项合同价估算标准的，该单项采购必须招标；该项目中未达到前述相应标准的单项采购，不属于16号令规定的必须招标范畴。

（3）关于招标范围列举事项。依法必须招标的工程建设项目范围和规模标准，应严格执行《招标投标法》第三条和16号令、843号文规定；法律、行政法规或者国务院对必须进行招标的其他项目范围有规定的，依照其规定。没有法律、行政法规或者国务院规定依据的，对16号令第五条第一款第（三）项中没有明确列举规定的服务事项、843号文第二条中没有明确列举规定的项目，不得强制要求招标。

（4）关于同一项目中的合并采购。16号令第五条规定目的是防止发包方通过"化整为零"方式规避招标。其中"同一项目中可以合并进行",是指根据项目实际,以及行业标准或行业惯例,符合科学性、经济性、可操作性要求,同一项目中适宜放在一起进行采购的同类采购项目。

(5)关于总承包招标的规模标准。对于16号令第二条至第四条规定范围内的项目,发包人依法对工程以及与工程建设有关的货物、服务全部或者部分实行总承包发包的,总承包中施工、货物、服务等各部分的估算价中,只要有一项达到16号令第五条规定的相应标准,即施工部分估算价达到400万元以上,或者货物部分达到200万元以上,或者服务部分达到100万元以上,则整个总承包发包应当招标。

4.7.3.3 招标方式

招标方式包括公开招标和邀请招标,招标人应该依法按照法律法规的规定确定工程项目采用的招标方式。

1)公开招标

指招标人以招标公告的方式邀请不特定的法人或者其他组织投标,也称为无限竞争性指标,由招标人按照法定程序,通过报刊、信息网络或者其他媒介发布招标公告,所有符合条件的承包商都可以平等参加投标竞争,从中择优选择中标者的招标方式。这种方式的优势在于扩大了竞争范围,增加了投标人的选择空间,有利于确保工程项目的质量和效益。通过公开招标,招标人能够吸引更多的潜在投标人参与竞争,提高了中标者的选择余地,从而更好地保障了招标活动的合法性和效率。

根据《中华人民共和国招投标法》第十六条规定,采用公开招标方式的,应满足如下要求:招标人采用公开招标方式的,应当发布招标公告。依法必须进行招标的项目的招标公告,应通过国家指定的报刊、信息网络或者其他媒介发布。招标公告应当载明招标人的名称和地址、招标项目的性质、数量、实施地点和时间以及获取招标文件的办法等事项。

2)邀请招标

指招标人以投标邀请书的方式邀请特定的法人或者其他组织投标,也称为有限竞争性招标,由招标人选择三家以上具备承担施工招标项目的能力、资信良好的特定承包商,向其发出投标邀请,由被邀请的承包商投标竞争,从中选定中标者的招标方式。通过邀请招标,招标人可以更加精准地选择合适的承包商,提高了投标人的质量和竞争实力,有利于确保工程项目的顺利进行和质量的提升。

根据《中华人民共和国招投标法》第十一条、第十七条规定，国务院发展计划部门确定的国家重点项目和省、自治区、直辖市人民政府确定的地方重点项目不适宜公开招标的，经国务院发展计划部门或者省、自治区、直辖市人民政府批准，可以进行邀请招标。招标人采用邀请招标方式的，应向三个以上具备承担招标项目的能力、资信良好的特定的法人或者其他组织发出投标邀请书。且投标邀请书应当载明本法第十六条第二款规定的事项。

根据《中华人民共和国招标投标法实施条例》规定，国有资金占控股或者主导地位的依法必须进行招标的项目，应公开招标；但有下列情形之一的，可以邀请招标：

（1）技术复杂、有特殊要求或者受自然环境限制，只有少量潜在投标人可供选择。

（2）采用公开招标方式的费用占项目合同金额的比例过大。

4.7.3.4 政府采购

根据《中华人民共和国政府采购法》规定：政府采购实行集中采购和分散采购相结合。集中采购的范围由省级以上人民政府公布的集中采购目录确定。属于中央预算的政府采购项目，其集中采购目录由国务院确定并公布；属于地方预算的政府采购项目，其集中采购目录由省、自治区、直辖市人民政府或者其授权的机构确定并公布。纳入集中采购目录的政府采购项目，应当实行集中采购。

集中采购：集中采购是指采购人将列入集中采购目录的货物（项目或服务）委托集中采购机构代理采购或者进行部门集中采购的行为。

分散采购：分散采购是指采购人将采购限额标准以上的未列入集中采购目录的货物（项目或服务）自行采购或者委托采购代理机构代理采购的行为。

以上海市政府采购为例，根据《上海市政府采购实施办法》《上海市政府集中采购目录及标准（2021年版）》规定，应满足的要求如下所述。

1）采购实施

本市集中采购目录和采购限额标准由市财政部门负责编制，经市采购委员会审议并报市人民政府批准后公布实施。区人民政府可以根据本区实际情况，提出对本市集中采购目录和采购限额标准的调整建议，报市财政部门确定后在本区范围内实施。

2）采购限额标准

本市政府采购货物、服务和工程项目分散采购限额标准为100万元。除集中采购机构采购项目外，各单位自行采购单项或批量金额达到分散采购限额标准的项目应按《中华人民共和国政府采购法》和《中华人民共和国招标投标法》有关规定执行。集中采购目录以外且金额未达到分散采购限额标准的项目,由采购人按照相关预算支出管理规定和单位内部控制采购规程等组织实施采购。财政部门另有规定的,按规定执行。

3)政府采购方式

无论是集中采购还是分散采购,政府采购项目主要六种采购方式:单一来源、邀请招标、公开招标、竞争性谈判、竞争性磋商、询价采购。

(1)单一来源采购。

单一来源采购也称直接采购,是指达到了限额标准和公开招标数额标准,但所购商品的来源渠道单一,或属专利、首次制造、合同追加、原有采购项目的后续扩充和发生了不可预见紧急情况不能从其他供应商处采购等情况。该采购方式的最主要特点是没有竞争性。

① 适用情况。

a. 只能从唯一供应商处采购的。

b. 发生了不可预见的紧急情况不能从其他供应商处采购的。

c. 必须保证原有采购项目一致性或者服务配套的要求,需要继续从原供应商处添购,且添购资金总额不超过原合同采购金额的10%。

② 工作流程。

a. 采购人在确定采购项目,与采购代理机构(集中采购机构)签订委托协议后,确认采购方式为单一来源采购。

b. 采购方式需在省级以上财政部门指定媒体上进行公示,并将公示情况一并报代征部门,公示期不得少于5个工作日。

c. 公示期内组织补充论证,如有异议可在公示期内提出书面异议,异议成立则依法采用其他采购方式;不成立则报经主管预算单位同意后,向设区的市、自治州以上人民政府部门申请批准。

d. 双方需组织有关经验的专业人员与供应商商定合理的成交价格并保证项目质量,编写协商记录。

e. 成交通知书发出后,需2个工作日内在财政部门指定的媒体公布结果。

f. 在成交通知书发出的30日内需与成交供应商签订政府采购合同,随后对合同约定的内容和条款进行履行及验收,并申请支付资金。

(2)邀请招标。

邀请招标也称选择性招标,由采购人根据供应商或承包商的资信和业绩,选择一定数目的法人或其他组织(不能少于三家),向其发出招标邀请书,邀请他们参加投标竞争,从中选定中标的供应商。

① 适用情况。

a. 具有特殊性,只能从有限范围的供应商处采购的。

b. 采用公开招标方式的费用占政府采购项目总价值的比例过大的。

② 工作流程。

a. 招标人、用户方向招标代理机构发出招标委托函,随后招标代理机构根据用户方需求编制招标文件。

b. 用户方在审定和确认招标文件后,招标代理机构向3个以上合格的供应商发出招标邀请书。

c. 投标人报名后,代理机构发售招标文件。投标人可选择现场踏勘或考察、召开标前答疑会、澄清修改招标文件的方式对项目进行确认。

d. 招标文件发出至投标文件截止日止,不得少于20日,随后投标人按照招标文件规定的截止日期前投标缴纳投标保证金。

e. 用户方需依法组建评标委员会,进行开标、唱标、评标。若招标失败,招标人可选择更改招标文件重新上述步骤,也可选择更改招标方式重新招标。

f. 中标候选人由评标委员会推荐,招标代理机构在公示期3个日历日内发布预告中标公告。

g. 用户方确认评标结果、定标,由招标代理机构发布中标公告及发送中标通知书。

(3) 公开招标。

公开招标是政府采购主要采购方式,公开招标与其他采购方式不是并行的关系。

① 适用情况。

公开招标的具体数额标准,属于中央预算的政府采购项目,由国务院规定;属于地方预算的政府采购项目,由省、自治区、直辖市人民政府规定;因特殊情况需要采用公开招标以外的采购方式的,应当在采购活动开始前获得设区的市、自治州以上人民政府采购监督管理部门的批准。

采购人不得将应当以公开招标方式采购的货物或者服务化整为零或者以其他任何方式规避公开招标采购。

② 工作流程。

a. 招标人提出招标要求三个工作日内,代理机构与招标人编制招标公告、招标文件。

　　b. 招标人审定招标公告、招标文件,代理机构需在七个工作日内发布招标公告,招标单位数量小于 3 时,延长报名时间。

　　c. 对报名、资格进行预审,随后代理机构发售招标文件。

　　d. 投标人可选择现场踏勘或考察、召开标前答疑会、澄清修改招标文件的方式对项目进行确认。

　　e. 招标人、代理机构组建委员会,从代理机构发售招标文件日起至组建委员会间隔不少于 20 日。

　　f. 进行开标、评标工作。可选择监督部门现场监督,公证机关进行公证。

　　g. 结果产生后的一个工作日内,代理机构将评标报告送招标人。

　　h. 公示期七个工作日内无质疑、投诉,可进行定标,并由代理机构公布评标结果。

（4）竞争性谈判。

　　竞争性谈判指采购人或代理机构通过与多家供应商(不少于三家)进行谈判,最后从中确定中标供应商。

　　① 适用情况。

　　a. 招标后没有供应商投标或者没有合格标的或者重新招标未能成立的。

　　b. 技术复杂或者性质特殊,不能确定详细规格或者具体要求的。

　　c. 采用招标所需时间不能满足用户紧急需要的。

　　d. 不能事先计算出价格总额的。

　　② 工作流程。

　　a. 采购单位和招标代理机构签订委托代理协议后,招标代理机构根据用户方需求编制竞争性谈判文件。

　　b. 用户方评定、确认竞争性谈判文件,由招标代理机构发布招标公告,公示期为 3 到 5 个工作日。

　　c. 投标人报名,代理机构发售谈判文件后,招标人可选择资格预审、现场踏勘或考察、召开标前答疑会、澄清修改招标文件的方式对项目进行确认。

　　d. 投标人投标并按照招标文件规定的截止日期前投标缴纳投标保证金。

　　e. 依法组建、成立由用户代表和有关专家共三人以上组成的谈判小组,与供应商分别进行谈判、确定最终报价。

　　f. 进行开标、唱标、评标,若招标失败,招标人可选择更改招标文件重新上述步骤,也可选择更改招标方式重新招标。

g. 谈判小组推荐中标候选人,用户方确认判定结果,定标。

h. 招标代理机构发布中标公告及发送中标通知书。

（5）竞争性磋商。

竞争性磋商与竞争性谈判的主要区别是：在详细评审阶段中,前者依据得分从高到低确定成交供应商的排序,后者依据报价从低到高确定成交供应商的排序。

① 适用情况。

a. 政府购买服务项目；

b. 技术复杂或者性质特殊,不能确定详细规格或者具体要求的；

c. 因艺术品采购、专利、专有技术或者服务的时间、数量事先不能确定等原因不能事先计算出价格总额的；

d. 市场竞争不充分的科研项目,以及需要扶持的科技成果转化项目；

e. 按照招标投标法及其实施条例必须进行招标的工程建设项目以外的工程建设项目。

② 工作流程：与竞争性谈判工作流程相同。

（6）询价采购。

询价采购是指采购人向有关供应商发出询价单让其报价,在报价基础上进行比较并确定最优供应商一种采购方式。

适用情况：当采购的货物规格、标准统一、现货货源充足且价格变化幅度小的政府采购项目,可以采用询价方式采购。

4.7.3.5 招投标时间相关规定

根据《中华人民共和国招投标法》《中华人民共和国招标投标法实施条例》规定,招投标时间应满足如下要求：

（1）招标文件的领取。《中华人民共和国招标投标法实施条例》第十六条规定,招标人应当按照资格预审公告、招标公告或者投标邀请书规定的时间、地点发售资格预审文件或者招标文件。资格预审文件或者招标文件的发售期不得少于5日。

（2）招标文件的澄清及修改。《中华人民共和国招投标法》第二十四条规定,招标人对已发出的招标文件进行必要的澄清或者修改的,应当在招标文件要求提交投标文件截止时间至少十五日前,以书面形式通知所有招标文件收受人。该澄清或者修改的内容为招标文件的组成部分。

（3）投标文件的提交。《中华人民共和国招投标法》第二十三条规定,招标人应当确定投标人编制投标文件所需要的合理时间；但是依法必须进行招标的项目,自招标文件开始发出之日起至投标人提交投标文件截止之日止,最短不得少于二十日。

(4)投标文件的撤回。《中华人民共和国招标投标法实施条例》第三十五条规定,投标人撤回已提交的投标文件,应当在投标截止时间前书面通知招标人。招标人已收取投标保证金的,应当自收到投标人书面撤回通知之日起5日内退还。投标截止后投标人撤销投标文件的,招标人可以不退还投标保证金。

若采购人为政府,除以上规定外,还应满足如下规定:① 采购文件的保存。根据《中华人民共和国政府采购法》第四十二条规定,采购人、采购代理机构对政府采购项目每项采购活动的采购文件应当妥善保存,不得伪造、变造、隐匿或者销毁。采购文件的保存期限为从采购结束之日起至少保存十五年。② 合同的签订。根据《中华人民共和国政府采购法》第四十六条、第四十七条规定,采购人与中标、成交供应商应当在中标、成交通知书发出之日起三十日内,按照采购文件确定的事项签订政府采购合同。并且自签订之日起七个工作日内,采购人应当将合同副本报同级政府采购监督管理部门和有关部门备案。

4.7.4 投标

为了保证项目招投标活动的公平公正,《中华人民共和国招投标法》对于投标活动制定了相应的规范和要求,其主要内容如下:与招标人存在利害关系可能影响招标公正性的法人、其他组织或者个人,不得参加投标。单位负责人为同一人或者存在控股、管理关系的不同单位,不得参加同一标段投标或者未划分标段的同一招标项目投标。

招标人应当在资格预审公告、招标公告或者投标邀请书中载明是否接受联合体投标。招标人接受联合体投标并进行资格预审的,联合体应当在提交资格预审申请文件前组成。资格预审后联合体增减、更换成员的,其投标无效。联合体各方在同一招标项目中以自己名义单独投标或者参加其他联合体投标的,相关投标均无效。

1)投标人相互串通投标情形

禁止投标人相互串通投标。有下列情形之一的,属于投标人相互串通投标:

(1)投标人之间协商投标报价等投标文件的实质性内容。

(2)投标人之间约定中标人。

(3)投标人之间约定部分投标人放弃投标或者中标。

（4）属于同一集团、协会、商会等组织成员的投标人按照该组织要求协同投标。
（5）投标人之间为谋取中标或者排斥特定投标人而采取的其他联合行动。

2）视为投标人相互串通投标情形

有下列情形之一的，视为投标人相互串通投标：
（1）不同投标人的投标文件由同一单位或者个人编制。
（2）不同投标人委托同一单位或者个人办理投标事宜。
（3）不同投标人的投标文件载明的项目管理成员为同一人。
（4）不同投标人的投标文件异常一致或者投标报价呈规律性差异。
（5）不同投标人的投标文件相互混装。
（6）不同投标人的投标保证金从同一单位或者个人的账户转出。

3）招标人与投标人串通投标情形

禁止招标人与投标人串通投标。有下列情形之一的，属于招标人与投标人串通投标：
（1）招标人在开标前开启投标文件并将有关信息泄露给其他投标人。
（2）招标人直接或者间接向投标人泄露标底、评标委员会成员等信息。
（3）招标人明示或者暗示投标人压低或者抬高投标报价。
（4）招标人授意投标人撤换、修改投标文件。
（5）招标人明示或者暗示投标人为特定投标人中标提供方便。
（6）招标人与投标人为谋求特定投标人中标而采取的其他串通行为。

根据系统集成项目招投标实践，项目投标活动的主体为系统集成供应商。系统集成供应商在项目投标阶段的主要工作包含项目意向识别、项目售前交流、获取招标文件、编写投标文件以及参加投标活动等主要工作内容。

4.7.4.1 基本程序

1）投标预备会

投标预备会是招标人为了澄清、解答潜在投标人在阅读招标文件或现场踏勘后提出的疑问，并按照招标文件规定时间组织的投标答疑会。在投标预备会上，招标人将解答潜在投标人提出的问题，消除不明确或有歧义的内容，以确保投标人对招标文件的理解和执行达成一致。所有的澄清和解答内容都应以书面形式发给所有获取招标文件的潜在投标人，并属于招标文件的组成部分。同时，招标人也可以利用投标预备会的机会，对招标文件中涉及的重点、难点等内容进行进一步的解释和说明，以确保投标人对项目的要求和标准有清晰的理解和把握。通过投标预备会，招标人能够提高招标活动的透明度和公正性，为投标人提供更充分、准确的信息支持,促进投标竞争的公平进行。

2）编制提交投标文件

（1）潜在投标人在阅读招标文件中产生疑问和异议的,可以按照招标文件规定的时间以书面形式提出澄清要求,招标人应当及时书面答复澄清。潜在投标人或其他利害人如果对招标文件的内容有异议,应当在投标截止时间 10 天前向招标人提出。

（2）潜在投标人应依据招标文件要求的格式和内容,编制、签署、装订、密封、标识投标文件,按照规定的时间、地点、方式提交投标文件,并根据招标文件的要求提交投标保证金。

（3）投标截止时间之前,投标人可以撤回、补充或者修改已提交的投标文件。投标人撤回已提交的投标文件,应当以书面形式通知招标人。

4.7.4.2 联合体投标

联合体投标是指,两个以上法人或者其他组织可以组成一个联合体,以一个投标人的身份共同投标。

根据《中华人民共和国招投标法》第三十一条规定,联合体各方均应当具备承担招标项目的相应能力;国家有关规定或者招标文件对投标人资格条件有规定的,联合体各方均应当具备规定的相应资格条件。由同一专业的单位组成的联合体,按照资质等级较低的单位确定资质等级。联合体各方应当签订共同投标协议,明确约定各方拟承担的工作和责任,并将共同投标协议连同投标文件一并提交招标人。联合体中标的,联合体各方应当共同与招标人签订合同,就中标项目向招标人承担连带责任。

招标人不得强制投标人组成联合体共同投标,不得限制投标人之间的竞争。

根据《中华人民共和国招标投标法实施条例》第三十七条规定,招标人应当在资格预审公告、招标公告或者投标邀请书中载明是否接受联合体投标。招标人接受联合体投标并进行资格预审的,联合体应当在提交资格预审申请文件前组成。资格预审后联合体增减、更换成员的,其投标无效。联合体各方在同一招标项目中以自己名义单独投标或者参加其他联合体投标的,相关投标均无效。

4.7.5 开标、评标和中标

1）开标

招标人或其招标代理机构应按招标文件规定的时间、地点组织开标,邀请所有投标人代表参加，并通知监督部门，如实记录开标情况。除招标文件特别规定或相关法律法规有规定外，投标人不参加开标会议且不影响其投标文件的有效性。

投标人少于 3 个的，招标人不得开标。依法必须进行招标的项目，招标人应分析失败原因并采取相应措施，按照有关法律法规要求重新招标。重新招标后投标人仍不足 3 个的，按国家有关规定需要履行审批、核准手续的依法必须进行招标的项目，报项目审批、核准部门审批、核准后可以不再进行招标。

2）评标

招标人一般应当在开标前依法组建评标委员会。依法必须进行招标的项目评标委员会由招标人代表和不少于成员总数三分之二的技术经济专家，且 5 人以上成员单数组成。依法必须进行招标项目的评标专家从依法组建的评标专家库内相关专业的专家名单中以随机抽取方式确定；技术复杂、专业性强或者国家有特殊要求，采取随机抽取方式确定的专家难以保证胜任评标工作的招标项目，可以由招标人直接确定。

招标项目确定评标专家的时间应不早于开标前 3 个工作日，政府采购项目评标专家的抽取时间原则上应当在开标前半天或前一天进行，特殊情况不得超过 2 天。

评标由招标人依法组建的评标委员会负责。评标委员会应当充分熟悉、掌握招标项目的需求特点，认真阅读研究招标文件及其相关技术资料，依据招标文件规定的评标方法、评标因素和标准、合同条款、技术规范等，对投标文件进行技术经济分析、比较和评审，向招标人提交书面评标报告并推荐中标候选人。

3）中标

（1）中标候选人公示。依法必须进行招标项目的招标人应当自收到评标报告之日起 3 日内在指定的招标公告发布媒体公示中标候选人，公示期不得少于 3 日。中标候选人不止 1 个的，应将所有中标候选人一并公示。投标人或者其他利害关系人对依法必须进行招标项目的评标结果有异议的，应当在中标候选人公示期间提出。招标人应当自收到异议之日起 3 日内做出答复；做出答复前，应当暂停招标投标活动。

（2）履约能力审查。中标候选人的经营、财务状况发生较大变化或者存在违法行为，招标人认为可能影响其履约能力的，应当在发出中标通知书前由原评标委员会按照招标文件规定的标准和方法审查确认。

（3）确定中标人。招标人按照评标委员会提交的评标报告和推荐的中标候选人以及公示结果,根据法律法规和招标文件规定的定标原则确定中标人。

(4)发出中标通知书。招标人确定中标人后,向中标人发出中标通知书,同时将中标结果通知所有未中标的投标人。

(5)提交招标投标情况书面报告。依法必须招标的项目,招标人在确定中标人的15日内应该将项目招标投标情况书面报告提交招标投标有关行政监督部门。

第 5 章 数字化项目需求设计阶段

数字化项目需求设计阶段的工作是在项目批复建设内容的基础上，对项目需求及建设方案进一步深化，在很大程度上决定了项目实施的成败及能否达到预期目标。该阶段包含需求分析和深化设计，其中需求分析的主要目标是全面、准确地理解并定义项目的需求，深化设计是在需求分析的基础上，为项目的实施提供详细的设计方案。

5.1 需求分析

5.1.1 需求分析概述

需求分析是经过调研和分析，理解用户和项目的具体要求，将需求表述转化为完整的需求定义的过程。在建设单位与承建单位签订建设合同，团队建立并经过初期交流对项目目标达成一致意见后，即可进入需求分析阶段。与项目规划阶段的任务不同，在本阶段，需求分析需要通过用户、项目经理与技术人员的沟通与配合，准确地定义项目各方面的需求。例如，针对软件开发类项目，需要确定软件系统的业务需求、性能特征及限制条件，形成经双方确认的软件需求规格说明书，为软件设计和开发提供必要的信息，并作为此后系统开发的依据；针对硬件集成类项目，需要确定设备的业务需求、具体配置、参数要求、技术标准、软硬件接口限制及环境需求等，以便选取符合需求的硬件设备。

需求分析的目标包括：

(1)确定系统的目标用户,了解其需求和期望。
(2)确定系统的业务流程和功能要求。
(3)确定系统的性能要求,包括可靠性、可用性、系统响应时间等。
(4)确定系统的项目限制,包括成本、时间、人员限制等。

需求分析的详尽与准确度很大程度上影响了项目后续是否能够顺利推进以及项目质量。同时也会减少建设过程中可能的变更,从而更好地控制项目建设的成本与进度。

5.1.2 需求分析过程

5.1.2.1 需求分析的工作流程

需求分析的工作流程图一般如图 5-1 所示。

1)需求收集

收集用户的需求,包括功能需求、性能需求等。第一阶段需求收集需要从需求来源获取需求信息,有以下这几种途径:

(1)从干系人处直接调研:通过访谈、会议、问卷、观察、原型法等手段获取原始需求。

(2)查阅文档资料,例如查看法律法规等相关资料来确定外部的约束。

(3)分析现有系统,例如对旧系统的改造通常会参考原有系统和文档,硬件项目的实施也通常会依赖于现有的网络环境。

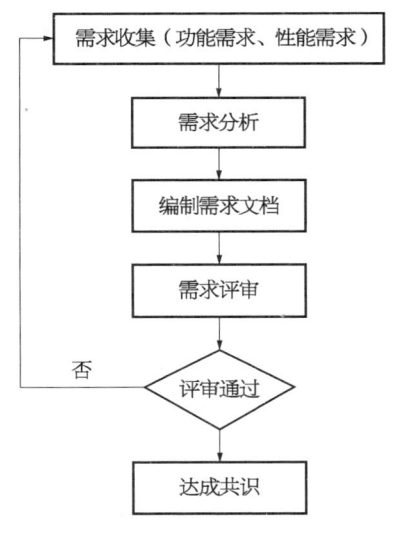

图 5-1 需求分析的工作流程

2)需求分析

分析用户的需求,确定系统范围。第二阶段需求分析是对从原始需求信息中发现有用的信息并进行整理和组织,包括对于模糊的需求进行澄清或细化;发现潜在的冲突并进行权衡决策,涉及利益相关者冲突的需要进行协商;对需求优先级进行分档或排序等。

3)编制需求文档

根据需求分析的结果,编制需求文档,例如需求规格说明书等。第三阶段是编制需求文档,即对需求进行精确的、形式化的描述,形成文档,并提交给相关人员及专家进行审核,以确保文档的准确性、完整性。该阶段产生的文档包括：

（1）需求规格说明书，包含对目标系统行为的完整描述、功能及非功能性需求及需求验证标准。

（2）初步用户手册，包含用户界面描述及目标系统使用方法的初步构想。

（3）初步测试方案，作为系统是否开发完成的依据。

4）需求评审

审核需求设计，确保需求设计符合用户的需求。第四阶段需求评审，对完成的相关文档进行验证与评审，确认是否已准确定义了用户所需要的系统，相关方应对此达成共识。

5.1.2.2 需求分析过程相关方的工作内容

需求分析过程需要建设方与承建方双方的配合与协作，以及其他相关第三方的协助。

1）建设方

对于建设方而言，应负责定义项目的需求，与承建方沟通，确定项目功能和性能特征并检查需求描述是否满足业务需求。工作通常包括以下几方面内容（图5-2）：

（1）收集需求：建设方需收集自身对项目的需求，包括业务需求、技术需求、运营需求以及其他限制条件等外部因素，以便为承建方提供更多的参考信息。

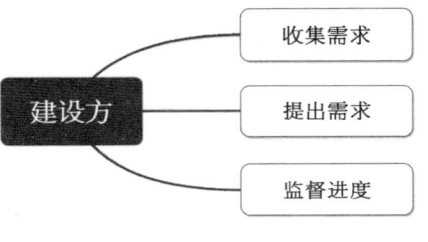

图5-2 建设方工作内容

（2）提出需求：建设方需要与承建方沟通，提出自己的需求，并确保双方对需求的理解达成一致。

（3）监督进度：建设方需要定期监督承建方的进度，以确保承建方能够按时完成开发任务。当进度与计划不一致时，应当采取相应的纠偏措施。

2）承建方

对于承建方而言，负责了解并确定项目的需求，编写需求文档，确保充分理解用户的需求。在部分情况下，用户自身难以表达出确切的需求，承建方则需要负责引导他们表达出确切的需求。工作通常包括以下几方面内容（图5-3）：

（1）收集需求：收集用户的需求。

（2）需求分析：分析用户的需求，协助引导用户澄清需求直到双方对需求的具体细节全部明确，确定具体的建设范围。

（3）编制文档与计划：根据需求分析的结果，编制需求规格说明书以作为本阶段的最终成果物及后续工作的依据,并根据确定的需求制定详细的进度计划。

(4)需求确认:与用户方确认需求规格说明书的内容完全满足要求。

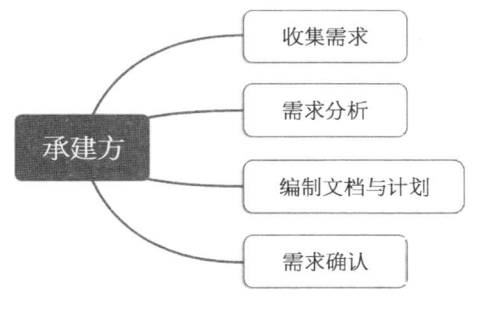

图 5-3 承建方工作内容

3)监理机构

项目建设过程中还可能涉及其他相关第三方,负责提供相关的技术和服务,协助建设方和承建方完成软件需求分析过程,例如监理机构等。工作通常包括以下几方面内容(图 5-4):

(1)督促承建单位提交需求分析过程的详细计划,并监督承建单位按照计划开展需求分析的各项活动。

(2)对需求分析的相关内容、需求分析过程、需求分析活动进行审查,确认是否满足要求。

(3)协调用户单位予以相应的配合。

(4)督促承建单位提交系统需求文档,审查系统需求文档,组织用户单位和承建单位对需求规格说明书进行检查及对需求进行评审。确认相关文档是否可以作为实施的前提和依据。

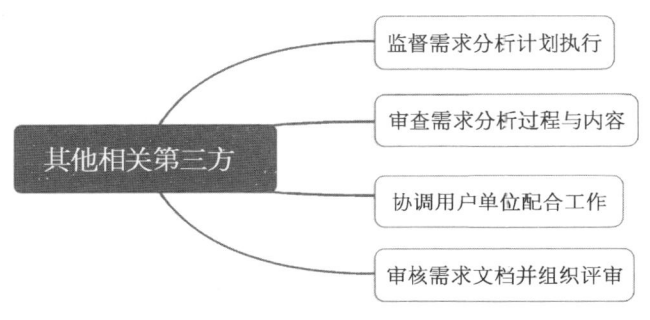

图 5-4 其他相关第三方工作内容

5.1.3 需求的分类

需求分类是一种对项目需求进行系统性整理和组织的方法,它的主要目的是将多样的需求按照某种逻辑或标准进行划分,以便于更好地理解和管理。通过需求分类可以更加明确项目的目标和范围,以及不同需求之间的优先级和关联关系,从而更好地规划和执行项目。

需求分类可以从多个维度进行,一般有以下几种分类方式。

1) 需求层次划分

需求按层次划分为业务需求、用户需求和系统需求。

(1) 业务需求反映了建设单位对项目或产品高层次的目标要求,如系统建设成效等,在项目立项初期就已明确。

(2) 用户需求描述了用户使用系统需要完成的任务,从较高维度来确认该软件系统应解决的问题。

(3) 系统需求包括功能需求与非功能性需求,它定义了系统必须实现的功能,从而满足用户业务需求。

2) 系统需求划分

在需求分析阶段的主要任务就是明确系统需求。系统需求通常可以划分为功能性需求和非功能性需求。

(1) 功能性需求是项目最基本与核心的需求,它包括系统应该提供的服务、针对各项输入给出的输出,以及系统在特定条件下的行为描述。这些需求通常描述了系统应该实现的业务流程和功能,或者也可以明确系统不应该做什么。

(2) 非功能性需求是对系统提供的服务或功能给出的约束,包括性能、安全性、易用性、可靠性、可维护性、可移植性等方面,或者是来自预算、政策与其他软硬件系统交互的约束与限制。这些需求是系统的支持需求,主要是为了保证系统的正常运行和使用,例如系统响应时间、数据库存储容量、系统的可用性等。非功能需求经常适用于整个系统而不是个别的系统功能或服务。

相比起功能性需求,非功能性需求在需求分析阶段常常被忽略或无法做到完全地调研与分析,但非功能性需求同样会对系统的可用性造成重大影响,甚至导致后期整体设计变更的风险。因此,在项目需求分析阶段就对非功能性需求进行明确是非常必要的,例如以下几方面:

① 性能：系统响应时间的需求、系统可承载最大用户数量的需求、系统并发数量的需求。

② 安全性：系统需要达到的网络安全标准、系统需要接入或使用的安全产品。

③ 易用性：系统的操作复杂度、用户交互的需求、界面设计风格的需求。

④ 可靠性：规定条件规定的时间内，不出现由于系统原因导致的长时间中断的需求（某些系统对系统故障容忍率较高，而重要领域的软件系统将更注重其可靠性）。

⑤ 可维护性：系统改正、改动和改进的需求（例如预留某些功能接口，采用模块化、耦合度更低的设计等）。

⑥ 可移植性：系统运行平台的需求。

⑦ 其他方面的限制：系统所运行的环境限制（如服务器及用户终端的配置、网络环境的拓扑结构与网络性能）、政策的限制（如根据政策应当实现或限制的功能）。

有时一个需求会产生或是约束其他的需求，比如一个信息安全性的需求，可能会带来对系统权限的功能性需求。因此，系统需求并不仅是要具体说明系统所需要提供的服务，还必须明确指明这些服务正确交付的必要条件。

3）需求重要性划分

需求的重要性并不是完全相同的，通常而言，按此需求可以分为以下三类：

（1）必要的：此类需求是软件系统所必须满足的。

（2）有条件的：此类需求被认为是软件系统应有的，缺失不会影响系统的交付，但会部分影响系统的使用并降低用户的满意度。

（3）可选的：此类需求被认为是可以选择的，缺失不会影响系统使用。

大多时候，用户会将自己所有的需求都定义为必要的需求，但如果对需求进行重要性划分将有助于促使用户更仔细地考虑每个需求，并有助于开发人员做出正确的设计决定，并针对系统的不同需求做出相应工作量投入。

5.1.4 需求规格说明书

需求规格说明书是需求分析阶段主要成果物之一。它描述了系统的功能、性能、安全性、可靠性、可维护性等要求，以便开发实施人员能够准确地实现系统的各方面要求，是实施过程中的重要依据。

一般而言,需求规格说明书由专门的需求分析师编制,在岗位职责划分不清晰的情况下,也会由承建单位的项目经理进行编制。它面向用户方、项目管理者、系统设计工程师、开发工程师及测试工程师等多个角色,不同角色以不同的角度阅读与使用。对于用户方,须确认需求规格说明书是否已准确描述自身所有需求内容,以减少后期的反复沟通与修改;对于项目管理者,需求规格说明书是进行项目管理的重要依据之一,可以帮助管理人员了解项目范围,制定项目计划与把控开发过程;对于开发团队,通过需求规格说明书可以确认开发内容,并将基于其进行系统的设计与实现;对于测试人员,需求规格说明书将成为系统是否通过测试的重要依据。

需求规格说明书的详细程度取决于所要开发的系统的类型以及所使用的开发过程。例如,当一个系统是由外部机构承建时,需求描述需要更为精确和详细以避免歧义;而当系统是由内部开发时,文档可以进行一定的简略,因为很多问题可以在开发阶段得到更快速的沟通与解决。在采用瀑布模型开发的项目中,需求规格说明书通常在早期就被确认,并且在后期会尽量避免改动;而在一些敏捷开发的模式下,需求规格说明书通常以增量式进行编写。

1) 需求规格说明书的内容与结构

一份良好的需求规格说明书应当包括以下内容:

(1) 功能,即系统将执行的功能。

(2) 外部接口,即软件如何与人、系统的硬件及其他硬件软件进行交互。

(3) 性能,即各种系统功能的速度、响应时间、恢复时间等。

(4) 属性,即系统的可用性、可靠性、可移植性、正确性、可维护性、安全性。

(5) 影响产品实现的设计约束,即是否有使用标准、编程语言、数据库完整性方针、资源限制、运行环境等方面的要求。

基于电气电子工程师协会(IEEE)标准,需求规格说明书的结构的章节构成见表5-1。

表5-1 需求规格说明书的结构

章节	描述
绪言	定义文档的读者对象,说明版本的修正历史,包括新版本要创建的原因,每个版本间的变更内容的概要
引言	应该描述需要该系统的原因,简要描述系统的功能,解释系统是如何与其他系统协同工作的。要描述该系统在机构总体业务目标和战略目标中的位置和作用

续表

章 节	描 述
术语	定义文档中的技术术语和词汇。应假设文档读者是不具有专业知识和经验的人
用户需求定义	这一部分要描述系统应该提供的服务以及非功能系统需求。该描述可以使用自然语言、图表或者其他各种客户能理解的标记系统。产品和过程必须遵循的标准也要在此定义
系统体系结构	这一部分要对待建系统给出体系结构框架,该体系结构要给出功能在各个模块中的分布。能被复用的结构中组件要用醒目方式示意出来
系统需求描述	这一部分要对功能和非功能需求进行详细描述。如有必要,对非功能需求要再进一步描述,例如定义与其他系统间的接口
系统模型	这一部分要提出一个或多个系统模型,以表达系统组件、系统以及系统环境之间的关系。这些模型可以是对象模型、数据流模型和语义数据模型
系统进化	这一部分要描述系统基于的基本设想和定位以及硬件和用户需求改变时所要做的改变。这部分对系统设计人员来说是有用的,因为这有助于他们避免一些设计决策,这些决策可能会限制未来系统的变更
附录	这一部分要提供与开发的应用有关的详细、专门的信息。该附录的例子是硬件和数据库的描述,硬件需求定义了系统最小和最优配置,数据库需求定义了系统所用的数据的逻辑结构和数据之间的关系
索引	可以包括文档的几个索引。除了标准的字母顺序索引外,还可以有图表索引、功能索引等

2)软件应用开发类项目需求规格说明书的评审

针对软件应用开发类项目,需求规格说明书的评审可以从以下几个方面进行确认:

(1)定义的目标是否完整、清晰、准确反映用户要求。

(2)需求分析阶段提供的文档资料是否齐全。

(3)与所有其他系统的重要接口是否都已经描述。

(4)文档中列举的主要功能是否与建设范围一致,是否都已充分说明。

(5)是否明确了约束条件或限制条件,这些条件是否符合实际。

(6)是否考虑了开发的技术风险。

(7)是否考虑可扩展性。

(8)是否详细制定了系统检验通过标准。

(9)有没有遗漏、重复或不一致的地方。

(10)用户是否审查了初步的用户手册或原型。

3)数字化软硬件购置项目需求规格说明书的评审附加注意方面

针对数字化软硬件设备购置项目,除了与上述软件应用开发类项目需求规

格说明书的评审相同,还可以注意以下几个方面:

(1)软硬件设备规格、型号、性能参数等是否满足项目的实际需求。

(2)所选软硬件设备是否与其他系统或设备兼容,并能够在现有环境中顺利集成。

(3)是否已考虑到未来可能的扩展和升级需求,例如是否支持扩展槽、升级接口等特性。

(4)是否明确了软硬件设备的平均无故障时间、故障恢复能力等稳定性需求指标。

(5)是否明确了软硬件设备的保修期限、维修流程、备件供应等。

(6)是否提供必要的技术支持和培训服务。

(7)所选软硬件设备是否需要达到特定的环保标准、电磁兼容性标准等。

5.1.5　需求管理

需求管理是一种用于查找、记录、组织和跟踪系统需求变更的系统化方法,可用于获取、组织和记录系统需求并使项目团队在系统需求变更上保持一致。有效的需求管理在于维护清晰明确的需求阐述、每种需求类型所适用的属性,以及与其他需求和其他项目工作之间的可追溯性。

需求管理活动包括:

(1)定义需求基线。

(2)评审需求变更并评估每项需求变更对软件产品的影响从而决定是否实施它。

(3)以一种可控的方式将需求变更融入当前的软件项目。

(4)确保当前的项目计划和需求保持一致。

(5)估计变更所产生的影响并在此基础上协商新的约定。

(6)实现通过需求可跟踪对应的设计、源代码和测试用例。

(7)在整个项目过程中跟踪需求状态及其变更情况。

项目过程中经常会涉及需求变更。在需求说明书经过论证以后,需要在原有需求基础上追加和补充新的需求或对原有需求进行修改和削减,均属于需求变更。

需求变更的出现主要是因为在项目的需求确定阶段,用户往往不能确切地定义自己需要什么,或者外部原因导致需求发生了改变。

如果项目组缺少明确的需求变更控制过程或采用的变更控制机制无效,很可能造成项目进度拖延、成本不足、人力紧缺,甚至导致整个项目失败。当然,即使按照需求变更控制流程进行管理,由于受进度、成本等因素的制约,项目还是会受到不同程度的影响。但实施严格的需求管理会最大限度地控制需求变更给项目造成的负面影响,这也正是进行需求变更管理的目的所在。

5.2 深化设计

5.2.1 深化设计概述

数字化项目的深化设计是指在项目总体设计的基础上,结合已通过评审的需求文档,进一步细化、完善和优化设计方案的过程。当建设单位与承建单位对需求达成一致、需求规格说明书通过评审与确认后,即可进入深化设计阶段。它涉及对项目各个方面的详细设计、配置以及项目规划等,确保项目能够满足用户的需求,并进一步确保项目的质量,提高系统的可用性和用户满意度。同时,深化设计也为后续的系统开发、实施和维护提供了详细的依据和指导。

5.2.2 实施方案

5.2.2.1 实施方案概述

项目实施方案是以实施项目为对象编制的,用以指导项目实施的技术、经济和管理的综合性文件。每一个项目进入实施阶段前,都必须根据项目特点与实施条件来编制实施方案。

项目实施方案的基本任务是根据国家有关技术政策、建设项目要求、施工组织的原则,结合工程的具体条件,确定经济合理的方案,对拟建工程在人力和物力、时间和空间、技术和组织等方面统筹安排,明确项目管理制度、项目质量保证计划并对潜在风险进行排除与控制,以作为项目建设的依据,保证项目能够顺利实施,按时、保质、保量地完成项目建设并取得预期成果。

5.2.2.2 实施方案编制

项目实施方案一般由项目经理负责编制,编制流程如图 5-5 所示。

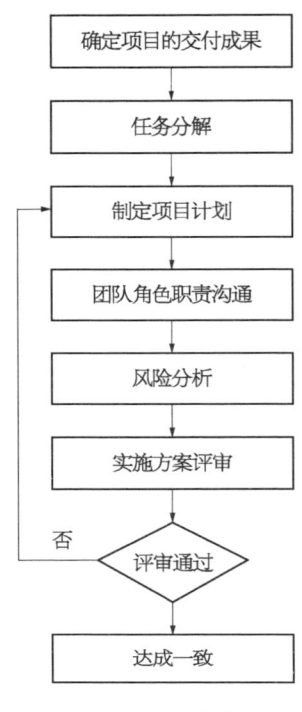

图 5-5 编制流程

1）确定项目的应交付成果

除了最终需交付的软件系统，应交付成果也包括中间产物，例如软件建设项目的交付成果将包括：需求规格说明书、概要设计说明书、详细设计说明书、数据库设计说明书、项目阶段计划、项目阶段报告、程序维护说明书、测试计划、测试报告、程序代码与程序文件、程序安装文件、用户手册、验收报告、项目总结报告等。

2）任务分解

将项目目标分解到具体的每项工作，并制定完整的工作分解结构图。例如，软件开发项目可以从阶段角度首先划分为需求分析工作、架构设计工作、编码工作、测试工作等，针对每一个阶段，再具体细化到每一个模块所需完成的任务。

任务分解后，在资源独立的假设前提下确定各个任务之间的相互依赖关系，以确定各个任务开始和结束时间的先后顺序；获得项目各工作任务之间动态的工作流程，并评估每个任务所需的人力、物力等资源需求。

3）制定项目计划

项目计划详细说明了如何执行项目，包括时间表、资源分配、成本估算和质量要求。它是项目执行和控制的基础，确保所有项目团队成员都清楚自己的任务和期望。项目计划应该是动态的，能够根据项目进展和变化进行调整。

4）团队职责角色沟通

明确项目团队成员具体角色构成、职责、相互关系、沟通方式，清晰的职责划分可以减少冲突和误解，令相关方快速了解项目中每个人的角色，提高团队效率。

5）确定管理工作要求

管理工作要求涉及制定项目管理的各个方面，如质量管理、进度管理、成本管理和沟通管理计划。这些计划为项目经理提供了监控和控制项目的框架，确保项目按照既定的目标、范围和预算进行。

6）风险分析

风险分析是识别项目潜在威胁和机会的过程，包括评估它们的可能性和影响。通过风险分析，项目经理可以制定相应的应对策略，如风险规避、减轻、转移或接受。这有助于降低项目的不确定性,提高成功的机会。

5.2.2.3 实施方案评审

对实施方案进行评审、批准是为了使相关人员达成共识、减少不必要的错误,使其更合理更有效。

项目经理完成实施方案编制后,首先应组织项目团队负责人、测试负责人、系统分析负责人、设计负责人、质量监督员等对其进行评审,项目经理应确保与所有人员就实施方案中所列内容达成一致。

项目经理将已经达成一致的实施方案提交项目主管领导进行审批,审批通过后再交由项目建设单位及管理单位的审批。

经项目各参与方批准后的实施计划将作为项目建设开展的依据,但在必要时可以根据项目进展情况实施计划变更。

项目实施方案通常应包括以下内容:

(1) 项目概述:包括项目的目的、目标、范围、成功标准等。
(2) 项目团队:确定项目团队成员,并列出他们的职责和联系方式。
(3) 项目计划:详细地描述项目的时间表、任务依赖关系、资源需求等。
(4) 风险评估:识别项目的可能风险,并确定应对措施。
(5) 项目沟通计划:确定项目信息的流通方式,以确保各方了解项目的进展。
(6) 项目成本预算:制定项目的成本预算,并确保在项目实施过程中遵守。
(7) 项目质量计划:确定项目的质量标准,并确保在项目实施过程中遵守。
(8) 项目控制计划:确定项目的监控和评估方法,以确保项目按照计划进行。
(9) 支持文件:包括项目章程、合同、法律文件等。

5.2.3 安全实施方案

数字化项目的安全实施方案主要针对网络和信息安全。它是数字化项目实施过程中,为了保障项目的安全、稳定运行,预防和应对可能出现的安全风险和问题制定的一套详细的安全方案,以确保数字化项目在设计、开发、部署、运行和维护等各个阶段都能得到有效的安全保障。

5.2.3.1 政策依据

(1)《中华人民共和国网络安全法》。
(2)《中华人民共和国数据安全法》。

(3)《信息安全技术　网络安全等级保护基本要求》。

(4)《贯彻落实网络安全等级保护制度和关键信息基础设施安全保护制度的指导意见》(公网安〔2020〕1960号,2020年11月实施)。

5.2.3.2　安全实施要求基本要素

安全实施要求基本要素见表5-2。

表5-2　安全实施要求基本要素

类　　别	要　　素
安全物理环境	物理位置选择
	物理访问控制
	防盗窃和防破坏
	防雷击
	防火
	防水和防潮
	防静电
	温湿度控制
	电力供应
	电磁防护
安全计算环境	身份鉴别
	访问控制
	安全审计
	入侵防范
	恶意代码防范
	可信验证
	数据完整性
	数据保密性
	数据备份恢复
	剩余信息保护
	个人信息保护

5.2.3.3 总体要求解读

为了确保项目中安全要求得以实现,需要在安全防护、风险控制方面确立项目实施方案,以第三级等级保护要求为例,具体如下:

(1)机房及设备的安全物理环境方面,机房场地应选择在具有防震、防风和防雨等能力的建筑内,避免设在建筑物的顶层或地下室,并在机房出入口配置电子门禁系统,用于控制、鉴别和记录进入的人员。此外,还须满足防盗窃、防破坏、防雷击、防火、防水、防潮、防静电以及温湿度控制、电力供应、电磁防护的相关要求,以此保障机房及其设备正常有效地运转。

(2)安全通信网络方面,需要满足安全通用要求规定的网络架构的业务处理能力,带宽应满足业务高峰期的需要,应提供通信线路、关键网络设备和关键计算设备的硬件冗余来保证系统的可用性。在通信传输过程中要保证校验技术和密码技术的完整性和保密性。应基于可信根对通信设备的系统引导程序、系统程序、重要配置参数和通信应用程序进行可信验证,并在关键执行环节进行动态可信验证。

(3)安全区域边界的要求方面,主要包含边界防护、访问控制、入侵防范、恶意代码和垃圾邮件防范、安全审计以及可信验证,从而做到对非授权设备私自联到内部网络、内部用户非授权访问外部网络的行为进行检查和限制,确保无线网络通过受控的设备接入内部网络。应对源地址、目的地址、源端口、目的端口和协议等进行检查,对进出网络的数据流实现基于应用协议和应用内容的访问控制。在关键网络节点处进行检测、防止或限制网络攻击行为,并进行安全审计,从而保障系统运行的安全性和可靠性。

(4)安全计算环境的要求方面,涉及身份鉴别、访问控制、安全审计、入侵防范、恶意代码防范、可信验证、数据完整性、保密性、数据备份恢复、剩余信息保护以及个人信息保护。要求采用口令、密码技术、生物技术等两种或两种以上组合的鉴别技术对用户进行身份鉴别,且其中一种鉴别技术至少使用密码技术实现。需要采用校验技术或密码技术保证重要数据在存储过程中的完整性和保密性。应提供重要数据处理系统的热冗余,保证系统的高可用性,并保证存有敏感数据的储存空间被释放或重新分配前得到完全清除。

(5)安全管理中心方面,要求对各管理员进行身份鉴别,只允许其通过特定的命令或操作界面进行安全管理操作,并对这些操作进行审计。通过安全管理员对系统中的安全策略进行配置。要求划分出特定的管理区域,建立一条安全的信息传输路径,对网络中的安全设备或安全组件进行管理。对网络链路、安全设备、网络设备和服务器等运行状况进行集中检测,对审计数据进行收集汇总和集中分析,同时对安全策略、恶意代码、补丁升级等安全相关事项进行集中管理,做到及时识别、报警和分析。

(6)安全管理制度方面,主要涉及安全策略、管理制度、制定和发布、评审和修订。要求形成由安全策略、管理制度、操作规程、记录表单等构成的全面的安全管理制度体系。

(7)安全管理机构方面,提出了对于岗位设置、人员配备、授权和审批、沟通和合作、审核和检查的相关要求。要求成立指导和管理网络安全工作的委员会或领导小组,并设立专职的安全管理员,且不可兼任。对于重要活动建立逐级审批制度,并定期审查审批事项,及时更新需要授权和审批的项目、审批部门和审批人等信息。要求加强各类管理人员、组织机构和网络安全管理部门之间的合作。定期进行全面安全检查,检查现有安全技术举措的有效性、安全配置与安全策略的一致性、安全管理制度的执行情况等。

(8)安全管理人员方面,要求具备对于人员录用、人员离岗、安全意识教育和培训、外部人员访问的管理。录用人员需要签署保密协议,与关键人员签署岗位责任协议。离岗人员严格办理调离手续,并承诺调离后的保密义务。加强针对不同岗位的培训,对安全基础知识、岗位操作规程等方面进行培训,并定期对不同岗位人员进行技能考核。外部人员获得系统访问授权时需要签署保密协议,不得进行非授权操作,不得复制和泄露任何敏感信息。

(9)安全建设管理方面,对定级和备案、安全方案设计、产品采购和使用、自行软件开发、外包软件开发、工程实施、测试验收、系统交付、等级测评和服务供应商选择进行了规定。要求安全方案设计应根据保护对象的安全保护等级及与其他级别保护对象的关系进行安全整体规划和安全方案设计;设计内容应包含密码技术相关内容,并形成配套文件,且在相关部门和有关安全专家对安全整体规划及其配套文件进行论证和审定后,经过批准才能正式实施。产品选购应先进行选型测试,选定产品的候选范围,定期进行审定和更新。软件开发应符合相应的软件开发管理制度和代码编写规范,对程序资源库的修改、更新、发布应进行授权和批准,并保证开发人员的开发活动受到控制、监视和审查。外包软件开发应保证开发单位提供源代码,并审查软件中可能存在的后门和隐蔽渠道。工程实施的过程中第三方工程监理应控制项目实施的全过程。对于服务供应商,应定期监督、评审和审核服务供应商提供的服务,并对其变更服务加以控制。

（10）安全运维管理方面，应在环境、资产、介质、设备维护、漏洞和风险、网络和系统安全、恶意代码防范、配置、密码、变更、备份与恢复、安全事件、应急预案和外包运维做出相应的管理要求。对于机房环境，应建立机房安全管理制度保证机房运维环境的安全性，并对不同资产的重要程度应进行标识管理，对标识方法做出相应规定，根据资产的价值选择相应的管理措施，并对信息的使用、传输和储存进行规范化管理。在设备维护过程中，信息处理设备应经过审批才能带离机房或办公地点，含有储存介质的设备带出工作环境时，重要数据应加密处理，储存介质在报废或重用前，应进行完全清除或被完全覆盖。为防止漏洞和风险的发生，应定期开展安全测评，形成安全测评报告，从而应对发现的安全问题。网络与系统安全要求规定应指定专门的部门和人员对日志、监测和报警数据等进行分析、统计，应严格控制变更行运维、运维工具的使用、远程运维的开通，并保证所有与外部的连接均得到授权和批准。应建立变更的申报和审批控制程序，并记录变更实施过程。对于系统中断和造成信息泄露的重大事件应采取不同的处理程序和报告程序。应制定统一的应急预案框架，并定期对应急预案进行评估，修订完善。应保证外包运维服务商具有按等级保护要求开展安全运维工作的能力，并将能力要求在签订的协议中明确，且知悉所有相关的安全要求（如可能涉及对敏感信息的访问、处理、储存要求，对 IT 基础设施中断服务的应急保障要求等）。

5.2.4 进度计划

1）进度计划概述

项目进度计划是指在项目实施过程中，对整个项目的各个工作阶段、任务、活动等进行的具体时间规划、安排和管理。制定项目进度计划的目标是确保项目能够按照预定的时间表和进度要求进行，并且满足预期的质量要求。它可以帮助项目经理和团队成员更好地管理项目，确保项目按时完成，达到预期的成果和目标。

2）任务历时估算技术

任务历时估算技术是一种用于估算任务完成所需时间的技术。它可以帮助管理者更好地安排任务，并确定任务的完成时间。它可以帮助管理者更好地安排任务，并确定任务的完成时间。

任务历时估算技术可以通过多种方式来实现，其中包括：

（1）基于历史数据的估算，通过分析过去完成相似任务所花费的时间，可以估算出本次任务的完成时间。

（2）基于专家经验的估算，通过询问专家，可以获得他们对本次任务完成所需时间的估算。

（3）基于技术模型的估算，通过建立技术模型，可以根据任务的特征和要求，估算出本次任务的完成时间。

（4）基于质量模型的估算，通过建立质量模型，可以根据任务的质量要求，估算出本次任务的完成时间。

3）进度计划制定

定义活动、排列活动顺序以及资源和历时估算的结果构成了制订项目进度计划的基础。项目的进度计划是对每个活动的进度安排，而更重要的是能够提供项目整体的进度信息。制订项目进度计划的工具和方法有干特图和关键路径分析法。

具体方法在第 2 章中已有说明。

4）管理重点

在项目实施过程中，由于外部环境和条件的变化，往往会造成实际进度与计划进度发生偏差，如不能及时发现这些偏差并加以纠正，项目进度管理目标的实现就一定会受到影响。因此，必须实行项目进度计划控制。

项目进度计划控制的方法是以项目进度计划为依据，在实施过程中对实施情况不断进行跟踪检查，收集有关实际进度的信息，比较和分析实际进度与计划进度的偏差，找出偏差产生的原因和解决办法，确定调整措施，对原进度计划进行修改后再予以实施。

在项目执行和控制过程中，要对项目进度进行跟踪，对项目进度有两种不同的表示方法，一种是纯粹的时间表示，对照计划中的时间进度来检查是否在规定的时间内完成了计划的任务；另一种是以工作量来表示的，在计划中对整个项目的工作内容预先做出估算，在跟踪实际进度时看实际的工作量完成情况，而非单纯从时间维度评估。即使某些项目活动有拖延，但如果实际完成的工作量不少于计划的工作量，也认为是正常的。

在项目进度管理中，往往这两种方法是配合使用的，同时跟踪时间进度和工作量进度这两项指标。在掌握了实际进度及其与计划进度的偏差情况后，就可以对项目将来的完成时间做出预测。

5.2.5 软件设计

软件设计是在软件应用开发项目中后续开发步骤及软件维护工作的基础。一般而言，软件系统的设计可以分为概要设计、详细设计、数据库设计等，并分别输出概要设计说明书、详细设计说明书、数据库设计说明书等。根据系统复杂程度，较为简单的软件系统也可以视情况将设计结合在一起进行，形成一份设计说明书。

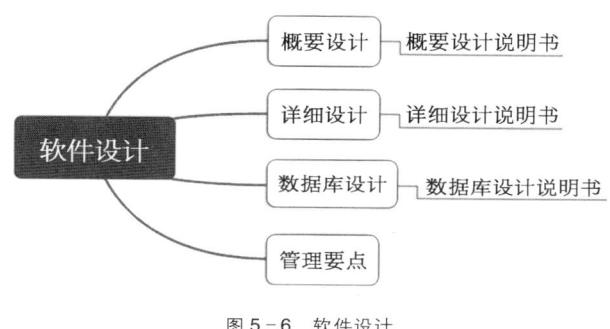

图 5-6 软件设计

5.2.5.1 概要设计

1）概要设计的目标

概要设计的目标是提供所开发的软件系统的概述，即描述系统大致的实现方式，例如开发语言、开发环境、原型、架构设计等，以便管理者和开发者能够更好地理解系统的功能和结构。一般而言，概要设计需要通过评审以确认设计的实现方式能够满足各方面的需求。

2）概要设计过程

概要设计的主要过程如图 5-7 所示。

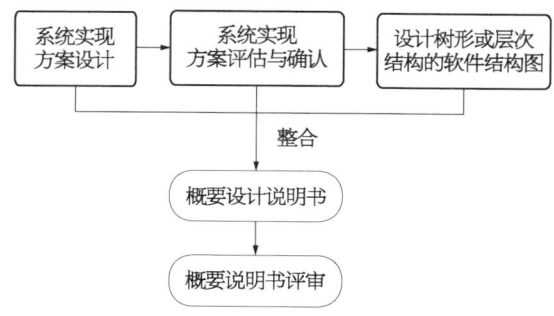

图 5-7 概要设计的主要过程

（1）系统实现方案设计。在需求分析阶段完成了对系统整体需求的确认，并得到经过细化的数据流图，作为概要设计的输入。设计分析人员可以将其中的某些逻辑归并到一个自动化边界内作为一组。不同的自动化边界划分方法确定了系统的不同实现策略，可借助系统流程图来描述物理实现策略。在此基础上将确定若干可行的系统实现方案，然后比较各方案的优缺点，结合用户实际情况推荐较优的实现方案。

（2）系统实现方案评估与确认。在明确了系统的基本实现策略之后，应评估不同方案的成本和效益，并为它们规划出项目实施的进度计划，同时绘制出每个方案的系统流程图，列出组成系统的物理元素清单。设计分析人员通过综合比较各种合理方案的利弊，最终选定推荐方案，交由用户、相关技术专家以及项目管理人员进行评审，确定该方案满足用户需要，且在当前的技术条件下可实现，经使用方负责人批准后即可进入到软件设计阶段。

（3）设计树形或层次结构的软件结构图。软件结构也称为程序结构，它是在确定了系统的实现方案之后，综合运用模块化思想、模块独立性思想、信息隐蔽和信息局部化思想以及软件设计的启发式规则，将软件进行功能的分解，并把分解之后的软件模块按照自上而下的树形或层次结构组装在一起。因此，概要设计的关键任务之一就是能导出符合要求的软件结构。但软件结构设计的依据是需求分析阶段得到的经过细化和确认的数据流图。

（4）概要设计说明书编制。将上述内容整理，编制详细设计说明书。

（5）概要设计说明书评审。编制完成的概要设计说明书经过正式评审后，形成正式文档，作为下一阶段的工作依据。

3）概要设计说明书

概要设计说明书一般由专门的系统设计工程师或系统架构师负责编制，在部分职责划分较为简单的团队中也会由开发工程师直接进行编制。

该文档面向的对象有建设单位、第三方管理单位、承建单位开发工程师、测试工程师等。对于建设单位与第三方管理单位，概要设计说明书主要用于系统设计评审，以判断技术可行性和实现成本，取得更广的视角和专业意见和建议，确认该设计是否可以满足需求。对于开发工程师，概要设计指导了开发的方向与系统实现的方式。对于测试工程师，该文档将用于验证系统的实现是否与文档描述一致，以保证系统的统一性。概要设计说明书可以帮助不同角色之间进行更有效的沟通，传递和对齐项目信息，避免相同问题反复沟通，降低沟通成本和信息风险。

一份完备的概要设计说明书可以帮助设计人员与开发人员进行充分思考，提前发现潜在的问题与风险，可以有效避免在开发过程中的纠错返工，降低开发成本。当项目进入后期运维阶段，概要设计说明书可以有效帮助运维人员了解系统设计，及时解决与排查问题。此外，数字化软件项目建成后通常还会经历一定次数的升级迭代，但承建单位不一定是同一家，或者即使是同一家承建单位，也不一定是当初的开发团队。当对原系统不熟悉的团队接手一个项目时，理解原系统的设计与开发模式是非常重要的工作，虽然系统有源代码可以参考，但通过代码去理解系统设计的成本非常大，并且可能造成错误和遗漏。因此，通过概要设计说明书，可以记录系统的设计与实现方法，帮助接手本项目的开发人员快速了解系统设计，提高开发效率。

针对概要设计说明书的评审，可以从以下维度进行评估：

（1）是否包含对本工程及概要设计说明书的背景说明，包括编写目的、背景、定义参考资料等。

（2）是否包含总体设计的说明，包括对运行环境、基本设计概念和处理流程、结构功能需求与程序的关系、人工处理过程、尚未解决的问题等，审查上述说明的全面性和业务符合性。

（3）是否含接口设计的说明，包括用户接口、外部接口、内部接口，审查全面性和业务符合性。

（4）是否包含对运行设计的说明，包括运行模块组合、运行控制、运行时间等，审查全面性和业务符合性。

（5）是否包含系统数据结构设计，包括逻辑结构设计要点、物理结构设计要点、数据结构与程序的关系等，审查全面性和业务符合性。

（6）是否包含对系统出错处理设计的说明，包括出错信息、补救措施、系统维护设计，审查全面性和业务符合性。

5.2.5.2　详细设计

1）详细设计的目标

详细设计的目标是提供所开发的软件系统的详细设计，它使开发者能够更好地理解系统的功能和结构，并能够根据详细设计来实现系统。它从系统的功能、结构、接口、数据流、安全性、可靠性、可扩展性等方面定义了系统的设计，并详细阐述每一项功能是具体如何实现的。

2）详细设计过程

详细设计的一般过程如图 5-8 所示。

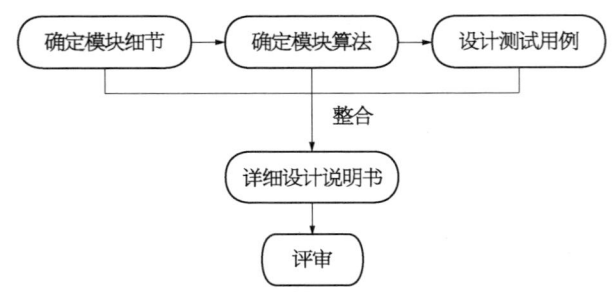

图 5-8 详细设计的一般过程

（1）确定模块细节。对需求分析、概要设计阶段所确定的抽象的数据类型进行确切的定义，确定内部数据组织形式，进行数据库设计；确定软件系统内部和外部模块的接口细节，包括对系统外部的接口和用户界面，对系统内部其他模块的接口，以及模块输入数据、输出数据和局部数据的全部细节。

（2）确定模块算法。选择适当的图形、表格和语言等描述工具阐明每个模块算法的执行过程，写出模块的详细过程性描述。

（3）设计测试用例。在系统详细设计阶段，就应该对测试用例进行初步编制，由于详细设计人员最了解模块的功能和要求及系统的输入输出，因此由他们在该阶段进行模块的测试用例设计。同时，测试用例也可帮助澄清文档中可能存在的歧义，有助于开发人员在编码阶段的工作更为顺利。测试内容通常包括前置条件、输入数据、期望输出结果等。

（4）详细设计说明书编制。将上述结果整理，编制详细设计说明书。

（5）详细设计说明书评审。编制完成的详细设计说明书经过正式评审后，形成正式文档，作为下一阶段的工作依据。

3）详细设计说明书

详细设计说明书一般由专门的开发工程师负责编制。

该文档面向的对象有用户方、管理方、开发工程师、测试工程师等。对于用户方与管理方，详细设计说明书主要用于系统设计评审，以判断技术质量与实现成本。对于开发工程师，详细设计明确指导了系统实现方式。对于运维人员、项目改造时的开发人员，详细设计说明书将具体的系统设计与实现方式进行记录，可以快速理解系统。对于测试工程师，可以参考详细设计说明书进行单元测试用例的设计与执行。

针对详细设计说明书的评审，可以从以下维度进行评估：

（1）是否包含对本工程及详细设计说明书的背景说明，包括编写目的、背景、定义、参考资料等。

（2）是否包含所有模块的输入项、输出项、算法、流程逻辑、接口、存储分配、注释设计、限制条件、测试计划、尚未解决的问题等。

（3）审查文档内容的完整性和准确性，确保各项设计要素齐全且符合业务要求。

5.2.5.3 数据库设计

1）数据库设计的目标

数据库设计的目标是创建一个可以满足用户需求的数据库系统，用于收集、存储、管理和处理数据，以满足用户的需求。数据库设计的目标是使用户能够轻松访问和操作数据，并能够提供可靠的数据安全性和数据一致性。

2）数据库设计过程

数据库设计与概要设计、详细设计并不是分离的，它通常与概要设计、详细设计同步进行。数据库设计的一般过程如图5-9所示。

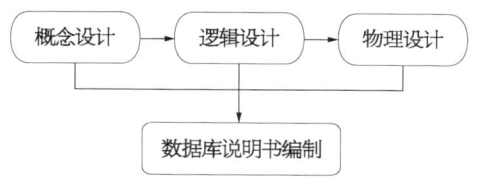

图5-9 数据库设计的一般过程

（1）概念分析。概念设计是整个数据库设计的关键，针对需求分析阶段已明确的系统需求及用户对应用系统的数据需求和处理需求，设计人员需要进行进一步整理与分析，确认具体的实体对象、对象的特征、它们之间的关系，形成概念模型。概念数据模型通常用图形表示，如常见的E-R模型等。

设计人员应从用户角度看待数据及处理需求，确保表现形式应易于为用户理解、易于与用户交流。

（2）逻辑设计。逻辑设计根据概念设计中确认的实体关系图，再次明确具体有多少实体，每个实体的属性，实体间的关系如何进行关联等，将概念模型转换为具体数据库系统所支持的逻辑数据模型，并对其进行优化。

转换的逻辑结构应与概念模型保持一致，且需要从功能和性能上满足用户要求，逻辑数据模型与具体的数据库系统有关，其表现形式以方便与易于设计人员阅读和交流为主。

在逻辑数据模型的基础上,本阶段进一步要考虑的还有用户如何使用数据,即从用户使用数据的角度设计外部模型。外部模型是逻辑模型的一个逻辑子集。外部模型有助于用户以一种更简化的方式专注于自己的核心事务。

(3)物理设计阶段。相比于前面的阶段,数据库自动完成了大部分的内部管理,因此物理设计阶段要做的主要是为逻辑模型选取存储结构和存取方法。

(4)数据库说明书编制。对上述部分的结果进行整理,编制数据库说明,用以明确数据库的设计。数据库说明书可以单独形成文件,或作为详细设计的一个章节阐明。

3)数据库设计说明书

数据库设计说明书是对于设计中的数据库的所有标识、逻辑结构和物理结构做出具体的设计规定。它一般由专门的数据库设计人员或开发人员负责编制。

该文档面向的对象有用户方、管理方、开发工程师、测试工程师等。对于用户方与管理方,数据库设计说明书可以帮助对项目数据结构设计的了解,并可用于系统设计评审。对于开发工程师,数据库设计说明书明确了系统数据的组织形式与具体的字段内容。对于运维人员,数据库设计说明书将帮助解释数据的含义。对于测试工程师,可以参考数据库设计说明书进行测试用例的设计与执行。

一份详尽的数据库设计说明书应包含对本工程及数据库设计说明书的背景说明(包括编写目的、背景、定义、参考资料等),对外部设计的说明(包括标识符和状态、使用它的程序、约定、专门指导、支持软件等),对结构设计的说明(包含概念结构设计、逻辑结构设计、物理结构设计等),以及对运用设计的说明(包含数据字典设计、安全保密设计)、审查全面性和业务符合性。

针对数据库说明书的评审可以从以下几方面进行:

(1)是否包含对本工程及数据库设计说明书的背景说明,包括编写目的、背景、定义、参考资料等。

(2)是否包含对外部设计的说明,包括标识符和状态、使用它的程序、约定、专门指导、支持软件等,审查全面性和业务符合性。

(3)是否包含对结构设计的说明,包含概念结构设计、逻辑结构设计、物理结构设计等,审查全面性和业务符合性。

(4)是否包含对运用设计的说明,包含数据字典设计、安全保密设计,审查全面性和业务符合性。

5.2.5.4 管理要点

系统设计能够建立和决定系统的功能、形式、费用以及开发进度,是项目建设过程中非常重要的环节。

为了避免后期出现设计上的风险,例如系统设计不统一、不合理导致系统性能问题以及后续开发与维护的成本上升,在对系统架构设计决策时应经过严肃的决策环节,明确为何使用现在的设计。

1)系统架构设计决策的记录与评估

进行系统架构设计决策时,可以从以下方面进行记录与评估,以保证每次决策过程的完整性。

(1)问题描述:描述要解决的问题以及现在这个时间点来解决这个问题的原因。

(2)约束:描述在解决该问题时的限制条件,例如预算、时间、资源。

(3)假设:描述在做出决策时的假设,由于何种原因在决策当时尚无法验证。

(4)相关的架构决策/原则:列举相关的架构决策或架构原则,有助于帮助读者理解决策推导过程。

(5)备选方案:列举所有可能的方案,以及方案的优缺点评估。

(6)决策:最终选择了哪个方案,其优缺点是什么,为何选择该方案。

(7)状态:此项决策是否已通过,或根据具体团队的架构决策流程来定义。

2)系统设计阶段的管理

在系统设计阶段,可以从以下方面进行管理:

(1)督促承建单位开展设计活动,审查承建单位的设计文档。

(2)督促承建单位按照计划的要求开展系统设计活动。

(3)制定相应的业务指标评价体系,监督承建单位对系统结构开展合理的方案设计。

(4)审查承建单位提交系统设计文档,确认其应符合相关标准要求。

3)系统设计的评价准则

对系统设计的评价应考虑以下准则:

(1)设计的可追溯性、一致性,是否与需求规格说明书保持了一致。

(2)所使用的设计标准和方法的适宜性。

(3)软件项满足指定需求的可行性。

(4)具体业务指标评价体系的可测试性。

(5) 业务流程再造、业务持续改进的可行性。
(6) 运行和维护的可行性。

5.2.6 测试方案

测试方案是描述测试策略的文档,在项目需求分析形成并在深化设计阶段逐步完善,是在规划和设计阶段的重要成果物之一,也是项目管理的重要组成部分。编制测试方案的目的是定义测试范围、测试类型、测试环境、测试方法、所需资源、测试时间计划以及测试通过标准,明确所覆盖的功能、需执行的任务、每项任务的负责人等,并识别相关的风险。

制定测试方案可以明确测试所需的资源,以便提前进行资源的获取而避免后期因资源不足导致测试无法进行,使进度延后。同时,测试方案可以帮助团队了解测试目标、范围和方法。对于开发人员,它还有助于澄清系统所应达到的功能及输入输出等。同时,测试方案也可以帮助识别潜在问题和依赖关系,减少潜在的风险。

测试方案通常由专门的测试工程师制定,测试工程师根据系统设计相应完成测试方案及用例的编制,但过程中需要与相关人员配合以确保考虑所有观点和需求。例如,有关测试进度计划可能由项目经理规划;对测试所涉及功能输入输出由设计人员提供。

测试方案包括以下内容:
(1) 测试范围。
(2) 测试目标,数字化项目测试的目的应是验证项目设计、建设方案中功能、性能、安全等要求是否得以实现,给出系统在功能缺陷、安全防护、风险控制方面与相关标准之间的差距。
(3) 测试类型,例如功能性测试、性能测试、安全性测试、兼容性测试、易用性测试、可靠性测试、维护性测试、可移植性测试等。
(4) 测试阶段,如单元测试、集成测试、系统测试、验收测试。
(5) 测试方法,有多种分类方式,例如,根据实现算法细节和系统内部结构的角度划分为黑盒、白盒、灰盒测试;根据程序执行的方式划分为人工测试和自动化测试等。
(6) 测试环境,所涉及硬件环境、软件环境、网络环境等,如软件程序所运行的机器配置、所使用的操作系统等。

（7）测试工具，例如测试脚本或专门的测试软件。

（8）测试任务划分及负责人员。

（9）测试时间计划。

（10）准入准出规则，即达成什么条件可以开始测试，达成什么条件可认为完成测试。

（11）测试风险评估及应对。

测试方案编制完成后经评审通过，可作为项目过程的一份依据文件，在达成测试准入条件后即可进入测试阶段。

项目管理者仍应在整个开发过程中随着项目的发展和变化对其进行定期审查和更新，确保测试与总体项目目标保持一致，以保证后期测试工作的高效性和有效性。

第 6 章 数字化项目实施阶段

数字化项目实施阶段是将数字化项目的规划、需求和设计转化为实际解决方案的过程。在这个阶段,项目团队将依据前期制定的项目计划、技术选型和详细设计文档,开始进行具体的构建、配置、开发和集成工作,包括但不限于软件编码、系统配置、数据库建立、网络架构搭建、硬件部署、数据迁移以及接口开发等。同时,在该阶段也需要完成测试、试运行、用户培训等工作。

针对不同类型的项目,实施阶段所关注的重点有所不同。例如,针对软件开发类项目,重点关注软件编码开发和测试的过程;针对硬件集成类项目,则应关注采购的设备是否满足要求,以及集成安装过程的规范性。

6.1 软件编码

针对软件开发类的数字化项目,软件编码过程是实施阶段重点关注的内容。

软件编码指的是使用计算机语言、开发工具和编程技术等手段,将特定的需求和设计转化为实际可执行代码的过程。软件编码的目标是按照系统设计完成软件系统功能的开发,整合各个功能模块,实现系统的集成运行。除此之外,在这个过程中编码人员还需要确保代码的质量,包括其可靠性、可读性、可测试性、可维护性、可适应性和可移植性等,满足用户需求。

在软件编码过程中的工作包括:

(1)代码实现。根据软件设计文档,使用所选的编程语言和相关工具进行代码编写。实现过程中需要注意代码的逻辑正确性、性能优化以及异常处理等。

（2）代码测试。在编码过程中，程序员需要进行单元测试，确保每个模块的功能正常。

在编码过程中，需要注意的管理要点如下所述。

6.1.1 明确编码规范

编码规范可以保证代码的可读性、可维护性和可重用性，包括命名规范、注释规范、格式规范等。项目组应根据本项目所选取的编程语言特点，结合现有的通用规范等，制定适合本项目的编码规范，并对编码人员进行培训，以确保编码人员遵循这些规范。同时，在开发过程中借助编程工具可以制定规范要求，快速统一基本格式，有利于提高可读性和规范性。

1）命名规范

（1）使用有意义的名称：变量、函数、类、模块等的名称应清晰地描述其用途或含义，避免使用无意义或容易混淆的名称，如 a、b、c、temp、x 等。

（2）命名约定：不同的编程语言有不同的命名约定，例如 Java 中常用驼峰命名法（首个单词小写开头，后续每个单词大写开头，如 myVariable），而 python 通常使用下划线命名法（如 my_variable）。

（3）使用前缀或后缀：在某些情况下，可以使用前缀或后缀来区分不同类型的变量或函数。

（4）避免使用特殊含义的单词：编程语言中应避免使用具有特殊含义的单词作为变量、函数或类的名称，以免引起混淆或错误。

（5）使用标准的缩写：避免使用自定义的缩写。如果需要使用缩写，应该使用广泛接受的缩写、标准的缩写或者项目团队定义的。

2）注释规范

（1）注释内容清晰，避免过度注释：注释应该简洁、清晰，避免显而易见的注释。

（2）适当的位置：在函数、方法、类或模块的开头添加注释，解释它们的目的、参数、返回值和可能的异常。

（3）使用标准化注释语法、风格和格式：根据编程语言或团队的约定，遵循一致的注释风格，并合理使用单行注释或多行注释。保持注释的缩进与代码一致，以提高可读性。

（4）及时更新和维护：当代码变更时及时更新相关的注释，及时删除过时或不再适用的注释。

（5）关注目的：注释应该关注于"为什么"而不是"如何"，即解释代码的目的和设计决策，而不是详细描述代码是如何工作的。

（6）标注未完成或待解决项：当代码中存在已知的问题、待完成的功能或需要优化的部分时，可以使用注释来标记这些位置，并提供简短的说明。

3）格式规范

（1）缩进：统一使用缩进的字符和数量，如2个空格、4个空格或一个制表符。

（2）空格：遵循空格使用规范，例如在二元运算符两侧、逗号之后、控制流条件表达式后、左括号前、右括号后应使用空格。

（3）换行：统一换行要求。如当每行代码超过多少字符时应换行，使用代码块时如何进行换行等。

6.1.2 实施代码审查

代码审查是提高代码质量的有效手段。代码审查可采用多种形式进行，例如外部审查、内部专人审查、编码人员互相审查或使用自动化工具进行检查；也可以在多个时间进行，例如每次代码提交时或定期进行。代码审查的内容一般包括审查代码逻辑是否正确，代码是否遵循了编码规范，代码是否遵循了最佳实践或是否存在可以优化的地方。

常见的代码审查流程如图6-1所示。

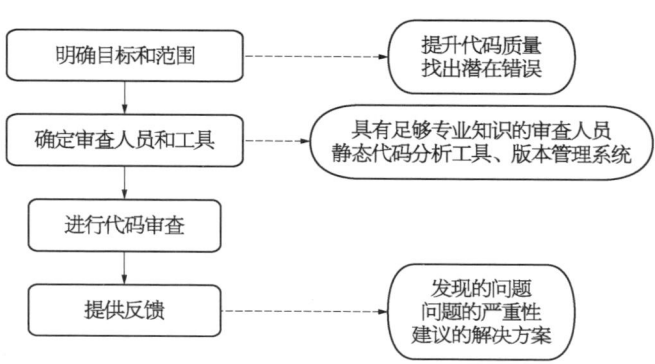

图6-1 代码审查流程

（1）明确目标和范围：首先，需要明确代码审查的目标，例如提高代码质量、找出潜在的错误、确保代码符合特定的标准或规范等。同时，也需要确定审查的范围，例如要审查哪些文件、模块或功能。

（2）确定审查人员和工具：根据审查的目标和范围，选择合适的审查人员。审查人员应该具备足够的专业知识和经验，以便能够发现和理解代码中的问题。此外，也需要选择适合的审查工具，例如静态代码分析工具、版本管理系统等，这些工具可以帮助审查人员更有效地进行审查。

（3）进行代码审查：审查人员根据预定的计划和目标，开展审查代码工作。

（4）提供反馈：审查完成后，审查人员应该向代码的作者提供详尽且有针对性的反馈。反馈应该包括发现的问题、问题的严重性、建议的解决方案等。这可以通过评审会议、电子邮件、代码审查工具等方式进行。

（5）修改和重新审查：代码的作者根据审查人员的反馈进行修改。修改完成后，代码可能需要重新提交给审查人员进行二次审查，以确保所有问题都已经得到解决。

（6）记录和跟踪：在整个审查过程中，应该详细记录审查的结果、发现的问题、修改的内容等。这可以帮助项目团队跟踪代码的质量和改进过程，也可以作为未来审查的参考。

6.1.3 版本控制

版本控制可以确保代码的可追溯性、方便协同开发、提升工作效率及加强对软件系统不同版本与分支的管理。版本控制主要通过专用工具来实现（例如 Git、SVN 等），使用版本控制系统可以保存每次提交与修改的记录，为每次提交产生特定标记，并支持回溯。此外，在软件编码过程中，可能会出现多个并行开发的任务或功能，使用版本控制可以创建代码的分支，使每个分支可以独立地开发和测试，从而加强项目组协同性，提高项目实施效率。

版本控制的基本流程如图 6-2 所示。

（1）本地开发：在自有环境上对代码进行修改、删除、添加等操作，完成项目所要求的改动。在此过程中

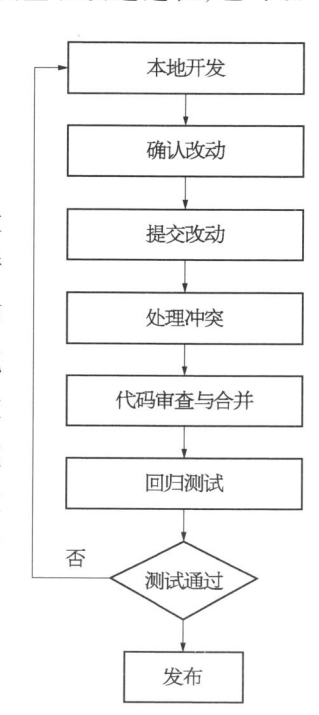

图 6-2 版本控制的基本流程

无须考虑版本控制。

（2）确认改动：当开发人员确定完成了所需的改动或操作时，他们需要将这些改动提交到版本控制系统中。此时，需要确保代码的质量和一致性，以及遵循项目的编码规范。

（3）提交改动：是将一组特定的变化打包并提交到版本控制仓库中的过程。在提交时需要编写一个简短的注释，解释这次提交的目的和所做的改动。每次提交都会创建一个新的版本，并记录下文件和目录的状态和关系。

（4）处理冲突：在多人协作的项目中，可能会出现冲突的情况，即两个或多个开发人员同时修改了同一个文件或代码段。此时，版本控制系统会提示冲突，并需要开发人员手动解决冲突。解决冲突后，需要再次提交代码以更新版本控制仓库。

（5）代码审查与合并：为了确保代码的质量和一致性，以及遵循项目的编码规范，一些项目会要求进行代码审查。代码审查可以由其他开发人员或专门的代码审查人员进行。审查通过后，代码可以被合并到主分支或其他目标分支中。

（6）回归测试与发布：在代码合并后，可能需要进行回归测试以确保新的代码没有引入问题或错误。回归测试通过后，可以将代码发布到生产环境或其他目标环境中。

6.1.4　加强单元测试

单元测试是对软件中的最小可测试单元进行检查和验证的测试方法，执行单元测试可以尽早发现程序的逻辑错误，减少错误的传播和调试时间，降低维护成本。单元测试可以根据编程语言和项目需求选择适当的测试工具进行，测试过程中应注意测试独立性，提高测试覆盖率。

6.2　软硬件采购

6.2.1　软硬件概念

数字化项目中的软硬件是指硬件设备和成品软件。

（1）硬件设备是指数字化项目中所使用的各种物理设备、装置和设施。这些硬件设备是构成信息化系统的基础,包括服务器、存储设备、网络设备、安全设备、基础设施等。硬件的选择和配置需要根据项目需求、系统规模、性能要求等因素进行综合考虑,以确保系统的稳定性和高效性。

（2）成品软件,也称为现成软件或套装软件,指的是已经开发完成、经过测试并可以立即投入使用的软件产品。这些软件通常是由专业的软件开发公司或团队根据市场需求或特定用户群体的需求进行设计和开发的,成品软件的主要特点是其通用性和可配置性。通用性意味着软件可以满足大多数用户的基本需求,而不需要进行大量的定制开发。可配置性则允许用户根据自己的特定需求对软件进行一些定制设置,以更好地满足其业务需求。

6.2.2 软硬件采购流程

软硬件采购流程如图 6-3 所示。本阶段需要做的是采购已确定的软硬件设备,并进行到货检查,首先,在到货前,建设单位应督促承建单位与供应商密

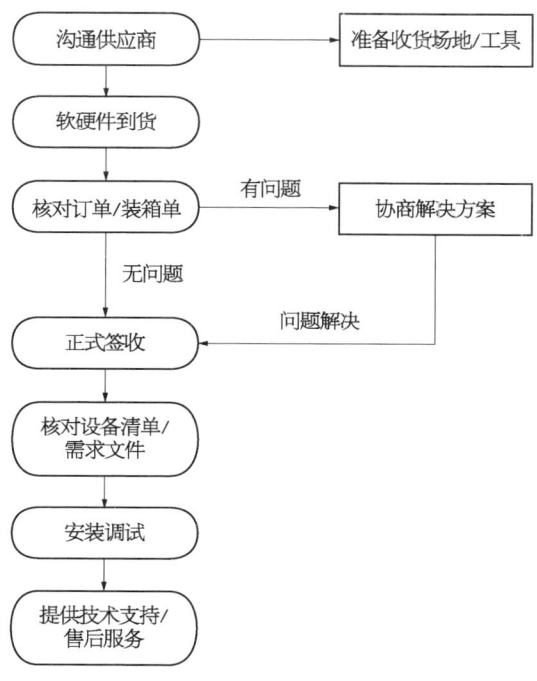

图 6-3 软硬件采购流程

切沟通,确保设备的生产进度和质量控制符合项目要求,并准备相应的收货场地和工具。其次,当软硬件设备到货时,应对照订单和装箱单进行检查,确保收到的货物种类、数量和型号与合同相符,并进行开箱检查,对设备的物理状态进行评估。如有问题,承建单位应及时与供应商协商解决方案。在所有问题解决后,建设单位应对设备进行正式签收,并填写收货记录表。对于暂时不需要安装的设备,应妥善存放在仓库中,并做好防潮、防尘、防盗等工作。最后,在设备安装前,应再次核对设备清单和需求文件,确保安装的设备与项目需求一致,并按照既定的安装计划和规范进行设备的安装和调试工作。在整个过程中,供应商应提供必要的技术支持和售后服务,帮助解决在使用过程中遇到的问题。

6.2.3 到货前准备工作

(1) 审核软硬件设备采购清单及相关型号参数,检查所采购设备品牌、型号是否满足招标需求、设计要求和合同规定。

(2) 审核采购单位的采购进度,督促其按计划进行软硬件设备采购,确保设备按时采购完成。

6.2.4 到货检查要点

(1) 应对设备外包装完好度检查(检查倒置标记是否改变,包装箱有无破损等)。

(2) 核对发货清单的数量型号是否与采购清单一致。

6.2.5 开箱检查要点

(1) 检查软硬件设备外观、规格、型号、随机资料、合格证、3C 认证书等。

(2) 检查到货的软硬件设备的品牌、型号、技术指标、配置是否符合招标文件的产品技术参数和配置投标文件的要求。

(3) 核对各软硬件产品的国家相关检测机构出具的第三方检测报告、安全测评资质、许可证等资质证明文件。

(4) 对照设备订货合同(或建设方确认的变更清单),按照订货清单清点,确保设备型号、类别准确无误,数量正确,附件配套,文档齐全。

(5) 记录各个产品的条码(serial number,产品序列号,一般简写为 S/N,是厂商生产标识,主要用于防伪等)以便后续管理。

在设备开箱过程中如发现设备与合同约定的指标不符时,应立即停止开箱;详细记录发现的问题,包括设备的型号、数量、配置等信息与招标需求、设计要求和合同规定不符的具体内容;并对不符合合同清单的设备进行拍照,保留所有相关证据,这些证据可以是在开箱过程中的视频记录、照片或其他相关文件。随后,应立即与供应商联系,说明情况并提供详细的证据,要求供应商解释原因并提供解决方案(更换设备、补充设备等措施)。最后,详细记录问题的发现、处理过程和结果,并向相关部门或管理层进行反馈。如对设备质量有疑问的可以提出补充检测要求。

6.3 软硬件安装调试

软硬件安装调试流程如图 6-4 所示。此阶段工作主要确保软硬件设备在到货后能够正确安装并调试至预定状态。首先,在软硬件设备到货后,需要对

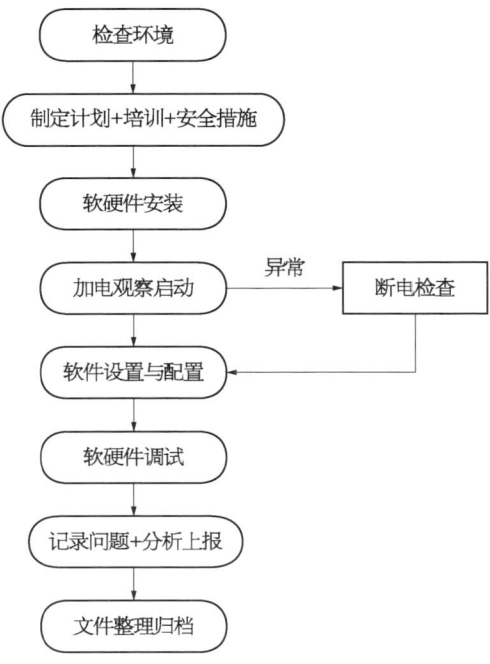

图 6-4 软硬件安装调试流程

安装环境进行细致检查,确保电力、网络、部署环境以及温湿度等条件均符合设备要求。其次,依据项目需求和设计方案,精心制定安装计划,明确各阶段任务、时间节点及责任分工。同时,加强培训教育工作,特别是针对硬件安装人员,确保他们具备必要技能和安全意识。此外,应落实各项安全措施,如佩戴安全帽、绝缘手套等,以防范潜在的安全风险。接着,在完成以上准备工作后,按照安装计划逐步进行软硬件设备的安装,如机柜安装、电缆布线、设备固定、软件部署等,然后按照上电计划对设备进行加电,观察设备启动是否正常、有无异常声音或指示灯提示。如有异常情况,应立即断电并检查原因。在软件部署完成后,应对软件进行初始设置和配置,并检查是否能正常运行。在软硬件安装完成后,需要进行软硬件的调试,确保软硬件的配置达到预期的需求。在整个安装和调试过程中,如出现任何问题或异常,应及时记录下来,并分析原因,对于无法自行解决的问题,应及时上报给相关部门或专家协助解决。最后,对整个安装和调试过程进行文档整理与归档,形成完整的安装调试文档,以作为后续运维工作的重要参考依据。

6.3.1 前期准备工作

(1)对软硬件设备、安装环境进行检查,核查是否具备安装条件。

(2)检查安装方案、安全施工方案、进度计划是否满足实际要求,如有变化,及时对文档进行修订,并形成修订记录。

(3)如有安装资质要求的设备仪器设施,要严格按照资质要求检查资质证书、上岗证书等。

(4)如涉及特殊工种,需要持证上岗,并在实施过程中随时进行检查。

(5)做好对施工人员的安全培训教育工作。

6.3.2 硬件安装调试

(1)软硬件设备安装应符合相关规范要求,应严格按照设备安装手册进行安装。

(2)在加电后,进行初步测试,查看设备启动、运行是否正常,是否有异常声音或指示灯异常;如有异常情况,应立即断电并检查原因,对于发现的问题或异常,及时进行处理和记录。

（3）做好安装调试记录，详细记录服务器等设备的配置情况，对比招标需求的设备技术参数，检查是否满足要求。

（4）在完成硬件安装和初步测试后，应清理现场，确保设备周围整洁、无杂物。

（5）将未使用的设备、配件和工具妥善保管，以备后续使用。

6.3.3　软件安装调试

（1）在安装前，需要确认软件安装环境满足软件的最低系统要求，且为了避免安装过程中的冲突，建议关闭正在运行的其他程序。

（2）核对软件授权码或安装码的数量是否与采购数量一致，并在安装过程中查验是否有过期或失效，如发现此类问题，应及时与厂家沟通。

（3）在安装新软件之前，建议备份设备中的重要数据，以防意外数据丢失。

（4）如果项目涉及将旧系统数据迁移到新系统中，需要提前规划好数据迁移的策略，制定数据迁移方案，并确保数据的完整性和一致性。

（5）应创建详细的安装文档，记录安装步骤、配置设置和任何自定义的选项，以便未来的维护和升级。

（6）在硬件安装过程中，需要确保设备按照规定的标准和流程进行安装。安装人员应熟悉设备的技术规格和安装要求，并严格按照设备安装指南进行操作。在安装过程中，应注意设备之间的连接和配置，确保系统的稳定性和兼容性。

6.4　系统集成

6.4.1　系统集成的概念

系统集成指的是将不同的信息系统、网络、设备、应用软件等各个组成部分进行有机整合，以构成一个统一、高效、稳定、可靠的信息化系统。

6.4.2　系统集成的分类

（1）系统各服务器、存储设备、备份设备和网络安全设备等的集成。

（2）系统软件，包括操作系统、数据库软件、协同管理软件、备份软件、杀毒软件、中间件等与其运行的硬件平台的集成。

（3）各应用子系统与其运行的硬件平台的集成。

（4）已有系统和新开发系统的集成。

6.4.3 系统集成关键控制点

（1）审核系统集成方案，需考虑满足的要求如下所述。

① 技术可行性：评估方案中的技术是否可行，是否采用了适当的技术和工具。同时，也要考虑技术的先进性和未来扩展性。

② 方案完整性：审核方案是否完整，包括硬件、软件、网络等各个方面的集成内容。确保所有必要的组成部分都被考虑并纳入方案中。

③ 风险评估：评估方案中的潜在风险，如技术风险、管理风险、安全风险等，并查看是否有相应的风险应对策略。

④ 实施和维护计划：审核方案是否包含了详细的实施和维护计划，包括实施步骤、时间表、人员分配、培训需求等。

⑤ 兼容性和可扩展性：确保系统集成方案与现有的系统和工具兼容，并考虑未来的扩展需求。

⑥ 安全性和可靠性：评估方案的安全性和可靠性，确保系统能够稳定运行，并保护用户的数据和隐私。

⑦ 合规性和法律要求：确保方案符合相关的法规和标准，如数据保护、网络安全等。

（2）对新旧系统的兼容性、各设备连接的接口问题应重点关注，及时跟进项目实施过程，对出现的问题及时解决。尤其注重新旧系统过渡中出现的问题，做好预案，确保原有的系统相关数据信息的安全。

6.5 测试评估

测试评估是指通过一系列的手段和方法，对项目的各项功能及性能进行全面的验证和深入的评估，旨在确保项目能符合既定的标准和要求。测试是一项涵盖了多个方面的综合性工作，不仅关注功能的正确性，而且涉及性能的稳定、安全性的保障以及在不同环境下的兼容性等多个维度。

测试评估在数字化项目中是非常重要的环节,通过测试可以深入验证和评估项目的各项功能及特性,及时发现并修复其中存在的问题和错误,提高项目质量,减少后期维护和升级的成本。

测试的实施是分阶段进行的,从最小的可测试单元开始,逐步扩大到整个项目的范围。例如在软件项目中,单元测试作为最基础的测试环节,针对软件中的最小可测试单元进行检查和验证,通常由开发人员在编码阶段同步执行(详见 6.1 软件编码)。进入正式的测试阶段后,测试将更为系统、全面并更注重整体性,其类型主要包括集成测试、确认测试和第三方测试等,接下来将分别详细介绍这几种测试。

6.5.1 集成测试

6.5.1.1 集成测试概念

集成测试,也叫组装测试或联合测试。在单元测试的基础上,将所有模块按照设计要求(如根据结构图)组装成子系统或系统,进行集成测试。他是确保整个系统能够正常运行的关键环节。

集成测试的重要性在于,它能够发现和解决在模块整合过程中可能出现的问题,如数据在项目管理的视角下,集成测试的价值不可小觑。它有助于及早识别潜在的缺陷和风险,减少项目后期的返工和修改成本。没有有效的集成测试,即使单个模块的性能再出色,也无法保证它们能够无缝地协同工作,最终可能导致项目延期甚至失败。因此,集成测试不仅是质量保证的手段,而且是项目管理的重要工具。

6.5.1.2 集成测试策略

实施集成测试有多种策略可供选择,包括自顶向下、自底向上和大爆炸等。每种策略各有千秋,适用于不同的场景。自顶向下的策略从高层模块开始测试,逐步向下,适合于高层模块依赖低层模块的情况;自底向上则相反,从基础模块开始,逐级向上测试,适合底层模块较为稳定的场景;而大爆炸策略则是在所有模块完成后一次性进行整体测试,适合资源有限或时间紧迫的项目。选择合适的策略需要综合考虑项目的具体情况。下面将详细介绍这些策略,并讨论如何选择适合项目需求的集成测试策略。

1)自顶向下集成测试

自顶向下集成测试是一种系统化的测试方法,从软件系统的顶层模块开始,逐步向底层模块进行测试集成。该方法以有序、层次化的方式进行,确保系统各个部分的正确性和稳定性。

在测试初期,测试人员会首先集中精力于最上层的模块,这些模块通常是系统架构中最为核心和关键的部分。由于此时下层模块尚未开发完善,因此会使用桩模块作为临时替代,以模拟下层模块的功能和行为。随着开发进度的推进,真实的下层模块将逐渐替换掉桩模块,测试人员会逐步向下进行测试,直至整个系统完全集成。这种有序的集成方式有助于尽早发现和修复潜在的问题,从而提高软件的质量和可靠性。

自顶向下集成测试的优势在于其符合软件开发的自然流程,通常高层设计会先于低层实现完成,因此这种策略能够与开发流程保持同步。此外,由于测试是从顶层模块开始,因此可以尽早验证和确保系统核心功能的正确性,及时发现并修复重要问题。同时,问题的定位也相对容易,因为测试是逐步向下进行的,一旦出现问题,可以迅速定位到具体的模块或组件。

然而,这种方法也存在一些挑战和局限性。一方面,由于测试初期主要关注顶层模块,底层接口的错误可能会被忽视,导致问题的延迟发现;另一方面,为上层模块编写桩模块需要一定的时间和资源投入,这可能会增加项目的开发成本。

总体而言,自顶向下的集成测试策略适用于高层逻辑复杂且核心功能需要早期验证的软件项目。通过这种方法,可以确保软件系统的稳定性和正确性,提高软件的质量和用户体验。同时,测试人员也需要根据项目的实际情况和需求权衡利弊,灵活选择和应用适合的测试策略。

2)自底向上集成测试

自底向上集成测试,与自顶向下的方法形成鲜明对比,它始于软件系统的最底层模块,并逐步向上集成直至高层模块。在这个过程中,测试人员会运用驱动器来模拟上层模块的功能和行为,以确保测试的顺利进行。

此方法的主要优势在于它对底层接口的深入测试。从系统的最基础部分开始,测试人员能够确保接口和基础组件的稳固性和可靠性,为整个系统的稳定性打下坚实的基础。此外,这种方法还简化了桩模块的使用,测试人员无须为上层模块编写复杂的桩模块,从而节省了资源和时间。

自底向上集成测试也存在其局限性。由于高层逻辑在测试的后期阶段才会得到验证,这可能导致项目面临更大的风险,特别是在项目即将完成时才发现关键问题。此外,当系统出现问题时,由于是从下到上进行集成,定位问题可能更为困难,需要测试人员投入更多的时间和精力来确定问题的根源。

总体而言,自底向上的集成测试策略在底层模块的稳定性对整个系统至关重要的情况下具有显著的优势。它确保了系统基础组件的可靠性,为构建稳固的软件系统提供了有力的保障。然而,在实际应用中,测试人员需要根据项目的具体需求和特点,谨慎选择和应用此种测试策略。

3)大爆炸集成测试

大爆炸集成测试,也被称为一次性集成,是一种在所有相关模块开发接近完成时,一次性将它们全部集成并进行测试的方法。这种测试方法的特点是不依赖桩模块或驱动器,而是直接对整体系统进行测试。

这种方法的显著优点是其简洁性和直接性。由于不需要编写额外的测试代码,如桩模块或驱动器,测试过程相对简单,能够快速地进入全面测试阶段。此外,大爆炸集成测试能够全面检查所有模块之间的交互,从而确保系统的整体性和协调性。

然而,这种方法也存在较高的风险。由于集成发生在开发的最后阶段,任何在集成测试中发现的问题都可能导致项目的延期。同时,一旦发现问题,由于所有模块同时参与测试,难以迅速确定问题产生的具体原因和位置,这无疑增加了问题定位的难度。

因此,大爆炸集成测试策略更适用于那些规模较小或模块间依赖性较低的项目。在这样的项目中,由于模块间的交互相对较少,一次性集成的风险相对较低,同时能够更有效地验证系统的整体功能。然而,在实际应用中,项目团队仍需要根据项目的实际情况和特点,审慎选择和应用此种测试策略。

6.5.1.3 集成测试策略选择的原则

在选择适合的集成测试策略时,需要综合考虑多个因素,以确保测试过程的有效性和效率。以下是一些重要的考虑因素:

(1)项目规模和复杂性:这是选择集成测试策略的首要因素。大型或复杂的项目通常涉及更多的模块和组件,因此可能需要更复杂的集成策略。例如,分步集成(如自顶向下或自底向上)可能更适合这类项目,因为它可以逐步检查每个模块的功能,确保它们能够正确地协同工作。

(2)风险管理:在制定集成测试策略时,需要对项目中的风险进行评估。这包括识别可能影响项目成功的关键风险,并选择能够在早期发现这些风险的测试策略。这样,可以尽早采取措施来减轻或消除这些风险,从而提高项目的成功率。

（3）资源可用性：团队的技能和可用资源也是一个重要的考虑因素。需要根据团队的能力和技术背景来选择最适合的集成测试策略。例如，如果团队成员对某种特定的测试策略有深入的理解和经验，那么这种策略可能会更有效。

（4）项目进度和里程碑：需要考虑项目的时间线和关键交付日期。选择的测试策略应有助于按时完成测试任务，确保项目能够按计划进行。

（5）历史经验：最后，还需要考虑以往项目的成功经验和教训。通过分析过去的项目，我们可以了解哪些策略在特定情况下效果最好，哪些策略可能会导致问题。这样，就可以避免重复过去的错误，提高当前项目的成功率。

总的来说，选择合适的集成测试策略需要综合考虑项目的规模和复杂性、风险分布、团队的技能和资源、项目的时间线和关键交付日期，以及以往项目的成功经验和教训。通过这样的方式，我们可以确保测试过程既有效又高效，从而提高项目的成功率。

6.5.1.4 管理要点

1）测试环境的准备

集成测试环境的准备是确保测试顺利进行的基础。测试环境需要模拟实际生产环境，包括所需的硬件、软件和网络配置。测试环境的搭建应确保稳定性、可靠性和可重复性，以便准确反映软件在实际运行中的表现。

硬件资源的准备涉及服务器、存储、网络设备等，需要根据测试需求进行选择和配置。软件资源的准备则包括操作系统、数据库、中间件等，需要确保版本和配置与实际生产环境一致。此外，测试环境还需要考虑网络配置，包括网络拓扑、带宽、延迟等，以模拟真实的网络环境。

2）测试数据的准备

测试数据是集成测试中的重要组成部分，它用于验证软件在不同场景下的表现。测试数据的准备需要确保数据的真实性、完整性和可用性。

测试数据可以通过多种方式生成，如手动创建、使用工具生成或从实际生产环境中导出。在准备测试数据时，需要考虑数据的规模、结构和分布，以模拟真实场景中的数据情况。同时，还需要对数据进行清洗和预处理，以消除可能存在的脏数据或异常值。

此外，测试数据的备份与恢复也是重要的环节。在测试过程中，可能会对数据进行修改或破坏，因此需要定期备份测试数据，并在需要时能够快速恢复。

3）缺陷管理

在集成测试过程中，测试人员会发现软件中的缺陷或问题。缺陷管理是对这些问题进行跟踪、记录、验证和修复的过程。

缺陷的识别是缺陷管理的第一步,测试人员需要将发现的问题详细记录下来,包括问题的描述、重现步骤、严重程度等信息。然后,缺陷会被分配给相应的开发人员进行修复。修复完成后,测试人员需要进行回归测试,验证问题是否已被解决。

缺陷的分类和优先级设定有助于项目团队更好地管理缺陷。根据问题的性质和严重程度,可以将缺陷分为不同的类别,并设定相应的优先级。这样,团队可以优先处理那些对软件质量和用户体验影响较大的问题。

6.5.2 确认测试

6.5.2.1 确认测试概念

确认测试是软件开发过程中的一种测试,旨在验证软件产品是否满足业务需求和用户期望。它是在软件即将投入运营前进行的最后阶段的测试,确保软件在实际环境中能够正常运行,并符合预定的质量标准和用户需求。

1)确认测试的重要性

确认测试的主要目的是确保软件产品的功能、性能和其他属性符合客户或最终用户的实际需求。这一过程对于发现和修复系统级别的缺陷至关重要,有助于减少产品上线后的风险和成本。确认测试的重要性体现在以下几个方面:

(1)确保产品质量:通过模拟真实操作环境来检验软件是否达到了预期的质量水平。

(2)风险降低:在软件发布前发现潜在的问题,减少维护成本和用户投诉。

(3)用户信心:增强用户对软件产品的信心,提高用户满意度和接受度。

(4)合规性检查:确保软件遵循了所有相关的法律、规定和标准。

2)确认测试与其他测试类型的区别

(1)与单元测试的区别:单元测试关注于程序的最小可测试单元,通常是函数或方法级别的测试,而确认测试是对整个系统或应用进行全面的测试。

(2)与集成测试的区别:集成测试主要关注不同模块或组件之间的交互和协作是否正确,确认测试则更侧重于验证整体系统是否满足业务需求。

(3)与系统测试的区别:虽然系统测试也是对整个系统的测试,但系统测试更多关注技术层面的正确性,而确认测试则更侧重于业务层面的验证。

6.5.2.2 确认测试流程

1）确认测试遵循的基本原则

（1）全面性：测试案例应覆盖所有的功能和非功能需求。

（2）独立性：确认测试应由独立于开发团队的测试团队进行，以保证测试结果的客观性。

（3）实际性：测试应在尽可能接近生产环境的系统中进行。

（4）计划性：确认测试活动应有详细的计划，包括时间表、资源分配和风险管理。

2）确认测试的基本流程

（1）测试准备：制定确认测试计划，设计测试案例，准备测试环境和数据。

（2）执行测试：按照计划执行测试案例，记录测试结果和发现的缺陷。

（3）结果分析：分析测试结果，确定软件是否符合业务需求。

（4）缺陷修复：将发现的问题反馈给开发团队进行修复。

（5）回归测试：对修复后的系统进行重新测试，确保问题已解决且没有引入新的问题。

（6）测试报告：编制测试报告，总结测试活动的结果和经验教训。

6.5.3 第三方测试

在当今数字化项目的建设过程中，第三方测试已经成为一个不可或缺的重要环节。它主要包括软件测试和安全测评两个部分，旨在确保系统的功能性、稳定性及安全性。近年来，随着《中华人民共和国密码法》的颁布实施，以及《信息安全技术　信息系统密码应用基本要求》等国家标准的制定与推广，数字化项目对密码应用的要求愈加严格。因此，密码测评也被纳入第三方测试的范畴中。本小节将详细阐述这三种测试的内涵及其重要性，以帮助读者对第三方测试有一个全面而深入的理解。

1）软件测试

软件测试是指在特定条件下运行或者模拟运行一个系统或者应用程序，以验证其结果是否符合预期的过程。这一过程通常由独立的第三方团队进行，他们不受开发团队的影响，能够更加客观地评价软件的性能和质量。软件测试的目的在于发现软件中的错误和缺陷，以及评估软件是否满足用户的需求和预期。它包括多个层面：功能测试检查软件的功能是否实现；性能测试评估系统在高负载下的响应速度和稳定性;兼容性测试确认软件是否能在不同的硬件和操作系统上正常运行;界面测试则关注用户体验是否流畅自然。此外,还有回归测试、压力测试等众多类型,它们各自针对软件的不同方面和层次。

2)安全测评

随着网络攻击的日益猖獗,任何信息系统的安全性都不能忽视。安全测评就是通过一系列专业的方法和工具,对系统进行渗透测试和脆弱性扫描,从而发现潜在的安全隐患和漏洞。安全测评的内容非常广泛,包括但不限于身份认证、访问控制、数据保护、事务处理、网络安全等方面。专业的安全测评团队会使用各种手段模拟黑客的攻击,以检验系统的防御能力。这些手段涵盖了从密码破解到跨站脚本攻击、SQL 注入等多种常见的攻击方式。

3)密码测评

密码测评全称为商用密码应用安全性评估,是指对采用商用密码技术、产品和服务集成建设的网络和信息系统密码应用的合规性、正确性、有效性进行评估,主要测评对象是法律、行政法规和国家有关规定要求使用商用密码进行保护的网络与信息系统。密码应用等级共分五级,参考信息系统网络安全等级确定。密码测评从物理和环境安全、网络和通信安全、设备和计算安全、应用和数据安全等各个方面进行评估,以确定信息系统的密码应用是否满足该等级的要求。

总之,在数字化项目的建设过程中,第三方测试是确保系统功能性、稳定性及安全性的关键环节。通过对软件测试和安全测评的深入了解,我们可以更好地把控项目的质量,为用户提供更优质的产品和服务。

6.5.3.1 软件测试

第三方测试中的软件测试是由独立于软件开发方和软件使用方的第三方机构或个人进行的,根据一定的标准和方法,对软件的质量、功能、性能、安全性等进行检测和评估的过程,其评价内容及评价说明见表 6-1。这一测试旨在确保软件的质量,为软件的发布和使用提供保障。

第三方软件测试的主要内容包括但不限于以下几个方面:

1)功能测试

功能测试主要采用基于规格说明的黑盒测试方法。通过用户界面与应用程序的交互,对交互的输出或结果进行分析,以此验证软件功能是否符合用户需求及功能是否正确实现。功能测试主要遵循以下要求:

表6-1 评价内容及评价说明

评价内容		评 价 说 明
用户文档集符合性		用户文档集的完备性、正确性、一致性、易理解性、易学性、可操作性是否符合要求
软件质量符合性	功能性	软件是否符合需求规格说明书/用户文档集全部功能要求
	性能效率	软件是否符合有关性能效率的要求
	兼容性	软件是否符合有关兼容性的要求
	易用性	软件是否符合有关易用性的要求
	可靠性	软件是否符合有关可靠性的要求
	信息安全性	软件是否符合有关信息安全性的要求
	维护性	软件是否符合有关维护性的要求
	可移植性	软件是否符合有关可移植性的要求

（1）安装之后，软件的功能是否能完成应是可识别的。

（2）在给定的限制范围内，使用相应的环境设施、器材和数据，用户文档集中所陈述的所有功能应是可执行的。

（3）按照用户文档集中所有的陈述，软件的功能应是可执行的。

（4）软件应符合产品说明所引用的任何需求文档中的全部需求。

（5）软件不应自相矛盾，并且不与产品说明和用户文档集矛盾。

2）性能测试

性能测试主要是评估软件在不同环境、负载和压力下的响应速度、稳定性和可扩展性，以识别潜在的性能瓶颈或问题。

3）兼容性测试

兼容性测试主要是测试软件在不同平台、设备、浏览器、操作系统等上的运行情况，以发现可能存在的兼容性问题或冲突。

4）用户体验测试

用户体验测试主要是评估软件的用户体验，检查其是否符合用户习惯和期望，以及是否存在用户界面或交互设计上的不足。

6.5.3.2 安全测评

数字化项目安全测评的目的是验证项目设计、建设方案中安全要求是否得以实现，给出目标系统在安全防护、风险控制方面与信息安全相关标准之间的差距。

测评结论作为委托方进一步完善系统安全策略及安全技术防护措施依据。

1）测评依据

（1）《信息安全技术　网络安全等级保护基本要求》。

（2）《信息技术　安全技术　信息技术安全评估准则》（GB/T 18336.2—2015）。

2）基本安全指标

安全测试中的基本安全指标见表6-2。

表6-2　基本安全指标

类　　别	安　全　控　制　点
安全物理环境	物理位置选择
	物理访问控制
	防盗窃和防破坏
	防雷击
	防火
	防水和防潮
	防静电
	温湿度控制
	电力供应
	电磁防护
安全计算环境	身份鉴别
	访问控制
	安全审计
	入侵防范
	恶意代码防范
	可信验证
	数据完整性
	数据保密性
	数据备份恢复
	剩余信息保护
	个人信息保护

6.5.3.3 密码测评

密码测评全称为商用密码应用安全性评估，根据《信息安全技术　信息系统密码应用基本要求》(GB/T 39786—2021)，信息系统密码应用划分为自低向高的五个等级，由一级至五级密码保障能力逐级增强。密码测评目的就是验证信息系统的密码应用水平是否达到相应的等级标准。

并非所有的系统都要求进行密码测评，密码测评主要测评对象是法律、行政法规和国家有关规定要求使用商用密码进行保护的网络与信息系统，根据《商用密码安全性评估管理办法》，目前要求采用商用密码的信息系统包括关键信息基础设施（依据《关键信息基础设施确定指南》)、政务信息化系统、网络安全等级保护制度明确要求使用商用密码保护的网络与信息系统，例如基础信息网络、重要信息系统、重要工业控制系统等。密码应用等级共分五级，参考信息系统网络安全等级确定。密码测评从物理和环境安全、网络和通信安全、设备和计算安全、应用和数据安全等各个方面进行评估，以确定信息系统的密码应用是否满足该等级的要求并给出如何加强密码应用保护的建议。

1）测评依据

(1)《中华人民共和国密码法》(2020年1月实施)。

(2)《信息安全技术　信息系统密码应用基本要求》。

(3)《商用密码应用安全性评估管理办法》(国家密码管理局令第3号)。

2）测评指标

密码测评的密码应用测评指标见表6-3。

表6-3　密码应用测评指标

测评单元			测评指标
技术要求	物理和环境安全	身份鉴别	宜采用密码技术进行物理访问身份鉴别，保证重要区域进入人员身份的真实性
		电子门禁记录数据存储完整性	宜采用密码技术保证电子门禁系统进出记录数据的存储完整性
		视频监控记录数据存储完整性	宜采用密码技术保证视频监控音像记录数据的存储完整性
	网络和通信安全	身份鉴别	应采用密码技术对通信实体进行身份鉴别，保证通信实体身份的真实性
		通信数据完整性	宜采用密码技术保证通信过程中数据的完整性
		通信过程中重要数据的机密性	应采用密码技术保证通信过程中重要数据的机密性

续 表

测 评 单 元		测 评 指 标
技术要求	网络和通信安全	
	网络边界访问控制信息的完整性	宜采用密码技术保证网络边界访问控制信息的完整性
	安全接入认证	可采用密码技术对从外部连接到内部网络的设备进行接入认证,确保接入的设备身份真实性
	设备和计算安全	
	身份鉴别	应采用密码技术对登录设备的用户进行身份鉴别,保证用户身份的真实性
	远程管理通道安全	远程管理设备时,应采用密码技术建立安全的信息传输通道
	系统资源访问控制信息完整性	宜采用密码技术保证系统资源访问控制信息的完整性
	重要信息资源安全标记完整性	宜采用密码技术保证设备中的重要信息资源安全标记的完整性
	日志记录完整性	宜采用密码技术保证日志记录的完整性
	重要可执行程序完整性、重要可执行程序来源真实性	宜采用密码技术对重要可执行程序进行完整性保护,并对其来源进行真实性验证
	应用和数据安全	
	身份鉴别	应采用密码技术对登录用户进行身份鉴别,保证应用系统用户身份的真实性
	访问控制信息完整性	宜采用密码技术保证信息系统应用的访问控制信息的完整性
	重要信息资源安全标记完整性	宜采用密码技术保证信息系统应用的重要信息资源安全标记的完整性
	重要数据传输机密性	应采用密码技术保证信息系统应用的重要数据在传输过程中的机密性
	重要数据存储机密性	应采用密码技术保证信息系统应用的重要数据在存储过程中的机密性
	重要数据传输完整性	宜采用密码技术保证信息系统应用的重要数据在传输过程中的完整性
	重要数据存储完整性	宜采用密码技术保证信息系统应用的重要数据在存储过程中的完整性
	不可否认性	在可能涉及法律责任认定的应用中,宜采用密码技术提供数据原发证据和数据接收证据,实现数据原发行为的不可否认性和数据接收行为的不可否认性

续 表

测评单元		测评指标
管理要求	管理制度	
	具备密码应用安全管理制度	应具备密码应用安全管理制度,包括密码人员管理、密钥管理、建设运行、应急处置、密码软硬件及介质管理等制度
	密钥管理规则	应根据密码应用方案建立相应密钥管理规则
	建立操作规程	应对管理人员或操作人员执行的日常管理操作建立操作规程
	定期修订安全管理制度	应定期对密码应用安全管理制度和操作规程的合理性和适用性进行论证和审定,对存在不足或需要改进之处进行修订
	明确管理制度发布流程	应明确相关密码应用安全管理制度和操作规程的发布流程并进行版本控制
	制度执行过程记录留存	应具有密码应用操作规程的相关执行记录并妥善保存
	人员管理	
	了解并遵守密码相关法律法规和密码管理制度	相关人员应了解并遵守密码相关法律法规、密码应用安全管理制度
	建立密码应用岗位责任制度	应建立密码应用岗位责任制度,明确各岗位在安全系统中的职责和权限: (1)根据密码应用的实际情况,设置密钥管理员、密码安全审计员、密码操作员等关键安全岗位; (2)对关键岗位建立多人共管机制; (3)密钥管理、密码安全审计、密码操作人员职责互相制约互相监督,其中密钥管理员岗位不可与密码审计员、密码操作员等关键安全岗位兼任; (4)相关设备与系统的管理和使用账号不得多人共用
	建立上岗人员培训制度	应建立上岗人员培训制度,对于涉及密码的操作和管理的人员进行专门培训,确保其具备岗位所需专业技能
	定期进行安全岗位人员考核	应定期对密码应用安全岗位人员进行考核
	建立关键岗位人员保密制度和调离制度	应建立关键人员保密制度和调离制度,签订保密合同,承担保密义务
	建设运行	
	制定密码应用方案	应依据密码相关标准和密码应用需求,制定密码应用方案
	制定密钥安全管理策略	应根据密码应用方案,确定系统涉及的密钥种类、体系及其生存周期环节,各环节安全管理要求参照《信息安全技术 信息系统密码应用基本要求》附录A
	制定实施方案	应按照应用方案实施建设
	投入运行前进行密码应用安全性评估	投入运行前应进行密码应用安全性评估,评估通过后系统方可正式运行
	定期开展密码应用安全性评估及攻防对抗演习	在运行过程中,应严格执行既定的密码应用安全管理制度,应定期开展密码应用安全性评估及攻防对抗演习,并根据评估结果进行整改

续 表

测 评 单 元		测 评 指 标
管理要求	应急处置	应急策略	应制定密码应用应急策略,做好应急资源准备,当密码应用安全事件发生时,应立即启动应急处置措施,结合实际情况及时处置
		事件处置	事件发生后,应及时向信息系统主管部门进行报告
		向有关主管部门上报处置情况	事件处置完成后,应及时向信息系统主管部门及归属的密码管理部门报告事件发生情况及处置情况

6.5.3.4 管理要点

在第三方测试过程中,为确保测试的有效性和高效性,仍需要对该过程进行一定的管理。为此,建设单位需明确测评目标、严格审查测评机构资质、保持紧密的沟通与协调,并提前进行数据备份,以全面管理测试流程,确保及时发现并解决潜在问题。

1) 确立测评目标

建设单位应明确测评的具体目标,如软件测试中需要除功能性指标外的其他指标,安全测试中验证系统安全性、查找潜在漏洞、评估安全风险等,以便为测评工作提供明确的指导方向。

2) 资质审查

建设单位应对测评机构的资质、经验和专业能力进行审查,确保其具备完成测评任务的能力。

3) 沟通与协调

在工程建设的项目管理过程中,建设单位不仅需要关注工程的建设进度,还应对项目中涉及的测评工作给予足够的重视。这就要求建设单位必须定期地、系统地了解和掌握测评工作的进展情况,以便能够确保测评活动是按照既定的计划和标准进行的。为了实现这一目标,建设单位应当建立起一个有效的沟通机制。这个机制的目的是确保建设单位与测评机构之间能够进行及时、高效的信息交流。通过这样的沟通,建设单位可以快速了解到测评过程中可能出现的任何问题或者困难,并与测评机构共同探讨解决方案。

建设单位应当指定专人或专门的团队来负责与测评机构的沟通工作。这些负责人或团队需要具备良好的沟通能力和协调能力,能够在第一时间内将测评机构反馈的问题和困难传达给建设单位的相关部门,并协调资源,推动问题的解决。

此外,建设单位还应该定期组织会议,邀请测评机构的相关人员参加,共同讨论项目的进展和存在的问题。在这些会议中，双方可以就当前的进展情况进行交流，对于已经出现或潜在的问题，可以进行深入的分析，并制定出具体的解决方案和应对措施。

通过这样的沟通和协调，建设单位不仅能够确保测评工作按计划顺利进行，还能及时发现并解决问题，从而避免因为问题延误而对整个项目造成不必要的影响。总之，建立有效的沟通机制，及时与测评机构进行沟通和协调，对于确保项目质量和进度，具有至关重要的作用。

4）数据安全

在与第三方测评单位合作时，数据安全工作的重要性不容忽视。第三方测评单位往往会接触到一些敏感数据，包括客户资料、产品性能数据、市场分析等。这些数据一旦泄露，不仅可能导致声誉受损，还可能面临法律责任。因此，确保数据的安全，是合作过程中必须高度关注的事项。为了确保数据的安全，项目管理方须采取一系列有效的措施。首先，应建立严格的数据管理制度，明确数据的访问权限和使用范围。只有经过授权的人员才能访问敏感数据，并且在使用过程中必须遵守相关规定。其次，应对第三方测评单位进行严格的背景调查，了解其信誉度和专业能力，确保其在合作过程中能够遵守数据保密协议。此外，政府部门还应与第三方测评单位签订详细的数据保密协议，明确双方的权利和义务，确保双方在合作过程中能够共同遵守。同时，政府部门还应定期对第三方测评单位进行数据安全工作的监督和检查，确保其能够严格按照协议要求执行。最后除了以上措施，政府部门还应加强员工的数据安全和保密意识培训。通过培训，使员工充分认识到数据安全和保密的重要性，掌握数据保护的基本知识和技能，避免在工作中出现疏忽和泄漏。

5）数据备份

在进行软件或系统的性能评估过程中，通常会涉及多种类型的测试，以确保其稳定性和可靠性。在这些测试中，压力测试和大数据量测试是两个关键的环节。压力测试旨在模拟高负载情况下系统的响应能力和稳定性，而大数据量测试则关注系统处理大量数据时的性能表现。由于这些测试可能会对现有的数据造成影响，甚至可能导致数据丢失或损坏，因此，建设单位在开始这些测试之前，必须采取预防措施。最为重要的预防措施之一就是进行数据备份。数据备份是一种安全措施，它确保在测试过程中，如果发生任何不可预见的数据丢失或损坏，可以迅速恢复到测试前的状态，从而保证数据的完整性和系统的正常运行。为了确保数据备份的有效性，建设单位应该制定详细的备份计划，并执行如下步骤。

（1）确定需要备份的数据范围：这包括所有将在压力测试和大数据量测试中使用的关键数据，以及可能受到影响的相关数据。

（2）选择合适的备份方法和存储介质：根据数据的重要性和恢复需求，选择适合的备份策略，如全量备份、增量备份或差异备份；并确保备份存储在安全可靠的介质上，如外部硬盘、云存储服务或其他离线存储设备。

（3）安排备份时间：在测试开始前，选择一个合适的时间窗口进行数据备份，以最小化对业务运营的影响。

（4）测试备份的可恢复性：确保备份的数据可以成功恢复到系统中，并在恢复后能够正常运作。

（5）记录备份信息：详细记录备份的时间、范围、版本和存储位置，以便在需要时可以快速找到并使用。

（6）通知相关人员：确保所有相关的团队成员和管理人员都了解备份计划，并且在测试过程中保持沟通，以便在遇到问题时能够及时响应。

6）减少业务影响

部分测试内容，例如网络安全测试可能涉及对网络环境的影响，建设单位应提前做好准备，避免测试过程造成业务中断，或当中断无法避免的情况下提前告知用户。

7）问题整改

在测试过程中，当发现缺陷和问题时，项目承建单位需要采取措施进行整改，这一过程包括对问题进行分类和优先级排序，以确定哪些问题最紧急且重要，接着制定详细的整改方案，涉及解决方法、资源分配、责任人和预期完成时间。项目负责人应定期检查整改进度，确保问题得到彻底解决，并在遇到难题时及时调整策略或寻求外部专家帮助。整个过程的目标是确保项目的功能性、安全性和密码测试符合率满足相关标准的要求，从而保证系统的质量和可靠性。

6.6 用户培训

用户培训是指在项目完成开发后给用户进行的操作使用培训，旨在通过培训来增强用户对系统的熟悉度和使用度，使其能够更好地适应和使用新开发的系统或产品。其重点管理内容如下所述。

（1）明确培训目标：培训的目标是让用户了解系统的功能，使得他们能够熟练地进行系统操作，明确目标有助于制定针对性的培训计划和内容。

（2）确定培训对象：根据项目的实际情况，确定培训的对象是谁。可能是系统的最终用户，也可能是系统的维护人员或其他利益相关者。了解培训对象的需求和特点，有助于制定更符合他们实际的培训内容。

（3）制定培训计划：根据培训目标和对象，制定详细的培训计划。计划应包括培训的时间、地点、方式、内容等。同时，要确保计划具有可操作性和灵活性，以便在实际执行过程中进行调整。

（4）选择合适的培训方式：根据培训对象的特点和需求，选择合适的培训方式。可以是线上培训、线下培训，也可以是混合式培训。同时，还可以考虑使用多种教学方法，如讲解、演示、案例分析、实践操作等，以增强培训效果。

（5）注重实践操作：在培训过程中，应注重实践操作。让用户亲自动手操作系统，熟悉各项功能，提高他们的实际操作能力。同时，还可以设置一些模拟场景或任务，让用户在实际操作中更好地理解和应用所学知识。

（6）提供持续支持：培训结束后，项目实施方应提供持续的支持和帮助。可以设立专门的帮助中心或技术支持团队，解答用户在使用过程中遇到的问题。同时，还可以定期举办培训或研讨会，让用户了解系统的最新功能，提高用户的使用水平。

6.7 试运行

系统试运行的目的和工作内容主要是，在用户环境下安装已初步开发完成的、经过系统测试的软件系统，通过用户对实际业务的模拟操作，检验系统的设计和实现功能是否真正满足用户的需求，进行软件的客户化定制；检验系统在实际环境下运行的稳定性和健壮性，为系统的正式运行积累经验；通过试运行使用户认识、熟悉、掌握软件系统的操作及维护，为用户在实际业务中真正应用奠定基础。

6.7.1 试运行的时间安排

试运行的时间安排通常根据项目的规模、复杂性和实际情况来确定。一般来说,试运行期的时间可以是 1 个月到 1 年不等。试运行时间安排的一些常见考虑因素如下所述。

(1)项目规模和复杂性:较大规模和较复杂的项目通常需要更长的试运行期,以便充分测试系统的各个功能和性能。

(2)用户需求和反馈:试运行期间,需要收集用户的反馈和需求,以便及时调整和优化系统。因此,试运行期的长度应足够让用户充分使用系统并提供有价值的反馈。

(3)风险评估和问题解决:试运行期间可能会发现一些潜在的问题和缺陷,需要进行风险评估和问题解决。试运行期的长度应考虑到问题解决所需的时间。

(4)资源和时间安排:试运行期的长度也受项目资源和时间安排的限制。项目团队需要在确保系统质量和稳定性的前提下,合理安排试运行期的时间。

6.7.2　试运行前准备

(1)试运行条件控制是在试运行前,对系统进行全面的检查,确保系统的各个部分都已准备就绪。这包括硬件设备的检查、软件系统的安装和配置、网络连接的测试等,并初始化数据(用户信息、配置信息等),分配各应用模块的用户权限,在项目软硬件设备运行、集成系统运行、所开发软件运行满足试运行条件后方可批准进入试运行阶段。

(2)在试运行前,应根据项目的需求,准备必要的测试数据和实际业务数据。这些数据将用于验证系统的功能和性能,确保系统在实际运行中能够正确处理各类数据。

(3)在试运行前,应完成试运行用户手册的编制,制定详细的试运行计划。计划应包括试运行的目标、时间安排、人员分工、资源需求等,确保计划的全面性和可操作性。

6.7.3　试运行期间的质量控制

(1)应定期巡视项目试运行情况,做好相应的巡视记录,如若发现故障及问题应及时记录,明确故障原因、故障范围、解决方案,并监督整改。一般问题(如系统运行故障等)由承建方当时指导解决(电话或现场);重大问题(系统崩溃等)由建设单位和承建方协商解决,一般一周内予以解决。

(2)设计开发人员在试运行阶段,应定期对各用户进行回访,听取意见,并根据意见以及问题不定期进行功能的调整及优化,以满足实际业务需要。每天更新试运行记录表,分析问题原因,做好跟踪并及时修正。

(3)在试运行阶段,应对资源使用情况、数据库连接情况等方面进行定期检查,确保系统运行稳定、高效。

第 7 章　数字化项目验收阶段

项目验收是指在项目完成后,对项目成果和项目实施过程合规性进行审验的过程,以确保项目满足预定的要求和标准。项目验收是数字化项目管理的重要环节,旨在确保数字化项目交付的产品或服务符合合同、规范、技术标准等要求,同时也是数字化项目收尾阶段的重要工作。

项目建设单位不能按期申请数字化项目验收的,应当向项目审批部门提出延期验收申请。项目审批部门应当及时组织验收。验收完成后,项目建设单位应当将验收报告等材料报项目审批部门备案。

7.1　数字化项目验收依据

(1) 国家有关法律法规及相关行业标准。
(2) 经过有关部门批准的项目建议书、可行性研究报告以及他们的批复文件。
(3) 项目的招标文件、投标文件和建设合同。
(4) 经过批准的项目方案、设计方案等技术文件。
(5) 经过批准的项目变更文件。
(6) 其他经过批准的相关文档。

7.2 数字化项目验收方式

7.2.1 自行验收

自行验收是一种内部质量控制机制,是指在项目完成后,通过项目团队或项目业主方自身的努力和专业知识,对项目进行全面的审查和检验。它通常不涉及第三方机构或外部专家的参与,而是依靠项目团队自身的力量来完成验收工作。

自行验收的主要特点如下所述。

(1)自主性:自行验收由项目团队或项目业主自主组织和实施,不受外部干预。

(2)全面性:自行验收覆盖项目的所有方面,包括技术、质量、进度、成本等,确保项目的整体合规性。

(3)灵活性:自行验收可以根据项目的特点和需求进行灵活调整,以适应不同的验收场景和要求。

(4)成本控制:由于不需要引入第三方机构或专家,自行验收通常能够降低项目的成本。

(5)自我提升:自行验收有助于项目团队提高自身的专业能力和质量控制水平,促进持续改进。

需要注意的是,自行验收虽然具有一定的优势,但也存在一定的风险和挑战。例如,项目团队可能缺乏必要的专业知识和经验,导致验收结果不准确或遗漏问题。因此,在进行自行验收时,项目团队应确保具备足够的资源和能力,并严格按照预定的验收标准和要求进行操作。同时,也可以考虑引入第三方机构或专家进行监督和指导,以确保验收的公正性和客观性。

7.2.2 外部专家验收

外部专家验收是指在项目完成后,由项目团队或项目业主邀请外部专家或第三方机构对项目进行验收和评估的过程。这种方式强调引入独立的第三方意见和专业知识,以确保项目成果符合预定的要求和标准,并具备更高的客观性和公正性。

外部专家验收的主要特点如下所述。

（1）独立性：外部专家验收由独立的第三方专家或机构进行，不受项目团队或业主的影响和控制，确保评估的公正性和客观性。

（2）专业性：外部专家通常具有丰富的专业知识和经验，能够对项目进行深入的分析和评估，发现潜在的问题和风险。

（3）权威性：外部专家验收的结果通常具有较高的权威性和认可度，能够为项目提供有力的支持和保障。

（4）成本较高：由于需要引入外部专家或第三方机构，外部专家验收通常需要支付一定的费用，因此增加了项目的成本。

需要注意的是，外部专家验收虽然具有诸多优势，但也需要确保选择的外部专家或机构具备足够的资质和信誉，避免出现评估结果不准确或存在利益冲突的情况。同时，项目团队也应与外部专家或机构保持良好的沟通和合作，确保验收工作的顺利进行。

7.3 数字化项目验收流程

数字化项目验收一般由项目审批部门或其专门成立的项目竣工验收委员会组织；对建设规模较小的项目，审批部门可委托项目建设单位自行组织验收。竣工验收依据国家有关法律法规、标准以及项目建议书、可行性研究报告、招投标文件、合同等，从系统功能、性能、安全、数据资源产生和利用等方面对项目完成情况进行检查和评价，全面论证核查项目建设内容的完整性、可用性、资金使用情况以及文档资料完整度等。数字化项目验收阶段流程图如图 7-1 所示。

7.3.1 验收准备

数字化项目批复、合同等文件要求建设内容完成后，需完成项目功能确认、硬件清点、文档资料准备等验收准备工作。包括以下几个方面：

1）确认系统功能、性能完成情况

（1）确认项目建设范围。项目必须按照批复、招投标文件、合同的要求建设，并且满足使用要求。这意味着所有约定的功能、性能、安全等方面均需要达到批复、招投标文件、合同中规定的标准。因此，一是需要查看本项目批复内

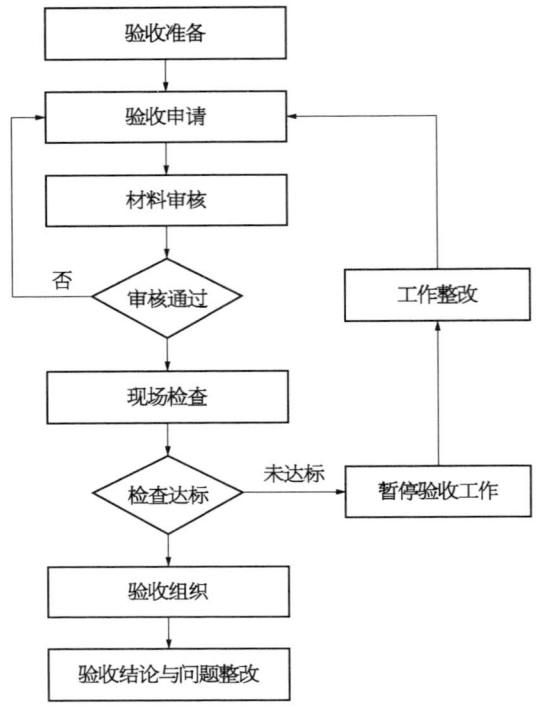

图 7-1 数字化项目验收阶段流程

容、可行性研究报告以及评估报告,整理本项目所需要完成的功能清单及性能指标。二是需要确认本项目的招投标文件及甲乙方建设合同内容,确认合同内容和可研报告、招投标文件及发改委批复吻合,项目范围界定清晰。

(2) 确认系统功能完成情况,通过用户测试以及第三方测评。根据承建单位的开发实施情况,对项目中的各个软件开发模块、性能指标完成情况逐一进行审核。在承建单位按计划完成系统建设测试工作后,参照合同、需求说明书等项目文档对完成模块功能性能进行用户测试工作,并组织建设单位、承建单位及监理单位对建设功能情况进行评审,完成三方功能核查确认。最终经第三方测评单位进行相关软件测评、安全测评等并出具测评报告,以验证系统的完成度、稳定性和可靠性。

(3) 确认软件配置情况。按照设计文件进行配置比对、验证,并记录设备物理位置和运行情况,软件必须置于配置管理之下,确保软件的版本控制和变更管理得到有效执行。

2) 确认技术文档和验收资料完备情况

项目文档既是实施项目监理的依据,也是项目竣工后的历史资料文档,并将成为整个系统未来维护、扩展、故障处理工作的客观依据。

7.3.2 验收申请

项目实施单位在完成项目建设任务后三个月内,应当及时向验收主管部门提出验收申请,跨部门建设的数字化项目,各实施单位在完成本单位承建的数字化项目验收工作后,由牵头部门向验收主管部门申请跨部门项目整体验收,从数据互联互通、业务协同和项目整体应用成效等方面对项目整体完成情况开展检查和评价。

验收申请材料一般包含如下几项:
(1)项目可行性研究报告、批复文件。
(2)项目招投标文件。
(3)项目合同、技术文档。
(4)采购合同汇总表、采购合同明细表、软硬件设备对照表、应用软件功能对照表。
(5)项目建设总结报告。
(6)安全测评、软件测评、密码应用测评报告。
(7)项目监理总结报告、项目监理材料。
(8)用户使用报告。
(9)验收主管部门认为需要提供的其他材料。

7.3.3 材料审核

验收材料符合验收要求的,验收主管部门启动验收组织工作;验收材料不符合验收要求的,项目实施单位应当根据验收主管部门意见及时进行调整,并重新提交验收申请。

7.3.4 现场检查

验收现场检查工作主要包括软硬件设备清点、软件功能检查及项目建设成果验证等内容。如现场检查中发现项目建设目标尚未达成、建设内容尚未全部完成,验收工作将予以暂停。

7.3.5 验收组织

数字化项目建设符合项目审核要求，达到预定建设目标，建设任务按期保质完成、各类验收材料齐全的，通过项目验收，验收主管部门出具验收通过意见；申请验收的项目未达到上述要求的，则视为验收不通过。

专家验收评审会应由项目建设单位汇报项目组织情况、建设情况、资金使用情况等，并对系统功能进行演示；此外，第三方监理单位须论述项目监理情况。验收专家在听取各方汇报的基础上，对照项目批复、招投标、合同文件等对项目建设情况进行质询，以判断项目是否满足验收要求。评估内容包括以下几个方面：

（1）依据批复、合同等文件要求的项目建设内容完成情况。
（2）各项建设内容符合国家有关法律法规、标准规范及项目合同的要求。
（3）试运行阶段，系统是否能够稳定运行。
（4）技术文档和验收资料是否齐全。
（5）其他规定的验收条件。

7.3.6 验收结论与问题整改

数字化项目建设符合可行性研究报告批复、合同等文件的要求，达到预定建设目标，建设任务按期保质完成的，通过验收。

若数字化项目通过验收后，由验收主管部门出具验收通过意见。项目建设单位依据验收通过意见，可以申请项目运维或项目升级改造。

若数字化项目未通过验收的，由验收主管部门通知项目建设单位进行整改。项目建设单位应于期限内完成整改工作，重新提出验收申请。

7.4 竣工决算

项目竣工决算是数字化项目管理的重要环节，标志着数字化项目从规划到实施的完整周期结束。它涉及对项目实际成本、收益和绩效的全面核算与分析，确保项目按照预定目标和预算完成。在数字化项目中，竣工决算利用先进的信息技术工具和方法,对项目数据进行精确采集、整合和处理,提高了决算的效率和准确性。通过竣工决算,项目团队能够评估项目的经济效益、投资回报和风险管理效果,为未来的项目决策提供有价值的参考。数字化项目竣工决算不仅关注项目的财务成果,还强调对项目过程、质量和交付成果的综合评价,推动项目管理向更高水平发展。因此,数字化项目竣工决算是实现项目成功和持续发展的重要保障。

7.4.1 竣工决算原则

1)合法性原则

竣工决算的合法性原则是指在编制竣工决算时,必须严格遵守国家的有关法律法规和政策,以及相关的会计准则和制度。这意味着竣工决算的编制过程、内容和结果都必须合法合规,不得违反国家法律法规和财务会计准则的规定。具体如下所述。

(1)遵循法律法规:竣工决算的编制必须遵循国家颁布的相关法律法规和政策,确保决算工作的合法性。

(2)符合会计准则:竣工决算作为工程项目的重要财务文件,必须符合国家会计准则和会计制度的要求,确保会计信息的真实性、完整性和准确性。

(3)合规的计价依据:在编制竣工决算时,采用的计价依据(如清单、价格信息等)必须符合国家或地方政府的规定,不得随意调整或篡改。

(4)合法的合同条款:竣工决算涉及数字化项目的合同条款,必须确保合同条款的合法性和有效性,遵循合同约定的结算方式和价格调整机制。

(5)规范的审批程序:竣工决算编制完成后,需要经过相关部门和人员的审批,确保审批程序的规范性和合法性。

2)真实性原则

竣工决算的真实性原则是指竣工决算的内容必须真实可靠、准确地反映数字化项目的实际建设成果。这一原则要求决算编制过程中所使用的数据和信息都必须是真实、准确的,不得虚假造假或夸大项目收支情况。具体如下所述。

(1)真实反映项目实际:竣工决算应基于项目的实际完成情况和实际发生的费用进行编制,确保决算内容真实反映项目的实际建设成果。

(2)准确核算各项费用:在编制竣工决算时,应对项目的各项费用进行准确核算,包括直接费、间接费等,确保各项费用的准确性和合理性。

（3）真实记录项目变更情况：数字化项目实施过程中难免会发生变更，竣工决算应真实记录这些变更情况，包括变更原因、变更内容和变更费用等，以确保决算的完整性和准确性。

（4）严禁虚假造假：竣工决算的编制过程中严禁任何形式的虚假造假行为，如虚报人月数、虚增费用等，以确保决算的真实性和可信度。

遵循真实性原则有助于保证竣工决算的准确性和可靠性，为数字化项目的后续管理、评估和决策提供有力的依据。

3）完整性原则

竣工决算应包括工程项目从筹建到竣工验收全过程的全部费用，确保不漏项、不重项。具体来说，竣工决算的完整性原则体现在以下几个方面。

（1）费用项目全面覆盖：决算报告应包含工程项目从开工到竣工全过程中发生的所有费用项目，包括但不限于设计开发费、集成费、软硬件购置费、监理费等。确保所有相关费用都被纳入决算范围，避免遗漏。

（2）数据信息准确完整：决算报告中的各项数据信息必须准确、完整，反映数字化项目的实际情况。这包括工程量、单价、合价、费用计算过程等，确保数据的真实性和可追溯性。

（3）变更与索赔记录详尽：数字化项目实施过程中发生的变更、索赔等事件应详细记录在决算报告中，包括变更原因、内容、费用调整情况等，以准确计算工程项目的最终实际费用，并为后续审计和纠纷处理提供依据。

（4）报告格式规范统一：决算报告应按照规定的格式和要求进行编制，确保报告的结构清晰、内容完整、易于理解，以便保证决算报告的可读性和使用效率。

（5）附件资料齐全：决算报告应附有相关的支撑文件和资料，如合同、施工图纸、设计变更通知单、现场签证、验收证书等。这些附件资料是决算报告的重要组成部分，有助于验证报告内容的真实性和准确性。

4）及时性原则

竣工决算的及时性原则是指在工程项目竣工后，应尽快编制竣工决算报告，以反映工程项目的实际建设情况。具体如下所述。

（1）按时完成决算编制：数字化项目竣工后，应按照相关规定和合同约定的时间要求，尽快完成竣工决算报告的编制工作。避免拖延和延误，确保决算报告的及时性和有效性。

（2）及时反映财务状况：竣工决算报告应及时反映数字化项目的财务状

况,包括各项费用、资产、负债等。这有助于相关利益方了解项目的实际投资情况和经济效益,为后续决策提供准确依据。

(3) 配合竣工验收工作:竣工决算是工程项目竣工验收的重要环节之一。及时完成竣工决算编制,有助于配合竣工验收工作的顺利进行,确保项目按时交付使用。

(4) 便于后续管理和维护:及时完成竣工决算报告,可以为工程项目的后续管理和维护工作提供有力支持。决算报告中包含的详细信息和数据,有助于制定科学合理的维护计划和预算,确保项目的长期稳定运行。

7.4.2 竣工决算流程

竣工决算是数字化项目所产生经济效益的全面反映,是项目建设单位核定各类新增资产价值、办理其交付使用的依据。具体来说,竣工决算是在项目竣工验收阶段,由建设单位或者第三方财务监理牵头编制竣工决算文件,综合反映竣工项目从筹建开始到项目竣工交付使用为止的全部建设费用和建设成果。数字化项目竣工决算阶段流程图如图7-2所示。

1) 收集、整理和分析有关依据资料

在数字化项目竣工决算阶段,首先需要全面收集与项目相关的各类资料。这些资料包括但不限于项目批复、招投标、合同、设计方案、项目变更、会议纪要等。这些资料是编制竣工决算的重要依据,必须确保其完整性和准确性。然后,收集到的资料需要按照一定的规则和分类进行整理,以便于后续的查阅和分析。可以利用数字化工

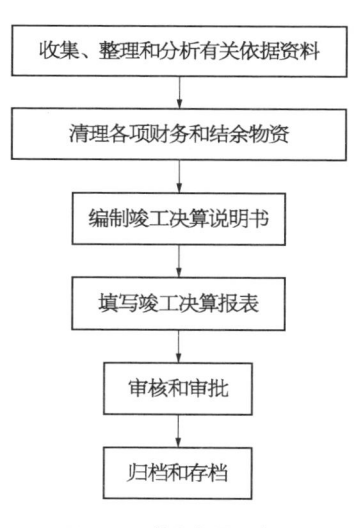

图7-2 数字化项目竣工决算阶段流程

具,如电子文档管理系统,对资料进行归类、编号和存储。同时,要确保每份资料都有明确的标识和说明,便于在需要时能够快速找到。在整理好资料的基础上,需要对这些资料进行深入的分析。这包括核对合同条款的执行情况、核实工程量的完成情况、对比数字化项目实际情况与设计方案的差异、分析变更的原因和影响等。通过分析,可以发现项目中可能存在的问题和差异,为后续的决算编制提供有力的依据。

2）清理各项财务和结余物资

对工程项目的各项财务收支和结余物资进行清理和核对，确保数据的真实性和准确性。首先，对项目剩余的所有物资进行全面盘点，包括材料、设备、工具等，确保物资的数量和种类与账目相符。同时，做好记录：对物资的盘点和处理过程进行详细记录，包括物资的种类、数量、处理方式等，以便于后续的查阅和审计。

3）编制竣工决算说明书

根据收集的资料和清理的结果，编制竣工决算说明书，详细说明工程项目的造价构成、投资效果等情况。竣工决算说明书内容包括但不仅限于简要介绍项目的背景、目标、范围、建设依据等基本情况，详细论述项目投资批复、完成情况、物资盘点等，对项目实施情况进行深入分析并总结经验教训。

4）填写竣工决算报表

竣工决算说明书是数字化项目结束后对整个项目经费使用状况的详细阐述，因此，需要根据竣工决算说明书的内容详细填写竣工决算报表，包括工程项目总造价、各单位工程造价、各分项工程造价等。

5）审核和审批

数字化项目竣工决算报表是项目结束后的重要财务文件，详细记录了数字化项目的所有成本和支出。因此，决算报表的数据准确性和合规性至关重要，否则将对项目评估和决策产生误导。因此，在报表编制完成后，必须经过相关部门和人员的严格审核和审批。这些部门和人员包括财务部门、审计部门、项目负责人等，他们需要对报表中的数据进行仔细核对，确保其准确无误，并符合相关法律法规要求。只有经过审核和审批的报表才能被认可和使用。

6）归档和存档

经过审核和审批的竣工决算报表应归档和存档，将报表按照一定的顺序和规则整理成档，以电子或纸质的形式妥善保存，以备后续查阅和使用。

第8章 数字化项目案例

某金融国有企业,在数字化转型的新形势新要求下,需要通过开展数字化项目建设提升市场竞争力、优化业务流程、降低运营成本。

2022年,企业高层制定了企业数字化转型3年行动规划:计划在2年内完成企业现有信息化系统的整合、更新、扩容,以"大数据、人工智能、5G、区块链、云计算"新兴技术为基础,打造全新的金融数据中心,构建金融业务云平台;梳理整合业务数据,企业各部门在业务流程体系和标准规范体系框架内,建设金融数字化综合业务平台和数据中台;对原有系统进行整合、升级,形成深度应用、上下联动、纵横协管的"金融大系统",实现统一门户集成、统一用户管理、统一接入管理、统一授权管理、统一安全防护、统一资源管理。打造企业全方位的网络安全体系,采用全栈自主可控软硬件产品,构建"一个中心三重防御"的外部网络安全架构、采用商用密码技术,结合实际业务场景加强内生网络安全防护。某金融企业数字化转型项目总体架构如图8-1所示。

8.1 案例项目立项规划阶段

企业信息化管理部门按照高层制定的数字化转型行动规划,聘请了专业的咨询公司,共同组建企业调研团队,开展数字化项目立项的调研工作,从技术、市场、业务需求、组织结构和资源分配等多个方面的深入分析与评估,聚焦企业数字化基础设施建设、网络安全防护、业务应用系统整合、业务数据建设等方面的整体建设规划。

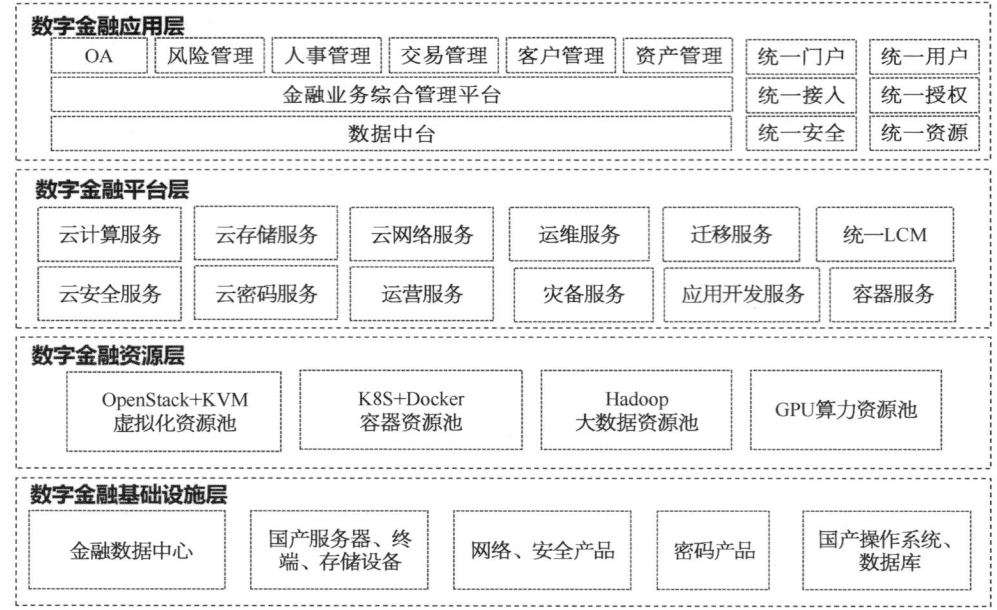

图 8-1 某金融企业数字化转型项目总体架构

8.1.1 重点开展的工作

在项目立项规划的过程中,重点开展了以下工作:

(1)确定数字化项目的范围、预期成果和关键成功指标。

(2)分析当前金融行业的数字化趋势、竞争对手的数字化转型进展和市场接受度。

(3)评估新技术(如人工智能、云计算、区块链、大数据分析等)对企业以及行业的影响和潜在机会。

(4)通过问卷调查、访谈和研讨会等方式收集企业内部各层级员工的意见和需求。识别现有业务流程中的痛点和效率瓶颈,以及数字化可能带来的改进。

(5)识别项目实施过程中可能遇到的法律、监管和合规性障碍。评估数字化项目对企业风险状况的影响,包括数据安全、隐私保护和业务连续性。

(6)分析企业当前的组织结构是否适应数字化转型的需求。评估现有人力资源的技能和能力,确定是否需要培训和招聘新人才。

（7）根据调研结果制定详细的数字化项目建设计划，包括时间表、里程碑、资源分配和预算。确定项目的关键成功因素和潜在风险，制定相应的管理策略。

经过3个月的深入调研和分析评估，企业从高层领导到各职能部门都深度参与，从业务发展与数字化转型相结合的角度提出了诸多宝贵意见，也使得数字化项目的建设目标和建设内容更加清晰和明确。

8.1.2 可行性研究报告

企业信息化管理部门与咨询单位根据需求调研和分析评估，编制了《某金融国有企业数字化建设项目可行性研究报告》，其主要内容如下所述。

1）项目概述

随着金融科技的迅猛发展，金融企业正面临数字化转型的关键时期。本项目旨在通过数字化集成，将金融企业的各个业务系统和流程进行有机整合，提升企业的运营效率和服务质量。

2）市场与需求分析

当前，金融市场对高效、便捷、智能的金融服务需求日益增长。数字化集成项目能够助力金融企业满足市场需求，提升竞争力。同时，随着监管政策的不断完善，数字化集成也有助于企业更好地合规经营。

3）技术方案与路线

本项目将采用先进的数字化技术和集成方案，包括云计算、大数据、人工智能等，对金融企业的业务系统进行全面升级和整合。技术路线将遵循自主可控、安全性、稳定性、可扩展性的原则，确保项目的顺利实施和长期运营。

4）经济效益分析

（1）投资估算：根据初步估算，本项目的投资总额约为10 000万元，包括数据中心建设、基础软硬件投入、业务系统整合、数据中台建设、人力资源成本、运营成本等。

（2）收益预测：预计项目实施后，能够显著提升金融企业的运营效率和服务质量，从而带来业务增长和收益提升。具体收益情况将根据项目实施效果和市场反应进行动态调整。

（3）经济效益评估：通过对比投资与收益，本项目的经济效益显著，具有较高的投资回报率。同时，数字化集成还将为企业带来长期的竞争优势和市场机会。

5）风险评估与应对措施

（1）技术风险：项目实施过程中可能面临技术难题和挑战。将组建专业的技术团队，并与业内领先的技术合作伙伴共同研发和实施项目。

（2）市场风险：金融市场变化可能对项目产生不利影响。我们将密切关注市场动态，及时调整项目策略和业务模式。

（3）安全风险：金融业务涉及大量敏感数据和信息，安全风险不容忽视。需要采取严格的安全措施和技术手段，确保系统的安全稳定运行。

6）概算

本项目的建设内容和概算主要包括以下几个方面：

（1）数据中心建设：建设面积为 500 m^2，达到 B 级的数据中心，包括数据中心整体装饰装修、微模块系统、新风系统、空调系统、安防系统、综合布线系统、照明系统、供配电系统、给排水系统、消防系统、防雷接地系统等建设。

（2）软硬件投入：包括服务器、存储设备、网络设备、国产操作系统、国产数据库、国产中间件、网络安全产品、密码产品等基础设施的投入。

（3）企业金融云建设：构建异构资源统一纳管，GPU 算力与 CPU 资源均衡分配，资源虚拟化、高可用、安全可靠、灵活可扩展，采用先进技术的金融云平台。

（4）业务系统整合、数据中台：金融业务系统综合管理平台建设、业务系统（OA 系统、风险管理系统、人事管理系统、交易业务系统、客户关系系统、资产管理系统）整合、数据中台建设等所涉及软件投入。

（5）人力资源成本：包括项目研发、实施、运营等阶段的人力资源成本。

（6）运营成本：包括项目运营过程中的维护、升级、培训等费用。

（7）其他费用：包括项目咨询、项目管理、工程监理、系统安全测评、软件测评、密码安全性评估、系统集成等费用。

根据初步估算，本项目的总概算约为 10 000 万元。《某金融国有企业数字化建设项目可行性研究报告》编制完成后，企业及时开展了可行性研究报告的评审评估，完成了项目的立项规划阶段的工作。企业内部组织的专家评审，对报告中的技术方案进行了完善，对项目的总概算金额进行了调整。企业聘请专业的咨询评估机构对可行性研究报告进行了外部的评估，并根据评估意见进行了再次调整和完善。最终可行性研究报告和概算上报上级主管部门和项目立项审批部门进行批复，作为项目立项的最终成果和项目建设的依据。

8.2 案例项目招投标阶段

《某金融国有企业数字化建设项目可行性研究报告》和概算批复后,企业信息化管理部门与企业采购部门共同编制"某金融国有企业数字化建设项目"的招标文件,企业准备通过门户网站发布招标公告,采用公开招标的方式进行招标,选择最优项目的总集成单位、项目管理单位、工程监理单位、系统测评单位、财务审计单位。

招标文件明确了项目预算、建设内容、建设目标、技术要求、进度要求、单位资格要求、人员资格要求、投标文件编制要求、投标文件递交方式和时间等内容。重点明确了项目投标文件的评分要求和评分细则,作为中标候选人重要的选择依据。

数字化项目建设总集成招标的采用综合评分办法,重点从投标报价、单位综合实力(信息系统集成和信息安全相关资质、财务状况、履约能力、大型数字化项目建设或金融行业数字化项目建设的业绩、行业荣誉等方面)、技术方案(技术路线选择、系统架构设计、数据分析与决策支持能力、信息安全和数据安全支撑能力、软硬件产品规格性能、采购计划、实施计划、进度计划、质量保证措施、应急预案、售后服务方案、增值服务等方面)、实施团队情况(项目经理和技术总监综合能力、团队人员数量、岗位分工、人员行业经验和专业能力、人力资源调配等方面)进行横向比较和评分。

数字化项目建设第三方服务招标采用综合评分办法,重点从投标报价、单位综合实力(信息系统项目管理/监理/测评/财务审计相关资质、财务状况、履约能力、大型数字化项目建设或金融行业数字化项目建设管理/监理/测评/财务审计业绩、行业荣誉等方面)、技术方案(项目建设全过程管理/监理/测评/财务审计方案、质量保证措施、应急预案、售后服务方案、增值服务等方面)、实施团队情况(项目负责人综合能力、团队人员数量、岗位分工、人员行业经验和专业能力、人力资源调配等方面)进行横向比较和评分。

在投标文件递交截止时间当日,参与项目总集成的竞标单位11家,参与项目管理的竞标单位9家,参与工程监理的竞标单位10家,参与项目财务审计的竞标单位12家。企业的采购部门组织内部高层领导1人、信息化管理部门1人作为用户代表;聘请外部技术专家3人、经济专家1人、法律专家1人,共同成立项目评标委员会,进行评标工作。

评标委员会通过对竞标单位的资格审查,项目总集成的竞标单位9家符合要求,项目管理的竞标单位6家符合要求,工程监理的竞标单位7家符合要求,项目财务审计的竞标单位8家符合要求。评标委员会通过综合评分,由A单位承担项目总集成单位中标候选人、由B单位担任项目管理单位、由C单位担任工程监理单位、由D单位担任项目系统安全测评和软件测评单位、由E单位担任项目系统商用密码安全性评估单位、由F单位担任项目财务审计单位。

中标公示结束后,企业分别与项目各中标单位签订合同,项目正式启动。

8.3 案例项目启动设计阶段

1)启动阶段主要工作

项目的启动阶段是整个项目的开始,也是为后续工作奠定基调的关键时期。在这个阶段,项目管理工作主要集中在以下几个方面:

(1)明确项目目标和范围:项目各参与单位进行充分沟通,了解项目背景和期望成果。制定项目章程,明确项目的目标、范围、进度计划、关键里程碑等。

(2)组建项目团队:根据项目需求,选择合适的团队成员,包括项目经理、项目总监、技术负责人、系统分析师、系统开发人员、系统集成人员、监理工程师、测评工程师等。确保团队成员具备必要的技能和知识,为实施团队提供必要的培训。

(3)进行项目的深化设计:向业务部门深入了解业务需求和技术需求。

总集成单位组织技术人员对现场进行细致的勘探调研,深入了解项目现场的实施环境,进行详细的勘探调研。如:数据中心的整体环境、承重;机柜容量和设备的用电量需求;云资源的总体需求量;服务器、网络、存储、密码等设备在数据中心的部署安装位置;了解整个网络的现状和详细的配置需求,明确网络安全防护的配置要求;通过与信息化管理部门和原系统开发单位沟通,了解详细的业务流程、系统架构、开发语言数据结构等信息,为了能够提高现场勘探调研的效率,企业信息化管理部门配合提供原业务系统建设的相关历史文档,例如:"系统拓扑图、业务流程图、原系统开发文档、信息点位表、等级保护测评报告"等历史资料,方便A单位更加直观地了解原系统的具体现状,减少现场勘探调研的时间,提供现场调研效率。

2）制定详细的项目实施方案

（1）通过现场勘探和调研的结果，结合项目建设内容，A 单位制定详细的实施方案和进度计划，明确数据中心建设、设备采购、设备安装调试、设备下发、云平台搭建、业务系统整合、数据平台建设、用户培训、试运行、测评、项目验收等各个阶段的实施方案、进度安排以及各阶段相应的人力资源和物力资源配置。

（3）根据项目特点，制定有针对性的项目质量保证计划和措施。

（4）针对不同的实施专业，编制详细的操作手册（如：服务器安装配置、云平台搭建、网络设备策略配置等）统一标准，提高工作效率。

（5）根据项目系统整体网络安全防护要求（等级保护、密码防护），制定详细的系统安全设施方案，形成详细的系统安全防护策略配置手册。

（6）制定项目现场管理制度，明确项目现场对于人员、载体、环境、设备、工具等内容的管理措施。

（7）制定详细的项目时间表、资源计划、成本预算等。

（8）评估潜在的风险，并制定相应的风险应对策略。

A 单位经过深化设计形成的项目实施方案和实施进度计划，由企业信息化主管部门会同工程监理单位、项目管理单位共同进行审核，提出修改意见，经过多次讨论和完善，正式发布，形成项目基线。

3）建立项目管理办公室

为了"某金融国有企业数字化建设项目"能够有效开展实施，规范化管理，由企业高层领导牵头，信息化管理部门总体负责，各业务部门协同，成立了项目管理工作小组，与第三方项目管理单位、工程监理单位、财务审计单位共同进行项目建设过程的管理工作。制定项目管理标准、监控项目质量、进度、投资等方面内容，提供决策支持。制定项目沟通计划，明确信息的传递方式。

4）部署项目管理工具和版本控制工具

为了协助项目团队高效实时地进行项目规划、执行、监控和跟踪。A 单位在企业内网部署了自主研发的项目管理工具和版本控制工具，能够实现版本控制、需求收集、计划制定、任务分配、进度跟踪、风险管理、即时通信、项目交付等一系列功能。项目各方人员在获取相应权限后，可以通过企业内网对项目进行线上的综合管控，在项目开展过程中，部分工作如：软件开发部署、版本发布、紧急会议等需要采用虚拟团队工作模式进行远程交互，考虑到企业内网的安全，信息化管理部门专门部署了 VPN 和堡垒机进行企业内网和互联网之间的访问控制、身份鉴别和数据加密传输，确保项目管理过程的数据安全。

5）项目启动会

（1）召开项目启动会议，正式宣布项目的开始。

（2）在会议上回顾项目章程、计划、团队成员等关键信息，并确保所有参与者对项目的期望有共同的理解。

8.4 案例项目实施阶段

1）进度控制

A单位按照经审核发布的项目实施进度计划，开始整个项目的实施工作。由于数据中心的建设专业性强，数据中心的整体装饰、供配电、消防、给排水等实施工作任务繁重，需要企业物业管理部门进行协调配合。在项目建设初期，A单位将主要工作重心放在数据中心的建设中，投入大量的人力资源。项目管理工作小组在项目实施的第1个月末进行进度检查的过程中发现，产品采购和业务整合、数据中台建设等内容总体进度滞后，项目管理小组立即召开项目专项会议，沟通讨论项目总体进度问题。为了能够使得其他建设内容按照进度计划实施，要求A单位采取以下措施进行进度控制：

（1）在企业内部搭建开发环境，A单位调整采购计划，优先采购搭建测试环境配套的软硬件产品，投入相应的系统架构设计和开发人员，并行开展业务系统整合和数据中台的开发工作。在数据中心未建设完成不具备生产环境部署的情况下，不影响开发进度。

（2）数据中心建设增加人力投入和每日工作时长，进行赶工，优先完成数据中心的整体装饰、供配电、机柜安装、网络布线等制约云平台搭建和业务系统生产环境部署的建设内容。

通过及时的进度控制，在项目实施的第二个月，项目整体实施进度已与进度计划相匹配。

2）项目变更

经过三个月的实施，数据中心已完成按进度要求完成了建设，作为承载整个数字化系统的物理环境，其质量和安全至关重要，工程监理单位提出在云平台搭建和业务系统生产环境部署之前，需要对数据中心进行分项验收测试，项目管理小组进行了1周的验收测试，数据中心的装饰装修、供配电系统、防雷接地系统、消防系统、安防系统、环境控制系统、综合布线系统均符合相关验收规范。本项目采环境监控系统对于电量、烟感、温感、精密空调等进行实时监测,监测异常情况通过声光报警进行预警,为了更及时地掌握数据中心各系统的运行数据,企业信息化管理部门提出需要添加短信预警功能,每日通过短信告知数据中心电压、温湿度等关键数据,对于温度过热、空调故障、消防告警等影响机房正常运行的事件可以第一时间进行短信告警。由于在设计阶段未考虑此功能,需要购置短信告警模块,进行二次开发。

针对此问题,项目管理工作小组及时召开专项会议,由于购置短信告警模块属于项目变更,需要按照变更控制的流程进行操作,经过变更申请、变更必要性论证、变更初步审核、变更审核、变更实施、变更效果评估。最终新增采购了短信告警模块,最终满足了企业信息化管理部门的新增需求。

3)到货验收

数据中心建设完成后,A 公司同步完成了项目所有软硬件产品的采购到货,项目管理工作小组和工程监理单位按照项目招投标文件、合同的要求,对到货的产品进行了到货验收。

(1)核对了到货产品的品牌、型号、数量、规格与招投标文件、合同的一致性。

(2)收集了软硬件产品的质量证明文件(合格证、授权许可、3C、质保函、检测报告、入网许可证、计算机信息系统安全专用产品销售许可证、商用密码产品认证证书等),对设备外观进行检查,确保到货产品质量合格,无损坏。

(3)对核心设备进行了上电测试,确保设备运行正常。

(4)在此过程中,工程监理单位发现了以下问题:现到货的交换机和存储设备缺少原厂出具的质量保证书,按照合同要求,设备需要提供 3 年的原厂质保证明。在对服务器设备开箱检查过程中发现有 3 台服务器外壳有明显划痕,核心交换机未按照招标文件的产品规格要求配置双电源模块,上电测试过程中发现有 2 台服务器无法正常启动。

A 公司针对产品到货验收过程中出现的问题进行了整改,及时对有外观损坏、存在运行问题、规格不符合要求的服务器和交换机进行了退换,及时联系交换机和存储设备厂商进行了产品原厂质保证明的开具。

4)云平台搭建

完成所有产品的到货验收工作,A 单位开始云平台环境的搭建。为了满足国家开展信创工作的整体要求,本项目采用鲲鹏 CPU+银河麒麟操作系统和海光 CPU+统信 UOS 操作系统的服务器作为 IaaS 层服务器,使用 OPENSTACK+

Docker+Hadoop 技术架构的云计算管理平台进行统一管理。在云平台的搭建和配置过程中，异构资源（X86 资源、ARM 资源、GPU 算力资源）的统一纳管过程中出现了兼容性问题，A 公司组织云产品服务商与服务器供应商进行联合技术攻关，需要对云计算管理平台进行版本升级，工程监理单位对云计算管理平台的版本升级风险进行了把控，提出以下要求：

（1）云平台版本升级前，需要对现有云上部署的管理组件、安全组件日志数据进行全量备份。

（2）建议搭建测试环境，确保云计算管理平台升级后的功能、性能、异构资源纳管的兼容性经过充分的测试验证后再进行发布，部署在生产环境。

（3）要求 A 单位、云服务商、服务器厂商做好应急回退预案，云计算管理平台升级和生产环境部署出现问题时可以及时回退至原版本。

云计算管理平台通过 2 周的升级和测试验证，最终实现了对异构资源的统一纳管。

5）云平台安全风险的防护措施

整个云环境的搭建和部署工作完成，具备运行条件。项目管理小组及时召集第三方测评单位按照等级保护和商用密码安全性评估的相关要求，对云平台现有的安全风险进行了全面检查和评估，对发现的问题提出以下防护措施：

（1）防火墙与访问控制：使用防火墙来限制进出云平台的网络流量，只允许经过授权的用户访问。实施严格的访问控制策略，确保只有经过身份验证和授权的用户才能访问云平台。

（2）虚拟专用网络（virtual private network，VPN）：利用 VPN 在云平台中创建隔离的虚拟网络环境，以增强网络安全。通过 VPN 限制不同云服务之间的通信，并允许您自定义路由和安全组策略。

（3）安全审计和监控：实施安全审计和监控机制，以检测和预防潜在的安全威胁。通过实时监控和分析网络流量、用户行为和系统日志，及时发现异常行为并采取相应措施。

（4）更新和补丁管理：定期更新和修补云平台上的系统和应用程序，以消除已知的安全漏洞。确保及时应用最新的安全补丁和更新，以减少潜在的安全风险。

（5）备份和恢复：定期备份云平台上的重要数据和应用程序，以便在发生安全事件时能够快速恢复。确保备份数据的机密性、完整性和可用性。

（6）密码算法和密码技术应用：云平台应采用国密算法，加强密钥的管理和加密通信、加密存储、身份验证等。

（7）强密码策略：云平台应加强密码策略,包括密码长度、复杂度、更换周期等方面的要求。同时,还会评估密码的存储和管理方式是否安全,以防止密码泄露和滥用。

（8）访问控制：云平台内部和外部的访问控制策略应采用密码技术,实现身份验证、权限管理、访问日志记录等方面。

（9）加密通信：使用加密技术来保护密码和其他敏感数据的传输。确保使用安全的协议(如 HTTPS)进行通信,并使用 IPSEC VPN 或其他加密技术。

（10）密码审计和监控：实施密码审计和监控机制,以检测和预防潜在的密码泄露和滥用。监控密码的使用情况,及时发现异常行为并采取相应措施。

A 公司及时按照第三方测评单位评估和检查的问题和风险,对云平台进行了安全加固,确保业务系统整合和数据中台具备安全可靠的部署环境。

6）业务系统的整合更新和数据中台

业务系统的整合更新和数据中台作为本项目的建设重点,是金融企业在数字化转型过程中的重要环节,数据中台可以实现对海量数据的采集、计算、存储和处理,形成可复用的数据资产中心和数据存储能力中心,为业务创新和决策分析提供有力支持。本项目数据中台建设主要包括数据采集、数据治理、分析计算、价值挖掘和面向服务数据等步骤。数据采集是其中的重要环节,需要对接金融机构的核心业务系统,实现数据的收集。数据治理则是对数据进行清洗、整合和标准化处理,确保数据的质量和可用性。分析计算和价值挖掘则通过对数据的深入分析和挖掘,发现数据中的价值,用于辅助用户决策。

（1）考虑因素。

在业务应用系统整合更新和数据中台建设前,项目管理小组与 A 单位共同针对金融业务的实际应用场景进行了深入的需求分析和技术分析,在建设中台时,需要考虑技术和业务两个层面的因素。

① 数据整合与标准化：金融企业常拥有大量的、分散的数据资源,这些数据可能来源于不同的业务系统、部门或渠道,格式、标准和质量各不相同。因此,如何将这些数据进行整合、清洗、标准化,形成一个统一、高质量的数据资源池,是数据中台建设的首要难点。

② 数据治理与组织架构：数据治理是金融系统数据中台建设的重要组成部分,包括数据标准制定、数据质量管理、数据安全管理等方面。同时,还需要建立适合数据治理的组织架构和流程机制,确保数据治理的有效实施。这需要

对现有的组织架构和流程进行梳理和优化。

③ 数据安全与隐私保护：金融行业的数据具有极高的敏感性和价值性，如何确保数据的安全性和隐私性，防止数据泄露和滥用，是金融系统数据中台建设中必须考虑的问题。需要建立完善的数据安全管理体系和技术防护措施，确保数据的安全性和完整性。

④ 业务与技术的融合：金融企业数据中台建设不仅是技术层面的工作，还需要业务人员的深度参与。如何将业务需求转化为数据需求，如何根据业务需求进行数据治理和分析挖掘，是业务与技术融合的关键。需要业务和技术团队之间的紧密合作和沟通。技术人员负责数据的基本处理，如数据标签化、数据存储等。而业务人员则负责在数据结构化后，根据业务需求进行数据处理和分析。这种分工合作的方式有助于实现技术人员做上层的模型，业务人员支撑下游场景，实现业务与技术的深度融合。

（2）构建数据中台。

数据中台建设与业务整合是密不可分的两个环节，A 公司与项目管理小组一起针对企业的实际业务场景和业务痛点，进行了详细深入的了解和梳理，从使用角度出发，从数据基础建设做起，历经 1 年完成了整个业务系统的整合重塑，更新迭代，构建了一套与实际业务场景相结合的数据中台。

① 数据采集与整合：数据采集需要对接核心业务系统，并处理不同厂商或客户属性建设的业务系统。本项目涉及从 6 个核心业务系统（OA 系统、风险管理系统、人事管理系统、交易业务系统、客户关系系统、资产管理系统）和外部数据源中采集和整合数据。

② 数据仓库：在数据采集与整合之上，构建原始层、明细层、汇总层和应用层架构的数据仓库，存储和管理经过整合的数据。

③ 全域数据体系：企业所有的业务数据实现共享共通，形成了统一的数据资产，统一指标、用户标签等。形成了全面、一致的数据视图，为业务分析和决策提供支持。

④ 数据能力与模型抽象封装：通过引擎体系、封装数据能力（数据的计算、存储、加工等能力）和模型能力，可以应对不同场景的智能数据需求。

⑤ 数据服务产品：将引擎抽象能力与实际业务数据结合，打造了具备业务属性的数据服务产品。包括：智能客户信息中心、数字化决策中心、标签洞察等数据服务产品。

⑥ 开放能力与赋能：通过 Open 体系（包括 OpenAPI、OpenFILE、OpenMSG、

OpenCFG),为业务系统和业务人员提供快速赋能。使得业务系统和人员能够更方便地利用数据中台提供的数据和服务。

⑦ 数据管理与技术能力提升：通过数据资产目录、数据可视化、云化管理等统一管理，利用 DevOPS、容器、高性能数据访问缓存等前沿技术组件，提升了数据服务的高并发、高可用、弹性部署等技术能力。

经过 1 年的项目建设，A 公司完成了数据中心、云平台、数据中台、业务系统整合更新，网络安全和密码应用安全的实施工作，为了企业各部门相关人员能够熟悉系统相对应业务的操作方法，需要组织开展系统、全面、充分的用户培训工作。

7）用户培训工作

A 公司作为项目的总集成单位召集各产品厂商、业务系统开发团队、云服务商编制了详尽的操作手册，按照不同业务部门对应的操作内容进行了分发。各业务部门业务人员经过一周的学习，向项目管理小组反馈现纸质培训材料过于厚重，且操作流程复杂，没有突出重要操作的注意事项等问题，项目管理小组及时组织召开培训工作改进会议，经过会议讨论，决定采用更加有效的培训方式。

（1）针对不同的业务部门开展有多批次面对面集中式操作培训和实际操作指导，记录培训过程。

（2）对数据中心管理人员、云平台和数据中台管理人员进行实际操作考核。

（3）录制培训和重要系统的操作视频，放置在企业内网网站上，供企业各部门可在线循环学习。

（4）纸质培训材料进行重要操作流程的标注，删减非对应权限的操作流程。

采用新的培训方式后，用户培训效果有了显著改善，通过反复的集中式培训和实际操作演练，各业务部门已熟悉整个系统的操作流程和方式。培训工作达到预想效果。

8）试运行阶段

在完成用户培训工作后，为了项目各系统能够充分试用，保持稳定的运行状态，整个项目各系统进入了试运行阶段，通过试运行发现各系统的使用问题是项目正式交付前重要的实施环节。项目管理小组高度重视试运行工作的开展，要求 A 单位按照不同系统（数据中心、云平台、数据中台、业务系统、网络系统等）制定有针对性的试运行方案。项目管理小组也指派专人对各系统每日的试运行情况进行监测,为了能够仿真业务实际场景,A 公司在业务系统中模拟了大量的测试数据,通过大量的操作检验整个云平台的运行能力和数据中台的处理能力。在试运行过程中,各系统也发现了一些问题,例如:

(1) 数据中心模块化机柜封闭的感应效果存在时间延迟。
(2) 环境监控系统发生过短暂性业务暂停。
(3) 云平台在运行过程中存在处理速度、响应时间等性能瓶颈。
(4) 数据中台在试运行过程中,数据源连接不稳定、数据同步存在延迟。

项目管理小组通过对整个系统在试运行过程中存在的问题进行分类和监控,及时督促 A 公司查找技术原因,完成调优和修复。经过 3 个月的系统试运行,项目管理小组共发现各类运行问题 80 余项,经过分类汇总和问题跟踪,所有问题均完成了闭环。为了更好地指导后续项目实施,项目管理小组专门建立了试运行问题库,形成可复用的知识积累。

8.5 案例项目测试阶段

项目各系统完成试运行后,项目进入全面的软件功能测试、网络安全测试、密码安全评估阶段,第三方测评单位分组实施测评,经过 3 周的测评工作,初步形成了测评问题清单,共涉及业务系统功能缺陷 7 个、性能问题 2 项、低风险安全漏洞 15 项、中风险安全漏洞 2 项、密码安全问题 8 项。

针对测评过程中存在的问题,A 单位制定了专项的整改措施,在测评单位的指导和工程监理单位的监督下,经过 1 周的整改,最终闭环了所有的测评问题,确保业务系统的功能性能满足用户需求,系统的整体安全性符合网络安全等级保护和密码应用安全性评估的要求。

8.6 案例项目验收阶段

本项目作为企业近三年投资规模最大,专业跨度最广、复杂程度最高的数字化项目,验收任务是十分艰巨的,需要从多个方面多个维度进行综合验收。

企业高层领导与项目管理小组组织召开项目验收准备会,讨论并确定了本项目的验收方式和验收内容。

1）本项目的验收方式

（1）项目初步验收,由项目管理小组、项目总集成单位、项目管理单位、工程监理单位、财务监理单位、第三方测评单位共同组织。

（2）专家验收,由企业聘请外部技术专家、经济专家、项目管理专家组织专项验收。

2）本项目的验收内容

（1）对照项目可行性研究报告、项目批复文件、招投标文件和合同,核对项目建设内容是否按照要求建设完成。

（2）评估项目建设成效是否达到既定项目建设目标。

（3）评估项目是否符合国家对于信创、网络安全、密码安全、数据安全等相关政策。

（4）项目建设资金投入是否合规,是否在项目资金批复的范围内。

（5）项目是否建立了完善的系统运行维护体系、数据运营制度、云平台运行管理制度、系统网络安全、数据安全、密码安全管理制度和安全应急预案等。

（6）评审项目设计文档、实施文档、验收文档、管理文档的完整性和规范性。

3）本项目初步验收发现的不足

按照既定的验收方式和验收内容,本项目经过1周的初步验收,在验收过程中发现以下不足：

（1）项目未形成完善的系统安全管理制度,安全应急预案缺乏针对性。

（2）业务系统存在大量的测试数据未进行清理。

（3）各业务系统进行了单点登录的统一用户管理,部分业务系统仍保留了单独的登录界面。

（4）云平台运行管理制度缺少对于资源使用率的考核机制。

（5）部分项目过程实施文档,如：系统接口设计、数据库设计、系统自测报告等未进行归档。

针对初步验收存在的问题,项目管理小组与各参建单位共同制定整改措施,逐项完善,初步验收通过。

初步验收通过后,企业组织召开了专项验收会议,会议上专家听取了项目建设总结汇报,共同对数据中心、云平台和数据中台的建设成果进行了现场参观,观看了业务系统的功能演示,查看了项目档案资料的整体情况,听取了项目管理单位、工程监理单位、财务审计单位的意见,听取了企业代表对于项目各系统的使用报告。最终项目顺利通过了专项验收。

4）本项目的资产管理

项目完成验收后,财务审计单位进行了最终的项目审价结算工作,清晰、准确、详细地提供了项目成本、收入、利润等经济指标的审核结果和确认情况,以及最终的结算金额。形成了"项目审价结算报告"。

根据企业财务管理制度要求,项目交付后需要进行统一的资产管理,企业财务部门和信息化管理部门共同组成清点小组,开展了以下工作:

（1）确定固定资产范围：明确了项目中哪些资产应纳入固定资产登记范畴,通常包括使用期限在一年以上,单位价值达到500元以上的设备。

（2）对于本项目中涉及的成品软件、定制开发软件,企业按照《企业会计准则-无形资产》的规定进行无形资产管理。

（3）进行资产盘点：对项目中的所有固定资产进行全面盘点,确保不漏登、不错登。

（4）填写固定资产卡片：为每个固定资产制作卡片,包括资产名称、规格、数量、购置日期、使用部门、存放地点等信息。

（5）建立固定资产台账：将所有固定资产卡片汇总,建立固定资产台账,以便随时查询和管理。

5）本项目的竣工决算

按照企业对于重大项目的资金管理要求,本项目需要进行竣工决算。项目财务审计单位收集、整理、分析和归档项目全过程的文件资料,包括设计文件、施工文件、采购文件、合同文件、变更文件、结算文件等资料。

（1）编制了《项目竣工决算说明书》,详细描述了项目的建设成果和经验,全面考核分析工程投资与造价的书面总结。主要包括基本建设项目概况,分析评价质量、进度、安全、造价和施工方面的情况,会计财务的处理情况,基建结余资金等分配情况,主要经济技术指标的分析、计算情况,基本建设项目管理及决算中存在的问题及建议,决算与概、预算的差异和原因分析,以及其他需要说明的事项。

（2）编制了《项目竣工决算报表》包括竣工工程概况表、竣工财务决算表、建设项目交付使用财产总表及明细表,建设项目建成交付使用后投资效益表等。

（3）投资比较分析：对比分析竣工决算与项目概算的差异,以便总结投资控制的经验和教训。

8.7 案例项目运行维护阶段

项目运行阶段是项目真正开始实施并产生实际成果的重要阶段。进行各个系统的日常维护和监控是本阶段的核心工作。根据本项目的实施合同要求，A单位需要提供一年的运维服务，为了更好地开展系统运行维护工作，企业信息化部门专门组织成立了运维管理小组，A单位针对本项目建设交付的数据中心、硬件设备、应用系统、云平台、数据中台、产品软件分专业组建了运维实施团队。

经过1个月的运行维护工作，运维管理小组发现现场运维工作缺乏规范流程，没有统一的实施标准，现场运维人员基本处于空闲状态，只是对数据中心的硬件进行了2次日常巡检，未达到预期的运维效果。运维管理小组为了能够提升运维工作的价值和有效性，采取了以下措施：

（1）构建"制度-人员-工具"三位一体的运维服务评估体系，在原有运维管理制度的基础上针对数据中心、数字化软硬件产品、云平台、数据中台、云上业务系统制定运维流程、运维实施标准、运维实施内容以及各类运维事件的运维服务响应时限。

（2）强化日常运维工作的质量考核机制，面向不同专业运维工作，设置运维人员的服务考核机制，形成可量化的考核指标和评价指标。调动运维人员的工作热情。

（3）联系产品厂商加强现场运维团队人员的专业技能培训，提升应急故障处理的能力。

（4）逐步建立企业金融云、业务数据、网络、系统安全的运行的监控体系。形成"云-网-数-安"四位一体，可视化的日常运行监控平台。

8.8 案例项目审计和绩效评价

项目投入运行一年后，根据企业所在地审计局和上级主管单位的要求，本项目作为重大投资项目需要进行专项审计和绩效评价。审计局与企业上级主管单位共同成立了工作小组进驻企业，对本项目开展为期1月的审计和绩效评价工作。

参考文献

[1] 中央预算内投资项目监督管理办法[J].中华人民共和国国务院公报,2024,(08):18-25.

[2] 高翔,张贺文,李俊卿.云技术支持下的广播电视智能监管平台建设[J].电视技术,2023,47(10):197-200.

[3] 周沈薇.基于BSC和ISM的A公司软件质量管理体系改进研究[D].南昌:南昌大学,2022.

[4] 魏青军,龚亚云,董越.高质量发展背景下地质项目质量管理提升刍议[J].冶金管理,2022,(07):154-156.

[5] 苏玉明.建筑施工企业投标风险与对策研究[J].江西建材,2021,(08):301+303.

[6] 林姗姗.基于区块链文件共享激励机制研究与设计[D].西安:西安电子科技大学,2021.

[7] 姚末来.PMBOK范围管理在信息系统项目中的应用[D].南京:东南大学,2021.

[8] 刘伟胜.政府采购法律法规与招标投标法律法规的分析与比较分析[J].区域治理,2019,(34):127-129.

[9] 李健佳.M公司设备采购招标管理研究[D].长春:吉林大学,2016.

[10] 李金升.土地一级开发单位招标的法律规制[J].上海房地,2012,(11):50-52.

[11] 雷辉,陈恕.信息系统升级改造项目监理方法的研究与应用[J].软件产业与工程,2011,(06):35-40.

[12] 杜创.中国项目管理的发展现状及趋向[J].中国管理信息化,2011,14(13):75-76.

[13] 梁海波.项目管理在海洋工程船建造中的应用研究[D].广州:华南理工大学,2010.

[14] 张楠.CCTV5 SP项目中的沟通管理[D].北京:北京邮电大学,2010.

[15] 陈茉.基站网管软件开发项目中的时间管理[D].北京:北京邮电大学,2010.

[16] 赵丹文.新华社全球卫星供稿系统改造项目时间管理应用研究[D].北京:北京邮电大学,2009.

[17] 佟坡.谈项目管理的发展现状及发展趋向[J].科技信息(学术研究),2008,(03):619-620.

[18] 白思俊.中国项目管理的发展现状及趋向[J].项目管理技术,2003,(01):7-11.

[19] 项目管理协会.项目管理知识体系指南[M].北京:电子工业出版社,2005.

[20] 张友生.信息系统项目管理师考试辅导教程[M].第3版.北京:电子工业出版社,2012.

[21] 全国咨询工程师(投资)职业资格考试参考教材编写委员会.项目决策分析与评价[M].北京:中国统计出版社,2019.

[22] 全国咨询工程师(投资)职业资格考试参考教材编写委员会.工程项目组织与管理[M].北京:中国统计出版社,2019.

[23] 钱乐秋.软件工程[M].第2版.北京:清华大学出版社,2013.

[24] 苏国平.信息化项目建设与管理[M].北京:北京航空航天大学出版社,2021.

[25] 周丽琨,侯钢.数字化技术基础[M].北京:中国人事出版社,2022.
[26] 周军.区块链意味着什么?[J].四川省情,2019(12):1.
[27] 杨继民,徐鸿飞.区块链技术及其应用场景[J].金陵科技学院学报,2020,36(1):5.
[28] 陈广勇,祝国邦,范春玲.《信息安全技术　网络安全等级保护测评要求》(GB/T 28448—2019)标准解读[J]. Netinfo Security, 2019, 19:1.
[29] 国家市场监督管理总局,国家标准化管理委员会.信息安全技术　信息系统密码应用基本要求:GB/T 39786—2021[S].北京:中国标准出版社,2021.
[30] 中华人民共和国招标投标法[Z].
[31] 中华人民共和国招标投标法实施条例[Z].
[32] 中华人民共和国政府采购法[Z].
[33] 中华人民共和国政府采购法实施条例[Z].